"우리 삶에서 트라우마란

어찌할 수 없는 필수불가분의 것이다."

《트라우마 상담 및 심리치료의 원칙》,

존 브리에르 *John N. Briere* · 캐서린 스콧 *Catherine Scott*

영화로
만나는 트라우마 심리학

영화로 만나는 트라우마 심리학

김준기 지음

정신과 전문의가 들려주는
트라우마의 모든 것

수오서재

서문

영화를 좋아하고 사랑하는 나는 틈만 나면 영화를 본다. 어두운 극장 안에서 누가 볼까 주위를 살펴가며 조심스럽게 눈물을 닦아내기도 하고, 극장을 나온 뒤 벅찬 가슴을 진정시키기 위해 몇 시간을 정처 없이 걷기도 한다. 영화를 자주 보다 보니 영화 속 등장인물들이 여러 가지 트라우마로 인해 고통받고, 갈등하고, 극복하는 과정을 발견하게 되었다. 심지어 마냥 유쾌할 것만 같았던 로맨틱 코미디 영화에서조차 주인공들이 겪는 미묘한 마음의 상처가 보였다. 어쩔 수 없는 직업병일까. 트라우마로 힘겨워하는 사람들을 매일 만나는 정신과 의사라는 직업을 가졌기에, 영화를 통해서 트라우마의 심리학을 설명하고 내담자들의 이해를 돕고자 하는 마음을 갖게 되었다. 이해는 치유의 출발점이기도 하기에. 이 책은 트라우마로 고통받는 사람들의 내면세계를 설명하기 위해 쓴 책이다.

트라우마는 매우 개인적이고 주관적이며 또한 비밀스러운 경험이다. 겉으로 드러나는 상처가 뚜렷하지 않아 주변 사람들이 눈치채기 어렵고, 당사자도 자신이 겪는 아픔을 말로 정확히 표현하기가 쉽지 않다. 몸과 마음이 망가진 상태로 지내다 보니 가족이나 친구처럼 가까운 주변 사람들과의 관계에서도 오해와 갈등이 종종 일어난다. 트라우마 전문가로서 이런 상황이 늘 안타까웠다. 어떻게 하면 일반 독자들이 쉽고 재밌게 트라우마를 이해할 수 있을까 고민하다, 트라우마의 증상, 원인, 해결책을 담아낸《영화로 만나는 치유의 심리학》을 2009년에 출간했다. 그때에 비하면 현재 '트라우마'라는 개념은 훨씬 더 일상적으로 쓰이고 있다. 끔찍한 사고나 전쟁만이 트라우마를 만드는 것이 아니라, 우리 사회 곳곳에서 일어나는 일들, 특히 사회적 약자인 어린이, 장애인, 성소수자, 빈곤층에 필요한 관심과 배려의 결핍 또한 트라우마가 될 수 있다는 사실도 많이 알려져 있다. 트라우마에 취약한 이들을 돕는 많은 전문가들이 생겨났고, 새로운 치료기법들도 소개되고 있다. 그럼에도 트라우마 후유증에 시달리는 사람들의 치유 과정은 여전히 험난하다. 어쩌면 우리의 마음과 영혼을 치유하는 학문은 아직 걸음마 단계인지도 모르겠다.

《영화로 만나는 트라우마 심리학》은 25편의 영화로 트라우마를 설명하는 책이다.《영화로 만나는 치유의 심리학》에서 다 다루지 못했던 영화들, 이후 개봉한 영화들, 시대 흐름에 맞춰 새롭게 정의되는 트라우마의 모습들을 담았다. 개인적인 애정을 담뿍 담아 엄선한 영화들이지만, 무엇보다 트라우마의 증상부터 치유까지의 과정을 잘 보여줄 수 있는 영화들로 선택했다. 마음이 따뜻해지는 영화, 머릿속이 복잡해지는 영화, 가족 간의 연결을 보여주는 영화, 전쟁의 후유증을 보여주는 영화, 가까운 우리 주변의 이야기를 다룬 영화 등등. 스몰 트라우마부터 빅 트라우마까지, 아동기 트라우마부터 전쟁 트라우마까지. 트라우마의 모든 것을 한 권의 책에 담으려 노력했다. 독자 여러분들이 영화를 보듯이 일상 곳곳에 자리 잡은 트라우마를 바라보게 되고, 지나간 상처를 이해하며 한층 성장할 수 있는 계기가 되길 염원한다. 그러니 책을 읽은 후 꼭 수록된 영화를 한번은 감상해보시길 권한다. 영화 속 숨겨진 트라우마를 마주하며 애써 외면하려 했던 본인의 트라우마에 한 걸음 다가갈 수 있을 것이다.

영화는 행복한 결말이든 슬픈 결말이든 어쨌든 끝이 난다. 하지만 우리가 살고 있는 현실 세계는 아픔도 고통도 여전히 현재진행형이다. 악몽 같은 트라우마가 아주 작은 기척에도 되살아나고, 비슷한 환경에 처하기만 해도 당시 느꼈던 공포와 두려움이 덮쳐오기도 한다. 길고 어두운 터널을 걷는 것처럼 과연 끝이 있을까 무력해지는 순간도 있다. 하지만 트라우마를 제대로 직면하고 이야기할 수 있게 된다면 트라우마는 삶에서 그리 중요하지도,

특별하지도 않은 일이 되리라 믿는다. 혹시 지금 트라우마를 겪고 있다면 스스로에게, 트라우마를 이겨내려 안간힘을 쓰는 사람이 곁에 있다면 그에게, 따뜻한 한마디를 건네보자. "그건 너의 잘못이 아니야. 지금부터의 삶은 네가 선택할 수 있으니 이제는 안심해도 괜찮아." 트라우마는 어디에나 있지만 트라우마를 치유할 힘도 우리 주변 어디에나 존재한다는 사실을 잊지 않았으면 좋겠다.

이 책의 수정과 보완을 도와준 수오서재 편집팀에게 감사의 마음을 전하고 싶다. 오랫동안 함께 트라우마를 공부하고 나눈 동료 전문가들에게도, 마음속 영원한 스승님이신 이호영 선생님께도, 가장 꼼꼼히 내 글을 읽어준 아내에게도 깊은 감사함을 전한다. 마지막으로 지난 25년간 나에게 내면의 비밀 이야기를 들려준 환자분들께 이 책을 바친다.

2021년 1월

마음과 마음 김준기

차례

1부 트라우마란 무엇인가

2부 트라우마 종류와 증상

3부 트라우마의 치유

트라우마란
무엇인가

1부

스포트라이트

감독 토머스 매카시 ○ 미국 ○ 2015
주연 마크 러펄로, 레이철 매캐덤스

트라우마 기억은 일반적인 기억과 무엇이 다른가

"원래 기억이란 바뀌고 왜곡되기 마련인데,
외상 후 스트레스 장애로 고통받는 사람들은
실제 일어난 사건의 기억을 떨쳐버리지 못한다."

피에르 자네 *Pierre Janet*, 프랑스 정신과 의사

"트라우마의 기억회로는
적응적인 신경회로와는 연결이 안 된 채,
마치 무인도처럼 동떨어져 따로 저장된다.
한참 동안 얼어붙은 채 남아 있던 트라우마의 기억회로는
나중에 비슷한 자극을 받게 되었을 때,
다시 그대로 활성화되면서 여러 가지 증상을 발현시킨다."

프랜신 샤피로 *Francine Shapiro*, EMDR 치료법의 창시자

영화 〈스포트라이트〉는 1960년대부터 1990년대까지 보스턴 지역 가톨릭 사제들의 아동 성폭행 사건을 미국 일간지 보스턴 글로브의 '스포트라이트' 취재팀 기자들이 폭로하는 과정을 담은 실화를 바탕으로 하고 있다. 가톨릭 신도들의 반발과 사건을 은폐하려는 시도에도 불구하고, 기자들의 끈질긴 취재 끝에 보스턴 지역에서만 약 90명의 가톨릭 사제들이 아동 성추행을 해왔다는 사실이 2002년에 밝혀진다. 결국 취재팀 기자들은 진실을 밝힌 공로를 인정받아 2003년 미국 최고의 언론상인 퓰리처상을 수상했다. 피해자들에게는 조심스럽고 섬세하게 다가가 격려하고, 가해자들에게는 용감하고 정의롭게 대척한 기자들의 모습을 담은 영화 〈스포트라이트〉는 2016년에 아카데미 최우수 작품상과 각본상을 수상했다.

여기서 궁금한 점 몇 가지가 있다. 성추행으로 고소를 당한 가톨릭 사제들은 그 이후 어떻게 되었을까? 곧바로 그들의 죄가 인정되어 적합한 처벌이 내려졌을까? 만약 그들의 범죄 사실이 인정되어 처벌을 받았다면, 10년 전, 20년 전, 심지어 30년 전에 일어난 성범죄를 무엇으로 입증할 수 있었을까? 단지 피해자들의 진술만으로 어떻게 가톨릭 사제들을 처벌할 수가 있었을까?

※ 우리 기억을 믿을 수 있을까

실제 재판에서는 여러 정황과 증거 자료가 채택되어 2005년 2월에야 비로소 성폭행에 대한 유죄가 인정되었고, 가해자들에게는 최소 12년 형이 선고되었다. 그런데 2007년에 가해자들의 변호인들이 오심을 주장하면서 재판 판결기각 신청서를 제출한다. '오랜 시간이 지난 기억을 바탕으로 판결했는데, 그 기억을 어떻게 믿을 수가 있느냐?', '전혀 과학적인 근거가 없는 것이 아니냐?' 하는 것이 그들의 주장이었다. 그리고 그 주장에 힘을 실어준 것은 피해자들의 기억을 믿을 수 없다는, 미국 전역의 100여 명에 가까운 정신과 의사, 뇌 과학자, 심리학자 등 전문가 집단의 법정 의견서였다. 의견서에 동의한 전문가들은 아동기의 성추행에 대한 기억을 과학적으로 입증할 수 없고 신뢰할 수도 없으며, 피해자의 말에 과도하게 몰입하여 공감한 일부 치료자에 의해 피해자의 어린 시절 기억이 부풀려졌을 가능성이 높다고 주장했다. 그들의 주장은 한마디로 기억의 속성이란 워낙에 변화무쌍한 것이기 때문에 기억이 진실을 말한다는 증거는 어디에도 없다는 것이었다.

⁕ 일반적인 기억의 속성

물론 그들의 주장이 아주 틀린 말은 아니다. 원래 우리의 기억은 변덕이 심하다. 일반적으로 평범한 일상의 기억은 아주 쉽게 잊힌다. 중요한 사건에 대한 기억이라 해도 오랜 세월이 지나다 보면 대부분 퇴색되어 흐릿해진다. 그래서 흐릿해진 기억을 이야기하다 보면 우리는 종종 누락된 부분을 메우기 위해 의식적으로든 무의식적으로든 기억을 짜깁기해야 할 때가 많다. 즉 기억은 원래 변화하려는 속성을 갖고 있다. 어릴 적 함께 여행을 한 가족이나 친구들과 추억을 이야기하다 보면 서로 굉장히 다르게 기억하고 있는 경우가 많은데, 이는 바로 기억의 짜깁기가 개인의 뇌에서 제각각 다르게 일어났기 때문이다.

사실 이러한 기억의 변화가 일어나는 것은 우리 뇌에 장착되어 있는 정보처리 시스템*information processing system* 덕분이다. 하나의 사건 정보가 입력될 때마다 뇌의 정보처리 시스템은 불필요한 정보는 덜어내고, 생존과 성장에 필요한 정보를 저장하려는 방향으로 작동한다. 미래에 조금 더 효율적으로 대처하기 위해 중요하고 필요한 것만 효율적으로 저장하려는 '적응적인 정보처리 과정'이 일어나는 것이다. 예를 들면, 숙제를 안 해 가서 선생님에게 회초리로 손바닥을 맞은 사건에 대한 정보는 처음에는 매를 맞았을 때 손바닥에서 느낀 얼얼함, 매 맞기 직전의 극대화된 두려움, 다른 아이들의 웃음소리에서 느껴졌던 창피함 등의 기억이 생생하게 입력될 것이다. 그런데 이후 며칠 밤이 지나면 손바닥이 아팠던 기억, 무서웠던 기억은 상당히 많이 흐릿해질 것이다. 그리고 한 달쯤 뒤, 그 사건에 대해 남는 기억은 '숙제를 해 가지 않으면 매운 벌을 받고 창피함을 느끼게 되니 다음부터 숙제는 미리 해 가는 것이 좋다'는 필요한 교훈만 남게 된다. 이후 숙제를 꼬박꼬박 잘 해 가고 칭찬을 받을 때마다 교훈은 강화될 것이고, 나중에 어른이 되었을 때는 숙제를 안 해 가서 야단맞은 기억은 온데간데없이 사라지고, 늘 숙제를 해 갈 때마다 칭찬받아 타의 모범이 되는 아이였다는 기억만 남게 될지도 모른다. 우리의 기억은 이처럼 특별한 노력 없이도 저절로 자신에게 유리한 쪽으로 변형되어 가는 성향을 갖고 있다.

게다가 우리의 기억은 반복해서 떠올려 이야기하다 보면 더 유연하게 변화하려는 특성을 갖고 있다. 그래서 군대에 갔다 온 남자들이 만날 때마다 하는 고생했던 군생활 에피소드들, 예를 들어 더운 여름날 하기 싫은 축구를 억지로 하며 괴로웠던 기억은 술자리에서 1년, 2년, 5년 주기로 달라진다. 옛 기억이 안줏거리로 소모될 때마다, 부대 간 축구대회에서 결승골을 넣어 모든 부대원과 간부로부터 칭찬을 받았던 훈훈한 미담으로 미화되거나 혹은 대대장으로부터 포상휴가를 받았던 감동적인 영웅담으로 바뀌게 되는 것이다. 또는 실연의 아픔으로 숨도 제대로 못 쉬고 밤새 눈물 콧물 흘렸던 사건도 애인에 대한 울분과 원망을 친구들에게 여러 번 반복해서 털어놓다 보면, 나중에는 상대방이 '인연이 아니었던 것 같다'라든지 혹은 '사람 볼 줄 모르는 바보'였던 것으로 결론짓게 된다. 아전인수 격으로, 내가 받아들이기 편한 쪽으로 기억이 변화해야 우리는 세상 살아가기가 훨씬 더 편해진다.

※ 단, 트라우마 기억은 좀처럼 변하지 않는다

이와는 달리, 상담실에서 듣게 되는 피해자들의 트라우마 사건 기억은 이상하게도 쉽게 변하지 않는 습성을 갖고 있다. 끔찍한 트라우마 속에서 경험한 생생한 이미지, 심장이 터질 것 같은 감정, 견디기 힘든 고통스러운 신체감각 같은 단편적인 기억의 파편들은 오랜 시간이 지났음에도 불구하고 선명한 기억으로 남아 격렬한 고통을 유발한다. 예를 들면, 어린 시절 술에 취한 아버지의 폭력을 자주 경험했던 환자는 아버지에게 맞았을 때의 아픔과 두려움, 그 당시 들렸던 엄마의 비명소리와 공포에 질린 얼굴 표정, 아버지에게 맞은 머리에서 피가 나 찾아갔던 응급실의 불빛 같은 오래전 기억을 상담시간에 여러 번 반복해서 털어놓는데, 좀처럼 격렬한 고통스러움이 줄어들지 않는다. 현실에서는 당당한 성인으로 살아가고 있음에도 불구하고, 30년 전 코흘리개 시절의 두려움과 공포를 담고 있는 기억의 파편은 당시와 똑같은 고통을 생생하게 고스란히 되살려낸다. 게다가 어떤 경우의 트라우마 기억은 시간이 지날수록 점점 더 또렷해지기도 한다. 도대체 어찌된 영문인가?

이는 뇌의 정보처리 시스템에 과부하가 걸려 압도적인 트라우마의 기억을 전혀 가공 처리하지 못하기 때문으로 추정된다. 아버지가 술을 마시고 집에 올 때마다 물건을 부수고 폭력을 휘둘렀던 사건의 기억 정보는 우리 뇌에 너무 강력하게 입력되어 일주일이 지나고 한 달이 지나도 쉽게 흐릿해지지 않을 것이다. 다행히 정보처리 시스템이 겨우 작동해 조금이나마 기억을 처리했어도, 또다시 아버지가 폭력적인 행동을 하는 사건이 일어나면 그 기억은 더 강렬하게 각인된다. 이러한 사건이 열 번, 스무 번 반복되어 일어났다고 가정해보자. 기억이 담고 있는 부정적인 에너지는 너무나 강렬하고 파괴적이어서, 정보처리 시스템은 마비 상태에 빠져 작동하지 않을 가능성이 높아진다. 이성적으로 불필요한 정보를 빼고, 합리적으로 필요한 정보를 더할 여력이 없다. 불덩어리 같은 강렬한 에너지의 기억 정보를 일시적으로라도 의식에서 멀리 떨어트려 놓는 것 외에는 달리 손쓸 방법이 없을 것이다. 고통스러운 기억을 가급적이면 떠올리지 못하게 해야 그나마 한숨 돌릴 수 있으니까 말이다. 운이 좋아 억압된 기억이 해리*dissociation*되어 오랜 시간 동안 의식에 떠오르지 않는다면 별문제 없이 지낼 수도 있다. 그러나 처리되지 않은 채 억압되어 있는 기억은 아무리 세월이 지나도 트라우마 당시의 정보와 에너지를 그대로 담은 상태로 뇌의 신경회로 어딘가에 숨겨져 있을 뿐이다. 그러다가 뭔가에 의해 자극을 받으면 트라우마 당시의 기억 정보는 그대로 생생하게 활성화된다.

실제로 보스턴 아동 성폭행 사건의 피해자들의 진술은 놀랍도록 비슷했다고 한다. 최대 30년이나 된 오래된 기억이었고, 피해자들은 서로 얼굴도 이름도 모르는데, 가해자가 동일한 경우에는 진술이 신기하게도 일치하는 구석이 많았다. 어린아이를 속일 때 가해자들이 했던 말들, 성폭행이 일어났던 장소, 성폭행을 당할 때 들었던 말들, 성폭행을 당할 때의 자세 등이 대부분 비슷했다고 한다.

※ 트라우마 기억의 입증 가능성

그렇다면 일반 기억과 달리 트라우마 기억은 쉽게 변화하지 않는다는 것을 현대 과학으로 어떻게 입증할 수가 있을까? 사실 아직까지도 명확히 입증하기는 어렵다. 어디까지가 트라우마 기억이고 어디부터가 일반 기억인지 구분하기도 쉽지 않다. 그래서 여전히 많은 전문가들은 트라우마의 기억이 정확할 수 있다는 가능성을 인정하지 않는다. 실제로 보스턴 아동 성폭행 사건을 다룬 재판에서도 피해자들의 진술 중 50% 이상은 받아들여지지 않았다. 그럼에도 불구하고 2010년 대법원은 보스턴 아동 성폭행 사건의 가해자에게 만장일치로 다시 유죄판결을 선고한다. '과학적으로 입증할 수 있는 연구 방법이 없다고 해서 피해자들이 경험한 트라우마 사건에 대한 기억 자체를 신뢰할 수 없는 것은 아니다'라는 결론을 내린 것이다. 아마도 피해자들이 진술하는 트라우마 기억의 파편들이 상당히 비슷했던 점을 중요하게 여겼기 때문인 것으로 보인다. 비록 과학은 입증하지 못하고 있지만, 두렵고 고통스러워 '기억에 접근할 수 없다면, 그 기억은 변화하지 않는다'는 가설이 옳다는 데 더 무게를 두고 있는 셈이다.

PS — 반대로 두려움과 고통을 이겨내고 '기억에 접근하여 기억을 끄집어낼 수 있다면, 그리고 그 기억의 부정적인 에너지를 견뎌낼 수만 있다면, 우리의 기억은 다시 변화할 수 있다'는 가설이 현대 트라우마 치료의 기본 토대이다.

인간의 기억 체계

일반 기억과 트라우마 기억이 전혀 다르다는 것을 처음 지적한 사람은 프랑스의 저명한 정신과 의사인 피에르 자네이다. 지금으로부터 약 130여 년 전, 이 선지적인 정신과 의사는 환자들을 세심하게 면담하면서, 인간이 갖고 있는 기억의 이중체계를 발견하고, 두 가지 기억이 명확히 다르다는 것을 지적했다.

그는 일반 기억은 본질적으로 사회적이라고 말했다. 즉, 인간관계에서 어떤 목적을 얻기 위해 이야기하는 것이 일반 기억이다. 자기주장을 할 때, 다른 사람들을 설득할 때, 자신이 옳다는 것을 입증하려 할 때, 우리는 일반 기억을 이야기한다. 그렇기 때문에 일반 기억은 현실을 정확하게 그리고 객관적으로 반영하는 것이 아니다. 일반 기억은 주관적으로 중요하게 생각하고 있는 부분을 효과적으로 전달하기 위해 말하는 사람에 의해 변형된다. 시간이 지날수록, 그리고 이야기를 반복할수록, 일반 기억은 점점 더 정교하고 유연하게 통합되어 가는 특성을 갖고 있다. 비록 실제의 사실과는 다르게 변형되었을지라도, 일반 기억은 시간 개념이 분명하고, 앞뒤 맥락이 질서 정연한 이야기라고 할 수 있다.

이와 달리 트라우마 기억은 통합되어 있는 이야기가 아니다. 전혀 정리되어 있지 않은 기억의 파편 조각들이라고 할 수 있다. 정리가 되어 있지 않아 뒤죽박죽이다 보니, 트라우마 기억은 시간 개념이 없고, 앞뒤 맥락도 모호하다. 어떤 특별한 목적이 없으니 전혀 사회적이지도 않다. 그래서 트라우마 기억은 차분하게 이야기로 표현되기보다는, 강렬한 감정과 신체감각 혹은 이미지로 뜬금없이 표출된다. 이유 없이 두려움에 떨고, 갑작스럽게 분노가 폭발해 나온다. 자기주장을 조리 있게 할 수도 없고, 다른 사람을 부드럽게 설득시키지도 못한다. 하물며 자신이 옳다는 것을 합리적으로 입증하기도 어렵다. 그러나 트라우마 기억이라고 목적이 전혀 없는 것은 아니다. 트라우마 기억은 오로지 '위험으로부터 살아남으라'고 하는 긴박한 신호를 끊임없이 내보내는, 변치 않는 단 하나의 목적을 갖고 있다. 생존을 위해서는 정말 최선을 다해야 하니, 트라우마 기억은 시간이 지나도 쉽게 변할 수가 없는 것이다.

130여 년 전 피에르 자네는 두 기억 사이에서 왜 이런 차이가 생기는지 이유를 알 수 없었다. 현대의 신경학자들은 트라우마 기억이 일반 기억과 달라지는 이유는 견딜 수 없는 트라우마 상황에서 분비되는 스트레스 호르몬 (특히 노르에피네프린*norepinephrine*) 때문이라고 밝히고 있다. 어떤 상황이 매우 위험하고, 불편하고,

위협적이고, 고통스럽다면, 우리의 뇌에서는 이에 대처하기 위해 스트레스 호르몬의 분비가 급격히 증가하게 된다. 이 중에서 특히 많은 양의 노르에피네프린이 분비되면, 강렬한 공포와 두려움을 담은 트라우마 기억이 생겨난다. 이렇게 생겨난 트라우마 기억은 이후에도 비슷한 자극을 받을 때마다 그대로 생생하게 활성화된다. 그래서 트라우마로 고통받는 많은 사람들은 시간이 지날수록 오히려 그 당시 기억이 점점 더 생생해진다고 말한다. 그런데 그 고통도 어떤 임계치를 넘어가면, 그때부터는 멍해지고 오히려 기억이 전혀 안 나기도 한다. 트라우마 기억의 고통을 견디지 못하여, 기억을 해리시켜버린 것이다. 여기에는 아마도 뇌 내 마약이라고 할 수 있는 내인성 오피오이드endogenous opioid가 관여하는 것으로 보인다.

피에르 자네의 발견으로부터 무려 100년이 넘는 세월이 지났지만, 기억에 대한 연구는 지금도 계속되고 있다. 결국 이러한 연구는 기억으로 고통받는 사람들을 보다 더 효율적으로 돕기 위한 노력의 주춧돌이 될 것이다.

마담 프루스트의 비밀정원

감독 실뱅 쇼메 ○ 프랑스 ○ 2013
주연 기욤 구익스, 앤 르 니

기억이 통합되면 새로운 이야기가 시작된다

"살다 보면 좋은 일도 있고 나쁜 일도 있어.
하지만 어떤 일이 있었든,
그것은 과거의 일이고
이제 너는 거기에서부터 자유로워져야 한다."

영화 〈마담 프루스트의 비밀정원〉 중에서

영화 〈마담 프루스트의 비밀정원〉은 파스텔 톤의 동화 같은 영화지만, 정신과 의사 입장에서 보면 기억, 해리, 최면, 치유의 과정을 은유적으로 잘 보여주고 있는 대단히 흥미로운 영화다.

"기억은 일종의 약국이나 실험실과 유사하다. 아무렇게나 내민 손에 어떤 때는 진정제가, 때로는 독약이 잡히기도 한다."

마르셀 프루스트*Marcel Proust*의 《잃어버린 시간을 찾아서》라는 소설에 나오는 마법과도 같은 문구가 영화의 첫 장면을 장식한다. 사실 이 말은 기억의 본질을 잘 설명해주고 있는 말이다. 마치 약국 안에 꽉 들어차 있는 약들처럼 우리의 뇌 안에는 우리가 태어나 살아오면서 경험한 온갖 다양한 기억의 조각들이 촘촘히 들어차 있다. 그중 좋은 기억의 조각, 예를 들면 어린 시절 엄마가 해준 맛있는 된장찌개 냄새, 아버지가 기분 좋을 때 흥얼거렸던 노랫소리, 보이스카우트 시절 캠프에 가서 보았던 캠프파이어 불빛의 기억을 잡게 되면, 마치 진정제를 복용한 것처럼 우리는 편안함과 즐거움을 느끼게 된다. 그러나 반대로 나쁜 기억의 조각, 예를 들면 어린 시절 혼자서 엘리베이터에 갇혔을 때 느꼈던 답답함, 술 취한 아버지가 걸어올 때의 구두 발자국 소리, 아무리 노력해도 올라가지 않던 수학 점수, 가족 중에서 제일 못생겼다고 놀리던 오빠의 웃음소리를 잡게 되면, 그 기억은 우리를 슬프고 불안하게 또는 분노하게 만든다. 아마도 우리 삶의 색깔은 어떤 기억을 어떻게 조제하며 살아가느냐에 따라 달라질 것이다.

※ 기억을 선택하는 메커니즘

그런데 프루스트의 문구에서 한 가지 걸리는 점이 있다. 우리는 대체로 '아무렇게나 내민 손에' 의해서 기억을 조제하지는 않는다는 것이다. 우리의 뇌는 이 험한 세상에서 생존하기 위해, 어떻게든 적응적으로 대처하기 위해, 대개는 살아가는 데 도움이 되는 진정제 같은 기억 조각들을 주로 선택하여 살아가려고 한다. 두려움과 불안에 가득 찬, 마치 독약과도 같은 기억 조각들은 최대한 의식 저편으로 멀리 보내어 무의식의 심연 어딘가에 저장해야만 한다. 그리고 그 기억의 존재조차 잊어버려야만 세상에 적응하며 살아가기가 훨씬 쉬워진다. 즉, 우리는 본능적으로 의식에 자주 떠오르면 좋은 기억 조각, 의식에 절대로 떠오르면 안 되는 나쁜 기억 조각으로 철저히 분류하고 따로따로 저장하여 다분히 의도적으로 선택 조제하면서 살아간다. 그러니까 '아무렇게나 내민 손'을 통해 무작위로 기억을 잡아내는 것은 아니라는 말이다. 그런데 아무리 의도적으로 선택 조제를 하려고 해도, 문제는 이 꼭꼭 숨겨진 부정적인 기억 조각들이 얌전히 있지 않고, 제멋대로 무의식에서 의식으로 비집고 나오려고 한다는 것이다.

※ 기억의 파편을 되찾는 과정

이 영화의 전체적인 스토리 라인은 트라우마의 치유 과정을 은유적으로 잘 보여준다. 주인공 폴은 서른세 살의 피아니스트이다. 어릴 때 부모를 잃은 충격으로 말을 전혀 하지 못하고, 사람들과도 어울리지 못하며, 매일 밤 악몽에 시달리며 지낸다. 엄청난 충격으로 정신적인 성장도 완전히 멈춘 듯, 그는 자신을 어린아이처럼 취급하는 두 이모의 손에 놀아나는 무기력한 삶을 살아가고 있다. 이모들의 강압에 의해 매년 피아노 경연대회에 나가지만, 입상에는 늘 실패한다. 폴은 이모가 운영하는 댄스 교습소에서 맥 빠진 피아노 반주나 하며 지낸다. 말 그대로 맥 빠진 신세다. 그러던 어느 날 폴은 같은 건물 4층에 사는 마담 프루스트의 집에 우연히 들어가게 된다. 아파트임에도 불구하고 내부에는 신비로운 정원이 있는데, 이 비밀의 정원이 바로 마담 프루스트의 기억치료실이다. 이곳에서 폴은 마담 프루스트가 주는 차와 마들렌을 먹으면서 자연스럽게 최면 상태로 들어가 깊은 무의식의 세계에 숨겨져 오랫동안 잊고 지내던 기억의 파편들을 떠올리기 시작한다. 아름다운 엄마가 자신에게 미소 짓는 기억의 파편은 폴을 웃게 만들고, 왠지 거칠어 보이고 소리만 지르는 아버지에 대한 기억은 폴을 긴장시키고 진땀 나게 만든다. 그런데 재미나게도 완전히 잊고 지냈던 과거의 기억들을 하나둘 떠올릴수록, 폴은 과거에 아버지와 어머니가 서로 열렬히 사랑했고, 또 자신을 따뜻하게 사랑해주었다는 사실을 알게 된다. 왠지 마주하기 두렵고 무서워서 억눌러 놓았던 기억이었는데, 막상 떠올려 보니 의외로 폴에게 좋은 기억들이었던 셈이다.

과거의 기억 조각을 하나둘 떠올릴수록 폴의 삶은 조금씩 변하기 시작한다. 사실 이러한 현상이 신기한 것은 아니다. 억눌렸던 무의식의 기억이 의식으로 나와 적응적으로 처리될 때 일어나는 자연스러운 현상이다. 폴은 여자친구를 사귀기 시작하고 악몽도 꾸지 않게 되고 심지어 이모들의 강압적인 말을 듣지 않는다. 이러한 긍정적인 변화가 일어나고 있음에도 불구하고, 이모들은 자신들의 말을 고분고분 듣지 않는 폴 때문에 당황하고 불안해한다. 결국 마담 프루스트를 만나고부터 폴이 변했다고 결론을 내린 이모들은 그녀의 집을 급습해 그녀를 때리고 할퀴고 심지어는 쫓아내려 한다. 사실 이는 임상에서 청소년들을 치료하다 보면 자주 일어나는 일이기도 하다. 주변의 눈치를 보고 위축돼 지내왔던 아이가 치료를 통해 조금씩 자신감을 얻고 독립적으로 자신이 원했던 행동을 하려 할 때, 의외로 많은 부모들은 이를 반기지 않는다. 오히려 당연히 일어나야 할 변화와 성장을 부정적인 일탈이나 반항으로 간주하고, 아이에게 전처럼 자신들의 말에 따르기를 강요한다. 심지어 불필요한 변화를 일으켰다고 치료자를 비난하기도 한다.

※ 통합된 기억의 순기능

마담 프루스트가 떠나고 혼자가 된 폴은 허전한 마음을 달래기 위해 그녀가 주고 간 차와 마들렌을 엉겁결에 많이 먹고 (이는 약물 과다 복용이라고 볼 수 있다) 최면 상태에 들어가게 되는데, 이때 하필이면 가장 고통스러운 핵심 트라우마 기억을 떠올리게 된다. 즉, 겨우 두 살 때 자신의 눈앞에서 즐겁게 웃으며 춤을 추던 엄마 아빠가 갑작스러운 사고로 죽게 되는 끔찍한 기억을 떠올린 것이다. 폴의 경우처럼 아직 말을 하지 못하는 아기일 때 겪게 되는 트라우마를 '언어를 하기 전 단계의 트라우마*pre-verbal trauma*'라고 하는데, 아이가 엄마 배 속에 있을 때부터 대략 3세 사이에 일어나는 트라우마를 말한다. 예를 들면, 임신하면서 생겨난 엄마의 우울증이나 불안증, 출산 이후에 찾아오는 산후우울증, 배가 고파서 한참 동안 아무리 울어도 엄마가 젖을 주지 않았던 경험, 갑자기 엄마 품을 떠나 친척 집에 맡겨졌던 경험 등이 아기에게는 '언어를 하기 전 단계의 트라우마'가 될 수 있다. 아직 말을 할 수 없는 어린 아기는 자기가 겪은 고통스러운 경험을 언어로 기억하지 못하고 신체감각, 혹은 모호한 이미지나 감정 같은 것으로 기억하게 된다. 즉, 경험을 전후 맥락이 있는 이야기로 인식하지 못하고, 조각난 기억의 단편만을 간직하고 있는 셈이다. 폴의 경우도 자신의 끔찍한 트라우마를 말로 이야기할 수는 없지만, 트라우마 기억의 단편이 담고 있었던 공포와 불안, 그리고 상실감에 압도되어 전혀 말을 할 수 없는 함묵증緘默症에 걸린 것이라고 볼 수 있다. 그런데 이야기할 수 없었던 기억 전체를 최면 상태에서 갑자기 직면하게 되자 부작용이 만만치 않았다. 폴은 이성을 잃고 자신의 생명과도 같이 소중한 손가락을 충동적으로 부러트리는 극단적인 자기파괴적 행동을 하게 된다. 되살아난 원초적인 불안과 공포를 잠재우기 위해 어쩔 수 없이 자해를 하게 된 것이다. 자해, 자살 시도, 폭음, 폭식 등과 충동적인 행동이 심해지는 것은 어린 시절 트라우마를 치료하는 상담 과정에서 흔히 일어나는 현상이다.

우리는 두려움 때문에 트라우마의 기억을 자꾸 덮어두려 하는 습성이 있다. 이를 해리라고 하는데 사실 이는 어쩔 수 없는 우리의 본능적인 방어기전이다. 문제는 아무리 해리시켜도 트라우마 기억은 결코 사라지지 않는다는 점이다. 오히려 해리시켜 덮어둘수록 트라우마 기억은 무의식의 장막 아래에서 더 은밀하고 집요하게 우리의 의식에 영향을 미친다. 그래서 때때로 우리가 자신의 지성과 의지라고 믿으면서 하는 결정이 사실은 처리하지 않고 덮어둔 트라우마 기억의 영향이라는 것을 인식하지 못하고 방황하게 되는 경우가 많다. 두려움을 이겨내고 트라우마 기억을 통합하는 것은 '나'라는 인간의 주체성을 완성해가는 과정이라고 할 수 있다.

물론 이러한 과정은 쉽지 않다. 그러나 힘들지만 많은 반복 과정을 통해 트라우마 기억을 통합적으로 이야기할 수 있게 된다면, 예전 같은 강렬한 감정이 올라오지 않는 순간이 찾아온다. 이때 트라우마 사건은 삶 전체에서 그리 중요하지도, 그리 특별하지도 않은 이야기로 서서히 변해갈 수 있다. 물론 그렇다고 트라우마 기억이 아예 사라지지는 않을 것이다. 살아 있는 한 기억나고 그때마다 슬프고 화가 날 것이다. 그러나 이야기할 수 있게 되었다면, 분명 그 감정의 강도는 점점 줄어들어 갈 것이다. 그러면 통합 과정을 통해 트라우마 기억은 보다 더 현실적인 이야기로 전환되어간다. 우리의 기억은 회상될 때마다 새로운 이야기가 될 수 있기 때문이다.

※ 트라우마 치료의 핵심은 연결감이다

얼마 전까지만 해도 트라우마 치료를 하는 전문가들 사이에서는 트라우마 기억을 떠올리고 버티면서 그 기억과 함께하는 것*stay with it*이 중요하다는 믿음이 컸었다. 그러나 최근 많은 트라우마 전문가들은 그보다 훨씬 더 중요한 것은 트라우마 기억을 떠올릴 때 곁에서 누군가가(사랑하는 사람, 가족 혹은 신뢰할 수 있는 치료자) '내가 지금 함께 있어요*stay with me*'라고 말해주는 것이라는 사실을 알게 되었다. 중요한 사람과의 연결감을 통해서만이 트라우마 기억의 압도적인 에너지로 마비되었던 우리 뇌의 적응적 정보처리 시스템이 되살아날 수 있기 때문이다. 심지어 몇몇 세계적인 대가들은 치료적 터치*therapeutic touch*를 통한 연결감 없이 어떻게 트라우마의 고통에서 빠져나올 수 있냐고까지 반문하고 있다. 물론 전문가들 사이에서도 여전히 의견이 분분하기는 하다. 그러나 분명한 것은 불필요한 스킨십과 치료적 터치는 완전히 근본적으로 다른 것이다. 오해하지 말아야 한다. 압도적인 트라우마 기억의 소용돌이에 빠져들어 가는 내담자를 붙잡아 현실로 돌아오게 하는 것이 치료적 터치이다. 반드시 내담자의 허락을 구하고 난 뒤에 시행해야 함은 말할 것도 없다. 사실 프로이트의 정신분석의 영향으로 치료자의 터치가 절대 금기시되었지만, 프로이트 이전의 치료자들은 대부분 환자를 터치하면서 치료했다고 한다. (정신분석의 핵심은 전이*transference* 현상인데, 많은 환자들이 정신분석을 받으면서 치료자에게 강력한 전이를 일으켰다. 예를 들어, 어릴 때 학대를 받았던 환자가 치료 과정에서 전이가 일어나면 치료자를 학대한 사람으로 여겨 갑자기 적대감을 표현할 수 있다. 또한 부모로부터 관심과 애정을 충분히 받지 못한 환자는 치료자에게 애정을 갈구하는 전이가 일어나기도 한다. 그래서 프로이트는 치료자가 불필요하게 전이를 조장하지 않도록 하기 위해 중립적 자세*neutrality*를 강조했던 것이다.)

다행히도 이 영화는 따뜻하면서도 감동적인 치유의 과정을 마지막까지 놓치지 않는다. 폴은 암으로 갑작스럽게 세상을 떠난 마담 프루스트의 묘지를 찾아가 상실감에 슬퍼하지만 이내 그녀와 함께했던 기억을 상기해내고 연결감을 느낀다. 그리고 그녀가 즐겨 연주하던 우쿨렐레를 통해 새로운 삶을 시작한다. 사랑하는 여인을 만나 결혼을 하고 아이를 낳고 행복한 삶을 살아간다. 영화의 마지막 장면, 드디어 폴은 자신의 사랑스러운 아기를 바라보면서 태어나 처음으로 가슴 뭉클한 첫마디를 건넨다.

가슴 뭉클한 폴의 첫마디는, 아---빠---아----

PS — "살다 보면 좋은 일도 있고 나쁜 일도 있어. 하지만 어떤 일이 있었든, 그것은 과거의 일이고 이제 너는 거기에서부터 자유로워져야 한다." 영화 속에서 마담 프루스트가 폴에게 들려준 이 말을 트라우마로 고통받는 모든 사람들이 가슴속에 간직했으면 좋겠다.

트라우마 기억을 치료할 때 주의할 점

우리에게 트라우마 기억을 자꾸 덮어두려는 습성이 있다 해도, 그 영향에서 벗어나기 위해서는 두려움을 이겨내고 트라우마 기억을 의식으로 꺼내 직면하는 과정이 필요하다. 한데 트라우마 기억을 통합하기 위해 의식으로 꺼내기 전에 조심해야 할 점이 있다. 너무 서둘러 꺼내면 오히려 트라우마 기억에 압도되어 상태가 안 좋아질 수도 있기 때문이다.

반복되는 폭식 증상으로 치료를 받던 환자분이 어느 날 내게 꼭 하고 싶은 말이 있는데 말을 해야 할지 말지 몰라 망설여진다고 했다. 무슨 일이냐고 조심스럽게 물어보았더니, 그녀는 10년 전 사촌 오빠에게 여러 차례에 걸쳐 성폭행을 당했는데 누구에게도 말하지 못하고 그동안 혼자 끙끙 앓아왔다는 말을 작은 소리로 꺼냈다. 한동안 거의 잊고 그런대로 잘 지내왔는데, 요즘 이상하게 자꾸 그때 사건이 자주 떠오르면서 분노와 슬픔 때문에 고통스러운 시간을 보내고 있다고 했다. 왜 요즘 들어 생각이 많이 나는 것 같은지 물어보았더니, 그녀는 6개월 전 학교에서 하는 집단 상담 프로그램에서 그 트라우마 사건에 대해 처음 이야기를 꺼내고 난 뒤부터 더 자주 생각하게 된 것 같다고 대답했다. 집단 상담을 하는 동안 마음의 상처를 집단 구성원에게 다 꺼내놓아야 치유가 된다는 말을 반복해서 들었기 때문에, 그녀도 자신의 비밀을 이야기할 수밖에 없었다고 한다. 힘들게 마음의 상처를 이야기하고 나서 집단 구성원에게 많은 위로를 받아 괜찮아진 줄 알았는데 그 뒤 트라우마 기억이 자주 떠오르게 되었다는 것이다. 그러면서 그녀는 그 기억을 나에게 더 자세히 이야기하면 생각이 떠오르는 것이 좀 줄어들지 않겠냐고 물어보았다.

잠시 그녀의 얼굴 표정을 살펴보니, 그녀의 얼굴에는 두려움과 긴장감이 가득했다. 이야기하겠다고 마음먹고 왔지만 막상 그 이야기를 시작하려니 이미 두려움에 압도되는 것 같았다. 그래서 나는 그녀에게 트라우마 기억을 이야기하려면, 이야기하고 난 뒤에 일어나는 감정의 후폭풍을 견딜 수 있는 강력한 브레이크 장치가 있어야 한다고 말해주었다. 그리고 아직 그런 브레이크 장치가 준비되어 있지 않다면 오히려 더 불안정해질 수도 있으니, 오늘은 자세히 이야기하지 않는 것이 좋겠다고 알려주었다. 그리고 다음 시간부터 당분간은 강력한 브레이크 장치부터 만드는 작업을 같이 해보자고 제안했다. 순간 그녀의 얼굴에 안도감이 돌아오면서 흔쾌히 내 제안을 수락하였다.

하얀 종이 위에 과거의 안 좋았던 상처 기억을 적고 그것을 찢어서 불에 태우는 의식, 누구에게도 말 못 했던 비밀을 비슷한 상처를 경험한 사람들에게 털어놓는 일, 두려워서 말로 할 수 없는 사건을 그림으로 그리고 다시 그 위에 검은색을 덧칠하는 작업, 가해자에게 표현할 수 없었던 분노 감정을 빈 의자에 쏟아내는 드라마 요법, 트라우마 기억에 집중하면서 안구운동을 하게 하는 EMDR 치료법 등등 세상에는 마음의 상처를 치유하는 여러 가지 방법들이 개발되어 있다. 이러한 치유 작업들의 공통점은 의식의 아래층에 덮어두었던 트라우마 기억들을 의식의 표면 위로 올려놓으려고 시도한다는 점에서는 일단 '노출치료'의 일종이라고 할 수 있다. 엄청 사나운 개인 줄 알고 무서워서 무조건 고개를 돌려 피하기만 했는데, 용기를 내어 자세히 다시 보니 생각보다 순한 강아지일 경우에는 이런 반복 노출이 두려움을 줄이는 데 분명 효과가 있을 것이다. 그런데 다시 자세히 들여다보니 역시나 엄청 크고 사나운 개가 틀림없고, 심지어 전에 여러 번 내 팔을 사정없이 물어뜯은 적이 있다면, 다시 개를 돌아보았을 때의 두려움과 공포는 어떻게 될까? 이럴 때는 상식적으로 생각해보아도 두려움과 공포가 줄어들기는커녕 오히려 몇 배로 증폭되어 완전히 압도당하게 될 것이다.

상처 기억을 일기장에 적고 난 뒤에 너무나 원통했던 기억이 되살아나 몇 날 며칠을 소리 내어 울었다든지, 비슷한 상처를 가진 다른 사람들에게 이야기하고 난 뒤에 악몽에 시달리게 되었다든지, 빈 의자를 가해자라고 생각하고 신문으로 마음껏 때리고 난 뒤에 주변 사람들에게 사소한 일에도 마구 분노를 폭발하여 대인관계를 망쳐놓았다든지 하는 일이 일어나는 경우도 있다. 바로 그 상처 기억의 압도적인 두려움과 고통이 의식의 표면을 뚫고 나오면서 그의 마음을 극심한 혼란 상태로 만들기 때문이다.

만약 날 물어뜯었던 사나운 개에 대한 공포를 이겨내기 위해 그 개를 다시 자세히 들여다보고자 한다면, 개의 날카로운 이빨에도 찢겨져 나가지 않는 튼튼한 갑옷을 온몸에 두르거나 커다란 몽둥이를 들고 있어야 할 것이다. 마찬가지로 마음 깊은 곳에 숨겨져 있는 트라우마 기억을 다시 떠올리려면 먼저 튼튼한 갑옷과 커다란 몽둥이같이 자신을 안전하게 지켜줄 자원을 충분히 갖고 있어야 한다. 또한 늘 옆에서 힘이 되어주고 위안을 줄 수 있는 든든한 내 편, 가족이나 친구, 혹은 치료자의 존재도 반드시 필요하다.

만일 아직 이러한 준비가 되어 있지 않았다면, 상처 기억을 서둘러서 이야기할 필요가 전혀 없다. 서둘러서 기억을 꺼내면 왜 안 되는지는 〈마담 프루스트의 비밀정원〉 속에서 손가락이 부러진 폴이 이미 잘 알려주고 있지 않은가?

다크 나이트

감독 크리스토퍼 놀런 ○ 미국 ○ 2008
주연 크리스천 베일, 히스 레저

왜 어떤 사람은 다른 사람보다 더 고통받을까

"트라우마는 우리가 상상하는 것보다
훨씬 많은 후유증을 남긴다.
일차적으로는 몸에 남겨진 후유증이
여러 증상을 만들어내고,
이러한 증상으로 인해 삶이 힘들어지면서
이차적인 심리적 후유증이 삶을 지배하게 된다."

《Healing from Trauma》, 재스민 리 코리*Jasmin Lee Cori*

크리스토퍼 놀런 감독의 영화 〈다크 나이트〉는 블록버스터급 액션 영화임에도 불구하고 영화적 완성도 역시 높아 일반인은 물론 평론가들로부터도 높은 평점을 받았다. 이 영화에서 흥미로운 점 중 하나는 명백히 배트맨이 정의로운 주인공임에도 불구하고, 악당인 조커의 묘한 매력에 더 끌리게 된다는 것이다. 물론 조커 역을 맡은 명배우 히스 레저의 뛰어난 연기력 때문이기도 하다. 그는 미치광이 조커 역을 완벽히 연기해 전 세계의 각종 영화제에서 남우조연상을 휩쓸었다. 이후 조연으로만 생각했던 조커를 주인공으로 내세운 〈조커〉라는 영화까지 만들어져 그의 내면을 깊이 파고들었다. 그런데 사람들은 왜 기괴한 몰골의 미치광이 악당 조커에게 더 끌리는 걸까?

그건 아마도 영화 속 조커가 악랄하고 비열한 악당이라기보다는 나름 자기철학이 분명한 매력적인 악당으로 보이기 때문이 아닐까. 조커는 눈앞에 쌓인 어마어마한 재화에도 큰 집착을 보이지 않고, 잔인무도한 조직 깡패들 앞에서도 전혀 주눅 들지 않는다. 배트맨에게 잡혀 거꾸로 매달렸을 때조차도 배트맨의 고리타분한 정의감과 도덕심을 한껏 비아냥거리며, 죽음의 공포 앞에서 약해질 수밖에 없는 인간의 나약함에 대한 자신의 개똥철학을 마치 진실인 양 떠벌린다.

그는 세상 무서울 것 하나 없는, 아니 아예 무서움이란 개념 자체를 상실한 독특한 성격의 소유자로 보인다. 그래서 조커는 매사에 주저하거나 망설이지 않는다. 또한 그는 어떤 상황에서도 불안해하거나 두려워하지 않는다. 조커의 관심사는 오로지 세상 사람들에게 공포를 전염시켜 떨게 만든 뒤에, 그 공포에 질린 사람들을 마음대로 조정하고 지배하는 일에만 있는 것으로 보인다. 영화 속에서 조커는 자신은 공포를 느끼지 않으면서 남에게 공포를 전파하는 공포의 전달자임을 자처한다. 공포라는 감정을 자신의 의식에서 해리시켜서 자신은 그런 감정을 느끼는 사람이 아닌 척, 아니 자신은 공포라는 감정이 아예 없는 척, 포커페이스를 하고 있는 것이다.

※ 어린 시절의 트라우마는 어떻게 작용하는가

대개 해리는 어린 시절 아주 끔찍한 신체적 학대, 성적 학대를 당한 어린아이들이 끔찍한 기억을 의식으로부터 차단하기 위해 쓰는 방어기제이다. 영화에서도 조커가 어린 시절 겪은 강렬한 트라우마에 대한 설명이 잠깐 나온다. 조커의 아버지가 술에 취해 조커의 어머니를 괴롭힐 때, 어린 조커는 그 옆에서 공포에 떨면서 울고 있었는데, 갑자기 아버지가 "왜 신경 거슬리게 울고 있냐? 빨리 웃어"라고 협박을 했다. 공포에 질린 조커가 울음을 참지 못하고 계속 훌쩍거리자, 조커의 아버지는 나이프로 조커의 입을 찢어놓는다. 계속 웃는 표정을 지으라고 입을 찢어놓은 것이다. 조커의 아버지는 끔찍한 악마 같은 존재였다.

어린 조커가 그 당시 느꼈던 두려움과 공포는 과연 어느 정도로 강렬한 것이었을까? 어린 조커는 이런 강렬한 공포 앞에서 도대체 무엇을 할 수 있었을까? 도망갈 수도 없고 싸울 수도 없는 상황에서 꼼짝 못 하고 당하게 될 때, 대개 기절하는 것, 즉 정신을 놓는 것이 최고의 방어수단이 된다. 그렇게 해야만 견딜 수 없는 공포와 고통으로부터 잠시라도 달아날 수 있으니까 말이다. 어린 조커는 이후 성장하면서 그때의 사건, 그리고 그때 느꼈던 공포를 기억하지 않고, 거의 다 해리시켰을 것이다. 그리고 자기는 공포를 느끼지 않는 대신 주변의 사람들을 공포에 빠트리고 그것을 바라보며 즐기는 인격을 의식의 전면에 내세우고 성장하게 된다. 인격의 전환이 일어난 그의 겉모습은 공포를 모르는, 속박당해본 적 없는, 일견 자유롭고 쿨한 영혼의 소유자로 보인다.

반면 이 영화의 주인공인 배트맨도 마음속 깊은 곳에 조커와는 다른 형태의 트라우마를 갖고 있다. 어린 시절 부자이면서도 성품이 온화하고 따뜻한 부모 밑에서 성장한 배트맨은 어느 날 혼자서 놀다가 실수로 깊은 우물에 빠진다. 아무리 엄마 아빠를 부르며 살려달라고 소리쳐도 그 절박한 소리는 부모님 귀에 닿지 않았다. 하루 종일 우물 안에서 버둥거리던 그는 어둑어둑해져서야 가까스로 우물에서 빠져나온다. 이곳저곳 몸에 긁힌 상처를 보고 행여 부모님이 걱정하실까 아이는 우물에 빠졌던 사실을 부모님에게 말하지 않고 놀란 가슴을 혼자서 쓸어내리며 잠자리에 든다. 어떻게 해서든 우물이라는 폐쇄 공간에 갇혔던 충격을 혼자 극복해내려 하지만 그때의 두려움과 공포는 쉽게 사라지지 않았다.

결국 그는 불안하고 우울한 나날을 보내게 되는데, 이런 아들의 모습이 걱정된 부모님은 아들의 마음을 달래주기 위해 극장에 데려간다. 그런데 이때 예기치 못한 돌발 상황이 일어난다. 컴컴한 극장 안에서 공연을 보던 아이에게 갑자기 가슴이 답답해지는 공황발작이 찾아온 것이다. 컴컴한 극장 안에 앉아 있는 느낌이 우물에 빠졌을 때의 꽉 막힌 느낌을 자극하는 촉발요인*trigger*이 되었던 것이다. 공연 중이지만 견딜 수 없었던 아이는 아버지에게 그냥 나가자고 부탁한다. 아버지가 조금 엄했다면 공연이 곧 끝나가니 조금 참아보라고 했을 수도 있었을 텐데, 자상한 아버지는 아들이 걱정되어 곧바로 아들의 손을 잡고 극장을 빠져나온다. 극장 뒷문으로 빠져나가 집으로 돌아가려 하는데 으슥한 골목에서 하필 험상궂게 생긴 강도를 만나게 된다. 총을 들이대며 지갑을 당장 내놓으라고 협박하자 아버지는 순순히 지갑을 건넨다. 그에게는 가족의 안전이 우선이었으니까. 그러나 애초에 강도는 이들을 안전하게 보내줄 자비심 같은 것은 갖고 있지 않았다. 지갑을 건네받자마자 배트맨의 아버지와 어머니에게 총을 쏜다. 그리고 꼼짝 못 하고 얼어붙어 있던 아이에게도 총을 쏘려는 순간, 경찰차의 사이렌이 들리는 바람에 아이는 가까스로 살아남는다. 그러나 살아남은 아이의 마음에는 평생 지워지지 않는 엄청난 상처가 남았을 것이다. 부모님을 잃은 상실감도 컸겠지만, 자신의 잘못으로 인해 부모가 죽었다는 죄책감. 자신이 공연 중간에 나가자고만 하지 않았다면 두 사람은 죽지 않았을 거라는 자책감. 그래서 그는 성인이 되어 죄책감을 되갚기 위해 악당을 물리치고 약자를 보호하는 정의의 사도 배트맨이 된 것이다. 그러나 그는 늘 죄책감이라는 어두운 그림자를 안고 사는, 그래서 사랑하는 사람마저도 포기해야만 하는 외로운 영웅이 된다.

※ 트라우마 이후의 삶을 결정하는 요인

조커와 배트맨, 두 사람 모두 보통 사람은 상상도 하지 못할 특별한 트라우마를 경험했지만, 완전히 정반대의 인격체로 성장한다. 한 사람은 폭력으로 공포를 전달해 세상 사람들을 지배하려는 사람이 되고, 또 한 사람은 폭력과 공포로부터 세상 사람들을 보호하는 어둠의 기사, 다크 나이트가 된다. 두 사람에게 어떻게 정반대의 결과가 일어난 걸까. 도대체 어떤 요인이 작용한 것일까? 가지고 태어난 유전자의 영향이었을까, 아니면 자라난 환경의 영향이었을까? 환경의 영향이라면 무엇이 이토록 강한 영향을 주었을까. 가난? 청소년기의 방황? 친구들과의 관계? 학습능력? 아마도 두 사람의 삶의 방향을 결정하는 데는 수많은 요인들이 영향을 미쳤을 것이다. 그중에서도 가장 큰 영향을 끼친 요인을 하나 고르라고 한다면, 아마도 결정적인 트라우마가 일어나기 전 어떤 양육자의 돌봄 속에서 어떤 애착 경험을 하며 어떻게 자랐느냐가 아닐까.

배트맨에게는 일관성 있게 끝까지 아들을 사랑하고 보호해주려 했던 아버지와 어머니가 있었다. 그는 트라우마의 후유증을 치료해줄 수 있는 안정적인 애착관계*secure attachment*를 이미 경험했을 것이다. 반면 조커에게는 아들의 입을 칼로 찢는 짐승 같은 아버지와 그런 폭력에 질려 무기력하게 살아야만 했던 어머니가 있었다. 조커는 트라우마에 가장 취약하게 만드는 혼란애착*disorganized attachment*을 경험한 것으로 보인다. '가해자가 가족의 바깥쪽에 있느냐, 안쪽에 있느냐?' 그리고 '안정적인 애착 경험을 했는가, 불안정한 애착 경험을 했는가?'에 의해 배트맨과 조커의 트라우마 이후의 삶은 완전히 달라진 것이라고 할 수 있다. 어린 시절 안정적인 애착을 경험했다는 것은 스스로 자신의 감정과 신체를 조절하고 통제할 수 있는 능력, 자신을 스스로 돌보고 사랑할 수 있는 능력, 그리고 타인을 신뢰할 수 있는 능력을 기본적으로 갖추고 있다는 것을 의미한다. 사실 이 세 가지 능력은 성숙한 성인이 가지고 있어야 할 중요한 자질이며, 동시에 트라우마의 후유증을 이겨낼 수 있는 매우 중요한 자원이기도 하다.

만약 안정애착을 어린 시절 경험하지 못했다 하더라도 실망할 필요는 없다. 성인이 되고 나서라도 중요한 사람과의 관계를 통해 얼마든지 안정애착을 경험할 수 있다. 우리가 상상하는 그 이상으로 관계를 통한 회복이 일어나곤 한다.

PS — (2019년 영화 〈조커〉를 보고 나니) 죄책감에 시달리며 외롭게 살아가는 배트맨도 안됐지만, 아버지를 향한 공포와 어머니의 부재에 대한 상실감에 시달리며 겨우겨우 버텨오다, 결국 세상의 멸시와 조롱에 무너져 내리면서 폭력을 통한 공포의 전파에만 몰두하게 되는 조커의 삶 역시 우리 인간이 감당하기에는 너무 가혹하다는 생각이 절로 든다.

트라우마 양상의 차이

비슷한 트라우마를 경험했는데, 왜 어떤 사람은 다른 사람보다 더 고통받을까? 똑같은 형태의 트라우마 사건을 경험했어도 우리는 모두 다른 반응을 보인다. 이러한 차이는 대개 다음의 세 가지 요인, 사건 자체의 요인, 개인적 요인, 그리고 사회적 요인에 의해 결정된다.

사건 자체의 요인: 사람에게 받은 트라우마가 자연재해 같은 트라우마보다 더 심한 외상 후 스트레스 장애*PTSD: Post Traumatic Stress Disorder*의 증상을 일으키는 경우가 많다. 즉 성폭력, 폭행, 강도, 고문 같은 트라우마가 태풍이나 지진으로 인한 트라우마보다 더 심한 후유증을 남긴다. 모르는 사람보다는 아는 사람, 믿었던 사람, 사랑하는 사람에게 받은 상처가 더 심한 배신감과 불신의 후유증을 남기게 된다. 그런 의미에서는 어린 시절 양육자로부터 받은 학대와 방임이 가장 심각한 후유증을 남기는 트라우마 사건이라고 할 수 있다. 또한 예측할 수 없었던 트라우마 사건일수록, 사건 자체가 끔찍할수록, 반복적일수록, 목숨에 대한 위협이 강할수록 트라우마의 후유증은 더 심각하다.

개인적 요인: 나이가 어릴수록, 남자보다는 여자가, 부자보다는 가난한 사람이 트라우마에 더 취약하다. 사회적으로나 경제적으로 약자인 경우에는 트라우마에 대처할 수 있는 여러 가지 긍정적인 자원이 부족할 수밖에 없다. 또한 과거에 다른 트라우마를 이미 많이 경험한 사람일수록 현재의 트라우마에 대한 반응이 심각하게 일어난다. 개인의 유전적인 성향, 성장 배경, 평소 성격도 트라우마 반응에 크게 영향을 미친다. 실제로 트라우마 당시, 개인이 어떻게 대처했느냐는 측면도 트라우마 후유증에 중요한 영향을 준다. 예를 들면, 강도에게 조금이라도 대응하려고 하다가 팔이 부러진 경우와 칼로 위협을 받아 꼼짝 못 하고 당한 경우는 전혀 다른 양상의 반응을 보일 수 있다. 전자의 경우는 흥분과 분노의 감정을 더 많이 경험하는 반면, 후자의 경우는 몸이 완전히 얼어붙고 정신이 멍해지는 해리 증상, 그리고 통제감을 잃어버린 자신에 대한 자책감을 훨씬 강하게 경험하는 경향이 있다.

사회적 요인: 사회적 요인은 트라우마 반응의 최종 결과에 커다란 영향을 끼친다. 친구, 연인, 배우자, 가족의 심리적 지지와 위안이 있는 경우는 트라우마의 후유증을 감소시켜준다. 반대로 갈

등이 많은 가족관계, 주위의 몰이해와 비난은 트라우마 증상을 심각하게 악화시킨다. 특히 청소년들은 양육자의 스트레스 수준이 높을 경우 트라우마 증상에 악영향을 받는다(이는 매우 중요하다. 먼저 양육자가 자신의 스트레스 반응을 조절하고 아이에게 다가가야 한다). 또한 사회적인 소외계층, 예를 들면 빈곤층, 노숙자, 성소수자들은 사회적으로 불리한 대우를 받기 때문에 트라우마 증상이 더 악화되는 경향이 있다.

결국 사건 자체의 요인, 개인적 요인, 사회적 요인, 이 세 가지 요인들이 서로 복잡하게 얽히고설켜 트라우마 후유증의 양상을 결정하게 된다. 비슷한 사건을 경험해도 사람마다 고통받는 증상의 양상이 다를 수밖에 없다. 그러므로 반드시 잊지 말아야 할 주의 사항이 있다. '다른 사람은 극복했는데 넌 왜 극복하지 못하느냐?'는 말은 트라우마로 고통받는 사람에게 절대로 해서는 안 되는 말이다. 또한 트라우마로 고통받는 사람도 스스로에게 '다른 사람은 다 극복했는데, 왜 나만 한심하게도 이겨내지 못하지' 하며 자책할 필요가 하나도 없다.

투더본

감독 마티 녹슨 ○ 미국 ○ 2017
주연 릴리 콜린스, 키아누 리브스

정신과 육체의 상관관계

"사실 대부분의 문제 행동들은 비효율적이어도
부분적으로 문제를 해결하기 위한 피나는 노력이다.
예를 들면, 자해는 고통스러운 감정을 잊기 위한 수단이고,
자살충동은 자기처벌 수단 혹은 복수의 표현이기도 하다.
다이어트와 폭식 역시 마찬가지이다.
다이어트는 조절감, 통제감, 자신감, 성취감을 주고
폭식은 자기위안, 긴장완화의 느낌을 준다.
문제는 이러한 행동들이 매우 매우 비효율적이라는 것이다."

앤드루 서버트*Andrew Seubert*, 미국의 EMDR 치료자

사실 난 트라우마 전문가이기도 하지만 동시에 식이장애 전문가이다. 1995년에 식이장애 클리닉을 처음 시작하였는데, 당시 가장 인기 있었던 식이장애 치료방법은 인지행동치료였다. 인지행동치료란 환자가 가지고 있는 왜곡된 생각과 행동을 수정하여 증상을 완화시키는 치료방법으로 지금까지도 식이장애 치료에서 매우 중요한 분야이다. 그런데 문제는 과학적으로 효과가 꽤나 입증된 이 치료방법이 증상이 심한 거식증, 폭식증 환자에게는 효과가 그리 크지 않다는 것이었다. 왜 좋아지지 않는 걸까? 궁금증과 답답함을 풀기 위해 나는 관심 분야를 조금씩 넓혀갈 수밖에 없었다. 그러다가 결국 트라우마의 주된 치료기법 중 하나인 EMDR*Eye Movement Desensitization and Reprocessing*(안구운동 민감소실 및 재처리 요법)이라는 치료방법을 알게 되면서 분명한 깨달음을 얻었다. 증상이 심한 혹은 잘 낫지 않는 식이장애는 단순한 다이어트와 폭식의 문제가 아니었다. 그 이면에 깔려 있는 강한 수치심, 열등감, 외로움 등과 같은 감정들이 어린 시절의 트라우마와 매우 밀접한 연관이 있었다. 실로 식이장애는 트라우마의 용광로라고 해도 과언이 아니다. 비록 당사자인 식이장애 환자가 자신의 거식, 폭식 증상과 트라우마를 연관시키지 못해도 말이다.

※ 트라우마가 감추고 있는 진실

현대사회 대부분의 여성과 남성은 외모에 많은 관심을 갖고 있다. 많은 사람이 외모에 연연하고, 다이어트와 운동에 집착하고,

과식 내지는 폭식을 하기도 한다. 그러나 만약 열등감이나 완벽주의, 수치심이 그리 심하지 않다면, 우리는 대개 적당히 다이어트하고 적당히 과식하다가 적당히 불만족해하면서 살아간다. 그래서 월경이 멈춰질 정도로 저체중이 되거나 일상생활에 지장이 될 정도로 폭식, 구토의 빈도가 잦아지지는 않는다. 식이장애라고 분명히 진단할 수 있을 정도로 증상이 뚜렷한 사람들은 거식, 폭식 증상의 이면에 어떤 절박함 같은 것을 갖고 있는 경우가 많다. 즉 거식과 폭식이라는 극적인 증상은 사실 빙산의 일각이고, 진짜 빙산의 몸체에는 '난 무가치한 인간이야', '난 너무나 수치스러운 존재야', '완벽하지 않으면 살아남을 가치가 없어'와 같은 부정적인 믿음들, 그리고 그러한 믿음들을 생기게 한 어린 시절의 트라우마들이 숨겨져 있는 것이다.

10년을 넘게 많은 정신과 클리닉을 전전하다가 내원한 어떤 폭식증 환자가 있었다. 그 환자의 처음 증상은 고등학교 2학년 때 들린 환청(정확히는 내면의 소리)이었다. '넌 바보야!', '제대로 하는 게 어떻게 하나도 없니?', '넌 참 한심해!' 같은 소리를 들으면서 환자는 점점 더 자신감이 없어졌고 우울해졌다. 우울감을 견딜 수 없게 되면 그녀는 팔목을 칼로 긋는 자해 행동을 했다. 그러다가 체중을 조금 빼면 자신감이 돌아올 것 같다는 생각에 매우 엄격한 다이어트를 시작했고, 그러고는 곧 폭식 증상이 뒤따랐다. 놀라운 것은 그 뒤로 그녀의 환청 증세가 줄었다는 것이다. 이는 다이어트에 대한 걱정과 폭식 증상이 자기비난의 소리를 막아주는 방패 역할을 했다는 것을 의미한다. 그런데 동호회에 가입해 재미난 취미 활동을 한다든지, 남자친구를 사귀게 된다든지 하여 기분이 좋아져 다이어트와 폭식 증상이 사라지면, 아이로니컬하게도 자기비난의 소리가 더 자주 들렸다.

이유를 알 수 없던 환청과 폭식의 근원은 아동기에 있었다. 환자는 어려서부터 특별한 이유도 없이 아버지와 할아버지로부터 심한 폭언과 폭력에 시달렸다. 이는 명백한 아동기 트라우마에 속한다. 귀에서 들리는 자기비난의 소리는 바로 어린 시절 아버지와 할아버지에게 가장 자주 듣던 말이었다. 남자친구와 헤어지고 다시 다이어트에 과도하게 집착하게 되면 신기하게도 환청은 사라졌다. 즉 다이어트는 그녀 내면에서 들려오는 자기비난의 소리를 차단하는 귀마개 역할을 하고 있는 셈이었다.

※ 먹을 수 없는 질병, 식이장애

2017년에 만들어진 영화 〈투 더 본*To the Bone*〉은 거식증을 앓고 있는 스무 살 여성, 엘런이 주인공이다. 엘런은 갈비뼈가 흉하게 드러날 정도로 마른 몸매임에도 불구하고 음식을 먹는 것을 한사코 거부한다. 아니, 조금 더 정확히 표현하자면 음식이 엄청 먹고 싶지만 체중이 늘어나는 것이 너무 두려워 음식을 삼킬 수 없는 상태다. 스스로 손목 굵기를 재면서 자신의 체중을 가늠하고, 조금이라도 칼로리를 소모하기 위해 등에 멍이 들 정도로 윗몸일으키기 운동에 집착한다. 또한 끊임없이 자신을 비난하고 학대하면서 스스로 고통받는 것이 마땅하다고 여기는 것 같아 보인다. 영화 초반에는 거식증을 갖고 있는 주인공의 적나라한 증상들과 특징적인 사고방식들을 제법 사실적으로 보여준다. 대신 엘런이 거식증에 걸린 이유에 대해서는 자세히 묘사하지 않는다. 엘런의 부모는 이혼했고, 같이 사는 새엄마와 사이가 나쁘다는 등 가족관계가 좋지 않고, 엘런이 그린 그림을 보고 어떤 여자아이가 자살해 죄책감을 심하게 갖고 있다는 정도를 보여줄 뿐이다. 이러한 이유만으로 엘런의 이해하기 힘든 증상들을 다 설명하기에는 뭔가 부족하다. 사실 거식증뿐 아니라 대부분의 질병들, 심지어 암도 발병 원인이 불명료한 경우가 많다. 유전적 요인, 심리적 요인, 가족 요인, 사회적 요인 등이 복잡하게 얽혀 발병하기 때문이다.

오랜 기간 동안 다양한 치료를 받았음에도 불구하고 오히려 거식증이 점점 악화되어가던 엘런은 새엄마가 추천하는 유명한 의사를 찾아가 진료를 받고, 그가 운영하는 자율요양원 시설에 입원하게 된다. 그곳은 엘런과 비슷한 처지의 거식증 환자, 그리고 폭식증 환자들이 같이 생활하면서 식사를 함께하고 서로 소통하며 집단 상담치료를 받는 곳이었다. 그곳에서 엘런은 발레를 하다가 무릎을 다치고 난 뒤 거식증에 걸린 남자를 만나게 된다.

일반적으로 식이장애를 여성만의 질병이라고 알고 있지만, 남성이 거식증, 폭식증을 갖게 되는 경우도 있다. 남성 식이장애 환자들은 어린 시절 비만으로 인해 다이어트를 심하게 하다가 식이장애가 생기기도 하지만, 딱히 다이어트에 심하게 집착하지 않았는데 운동을 심하게 한다거나, 혹은 군대 같은 단체 생활을 하다가 급격한 체중 감소를 경험하고 난 뒤에 식이장애가 생겨나기도 한다. 엘런과 이 남성 사이에서 로맨스가 살짝 생겨나는 듯했지만, 안타깝게도 그런 긍정적인 경험도 그녀의 체중을 증가시키기에는 역부족이었다. 무엇보다도 엘런은 이성이 점점 친밀하게 가까이 다가오는 것을 견디지 못했다. 본인은 누군가로부터 사랑이나 관심 같은 것을 받을 자격이 애초부터 없다고 믿기 때문일 수도 있다. 그래서 사랑한다며 자신에게 다가오는 사람을 의심하고 다가오지 못하게 벽을 쌓고, 때로는 상처를 주어 밀어낸다.

항상 바쁜 아버지는 참석하지 못했지만 (엘런의 아버지는 영화에서 끝까지 나타나지 않는다) 새엄마, 이복동생, 친엄마, 친엄마의 파트너가 모두 함께 모인 가운데 가족치료도 시도해본다. 하지만 역시나 서로 책임을 전가하기에 급급할 뿐, 엘런에게는 전혀 위로가 되지 못한다. 좌절한 엘런은 정신과 의사와 상담하게 되는데, 의사는 용감하게도 예민해질 대로 예민해져 있는 엘런에게 정면승부를 건다. 그는 엘런에게 "겁쟁이처럼 숨지 마라. 그런 식으로 살면 이 세상에서 아무것도 얻을 수 없다. 누군가 나타나서 도와줄 것을 기대하지 말고, 힘들어도 직접 부딪쳐라. 스스로 용기를 내야 한다"고 진심을 다해 말한다. 나도 내 환자들에게 정말 말하고 싶지만, 아무리 좋은 말도 준비가 안 된 환자의 귀에는 들리지 않는다는 것을 알기에 자제에 자제를 하고 있다. 하지만 정신과 의사는 무모하게도 엘런에게 좋은 말을 너무 많이 하고야 만다. 사실 거식증 환자에게 음식을 한번 먹어보라고 하는 것은 다음과 같이 비유할 수 있다. 태평양 한가운데에 튜브를 붙잡고 살려달라고 하는 수영을 할 줄 모르는 사람에게, 구조원이 배를 타고 100미터 앞까지만 다가가서는 붙들고 있는 튜브를 놓고 이곳까지 수영해 오면 구해주겠다고 하는 것만큼이나 터무니없는 이야기이다. 결국 분노한 엘런은 정신과 의사에게 "엿이나 먹으라"고 시원하게 한마디 해주고는 요양원을 떠난다.

※ 엄마의 품에서 받은 이해와 사랑

요양원을 떠난 엘런은 체력 고갈로 몇 번을 쓰러지면서도 어느 시골 농장에서 살고 있는 친엄마를 찾아간다. 죽기 전에 마지막으로 엄마의 모습이라도 봐야지 하는 심정으로 찾아갔는지도 모르겠다. 오랜만에 재회한 두 사람의 어색한 식사 시간이 끝나고, 엄마는 도시 사람들이 농장 체험할 때 숙소로 쓰는 천막으로 엘런을 안내한다. 그곳에서 엄마가 안아주고 같이 잠을 자는 정도로 영화가 끝나겠구나 하고 예측했는데, 영화적 상상력은 내 평이한 예측을 뛰어넘어 저 멀리 나아간다. 먼저 엄마는 엘런을 낳은 뒤 산후 우울증으로 어린 엘런을 안아주지 못하고 혼자 둔 적이 많았다고 진솔하게 고백한다. 그리고 엘런에게 지금이라도 직접 젖병에 우유를 담아 먹여주고 싶다는 뜻밖의 제안을 한다. 어색해진 엘런이 생각해보겠다고 잠시 망설이자 엄마는 진심을 담아 말한다.

"네가 설령 죽기를 바라도 엄마는 널 사랑하니까 다 이해할게."

이 말은 모든 것을 다 내려놓고 널 수용하겠다는 표현이다. 그러자 엘런은 마음이 바뀌었는지 엄마에게 지금 우유를 먹여달라고 한다. 다 큰 딸을 마치 아기처럼 품에 안은 엄마는 흐느끼는 엘런에게 우유를 먹이며 자장가를 불러준다. 이 장면이 점점 줌아웃되면서 천막 전체를 보여주는데, 이때 천막은 마치 엄마의 자궁처럼 보이기 시작한다.

고백하자면 이 기적적인 장면에서 난 그만 눈시울을 적시고 말았다. 상징적이지만 이것이 거식증이라는 이해할 수 없는 질병이 알려주고 있는, 우리 삶의 핵심적인 진실이라는 생각이 들었기 때문이다. 병의 원인이 무엇이든, 거식증 환자가 음식을 먹을 용기, 체중 증가를 받아들일 용기, 즉 거식이라는 방어벽을 내려놓고 내면의 두려움과 공포에 직면하는 용기는 누군가의 절대적인 이해와 사랑을 필요로 한다. 그리한 안정적인 돌봄과 연결감을 제대로 경험해야 비로소 우리는 사느냐 죽느냐 하는 투쟁적인 생존 모드에서 벗어날 수 있기 때문이다. 그리고 어디로 나아갈 것인가? 무엇을 추구할 것인가? 하는 삶의 의미를 지향하는 성장 모드로 전환되기 때문이다. 아마도 모든 인간이 그러할 것이다.

PS — 이 영화의 마지막 장면을 난 가끔 환자 그리고 환자의 보호자와 같이 본다. 대략 5분 정도 되는 그 짧은 순간에 환자도 울고 보호자도 운다. 난 슬그머니 천장으로 눈길을 돌린다.

일생의 건강을 좌우하는 트라우마, ACE 연구

1980년대 미국 샌디에이고에서 비만 클리닉을 운영하던 내과 의사 빈센트 펠리티*Vincent Felitti* 박사는 심각한 과식과 비만이 있는 환자들의 과거력에서 어린 시절의 학대와 가족 문제가 있다는 사실을 우연히 발견하게 된다. 그는 어렵게 체중 감량에 성공했다가도 과식 욕구를 참지 못해 체중이 금방 제자리로 돌아가는 한 환자를 상담하다가 깜짝 놀라는 경험을 하게 된다. "언제 첫 성관계를 했느냐?"는 그의 질문에 환자가 "18킬로그램 때"라고 대답하였다. 너무 놀라 다시 물어보니, 환자는 "그러니까 18킬로그램이었던 네 살 때, 상대는 아버지였어요"라고 말하였다.

이후 펠리티 박사는 다른 280여 명의 환자들과의 상담을 통해 그들 대부분이 학대와 방임, 성폭행 같은 트라우마를 어린 시절 겪었다는 것을 알게 된다. 어린 시절 트라우마와 비만이 도대체 어떤 연관 관계가 있는 걸까? 고민하던 펠리티 박사는 결국 어린 시절 트라우마를 겪은 아이들이 불안, 외로움, 우울감, 자책감 같은 정서적 문제를 해결하기 위한 수단으로 음식을 과식 혹은 폭식해왔다는 것을 알게 된다(이를 정서적 과식*emotional eating*이라고 한다). 비만을 전문한 내과 의사였는데, 정신과 의사들조차도 몰랐던 정신의학적 문제가 비만 환자들에게 내재되어 있다는 사실을 알아챈 것이다.

펠리티 박사는 이러한 자료를 모아 비만학회에서 연구 결과를 발표하였다. 즉, 비만처럼 많은 성인들의 신체적 건강을 위협하는 문제 이면에는 어린 시절의 트라우마로 인한 불안, 공포, 수치심 같은 정서적 문제들이 숨겨져 있다는 내용을 동료 의사들에게 알린 것이다. 한데 뜻밖에도 대부분 동료 의사들이었던 청중들은 펠리티 박사의 발표를 듣고 엄청난 야유와 비난을 쏟아냈다. 살이 찌는 이유가 수십 가지일 텐데, 어떻게 환자들의 말을 곧이곧대로 믿을 수가 있느냐, 게으르고 남 탓 잘하는 사람들의 변명과 핑계를 어떻게 그대로 다 받아들였느냐는 것이 비난의 이유였다.

그러나 다행히 그 자리에는 펠리티 박사의 연구에 관심을 가졌던 한 사람의 과학자가 있었다. 그는 펠리티 박사의 연구 결과의 객관성을 높이기 위해, 연구 대상의 범위를 몇 배로 넓힌 대규모 역학 연구를 하자고 제안하였다. 그 제안을 받아들인 펠리티 박사는 더 포괄적인 연구를 하기 위해, 비만 센터뿐만 아니라 건강검진을 받으러 오는 사람들까지 모두 포함하여 총 1만 7,000명을 대상으로 아동기에 경험한 부정적인 경험과 신체적 건강, 정신적 건강과의 연관성을 분석하였다.

이러한 탄생 과정을 거쳐 만들어진 ACE 연구(아동기 부정적 경험 *Adverse Childhood Experiences*)는 우선 아동기의 부정적인 경험 열 가지를 1)심리적 학대 2)신체적 학대 3)성적 학대 4)정서적 방임 5)신체적 방임 6)가족의 약물 및 알코올 남용 7)부모의 별거나 이혼 8)가족의 정신질환 9)가족 내 폭력 10)가족의 범죄행위로 규정했다. 이 중에서 처음의 5개 항목은 응답자 자신의 어린 시절 경험을 물어보는 것이다. 즉, 자신의 부모로부터 심하게 폭언이나 폭력을 받은 적이 있는지 혹은 방임 방치되어 돌봐주는 사람이 없었는지, 애정과 관심을 제대로 받지 못했는지를 물어보는 항목이다. 나머지 5개 항목은 응답자의 가족 구성원이 어떠했는지를 물어보는 질문이다. 부모님이 별거나 이혼을 한 적이 있는지, 폭력을 써가면서 부부싸움을 한 적이 있는지, 우울증이나 알코올중독 같은 문제로 장기적인 병원치료를 받은 적이 있는지, 혹은 교도소에 간 적이 있는지, 자살 시도를 한 적이 있는지 등의 항목들이 포함된다. 펠리티 박사는 연구에 참여한 사람들에게 자신들의 아동기 부정적 경험 점수를 스스로 체크하도록 했다. 그리고 펠리티 박사는 아동기 부정적 경험을 얼마나 많이 경험했느냐에 따라, 즉 ACE 점수가 얼마나 높으냐에 따라 정신적 건강, 신체적 건강이 어떤 영향을 받았는지를 추적 연구한 것이다.

1998년 발표된 연구 결과는 상상했던 것 이상으로 충격적이었다. 우선 아동기 부정적 경험은 많은 사람들에게 놀랍게도 자주 일어나는 일이었다. 전체 인구 중 64%의 사람들이 최소한 1개 이상의 아동기 부정적 경험을 겪었으며, 2개 이상 경험한 사람이 40%, 4개 이상인 사람들도 무려 12.5%나 되었다. 어린 시절 어려움을 겪지 않았다고 한 사람은 응답자의 3분의 1에 불과했다. 그 다음으로 놀라운 결과는 이 ACE 점수가 높을수록, 그에 상관 비례하여 정신적 건강 및 신체적 건강이 위협받고 있다는 사실이었다. 즉, ACE 점수가 높은 사람일수록, 우울증, 자살 시도, 알코올 중독 같은 정신적 문제는 말할 것도 없고 고혈압, 당뇨병, 심장질환, 뇌졸중 같은 만성적인 신체 질병도 많이 갖고 있었다. ACE 점수가 4점 이상이 되면 과체중과 비만일 가능성이 2배, 흡연 가능성도 2배, 암에 걸릴 확률도 2배나 높았다. 또한 ACE 점수가 4점 이상인 사람은 우울증에 걸릴 확률이 ACE 점수가 0점인 사람보다 4.6배나 높았고, 알코올중독에 빠질 확률도 5.5배, 학습장애나 행동장애로 진단받을 가능성은 무려 32.6배나 높았다. 결국 ACE 점수가 높으면 어떤 이유로건 삶이 불행해지고 생명이 단축될 확률이 높은 것이다.

이러한 ACE 연구 결과가 말해주고 있는 요점은 어린 시절의 부정적 경험을 대수롭지 않게 여겨서는 안 된다는 것이다. 어린 시절의 부정적 경험은 아이에게 독성이 강한 스트레스 반응을 일으키는데, 이 강렬한 스트레스 반응은 성장하는 아이의 세포에 직접적인 피해를 주는 것으로 알려져 있다. 우리의 세포 안에 있는 DNA 염색체 끝에는 텔로미어*telomere*라고 하는 꼬리가 달려 있는데, 이는 DNA를 충격으로부터 보호하는 일종의 범퍼 역할을 한다.

나이가 들수록 텔로미어는 자연적으로 짧아지는데, 만성적인 스트레스에서 나오는 독성은 이 텔로미어를 직접 공격해 더 빨리 짧아지게 한다. 독성이 강한 스트레스가 오래 지속될 경우, 텔로미어가 점점 더 짧아지고 급기야 DNA가 손상받게 되는 것이다. 결국 질병에 걸릴 확률이 높아지고 노화가 더 빠르게 일어난다. 게다가 오랜 기간에 걸친 스트레스는 우리 몸 전체의 호르몬 시스템을 혼란에 빠트리고, 면역력을 약화시킬 뿐만 아니라, 뇌의 건강한 발달을 전반적으로 방해한다. 그렇기 때문에 아동기 부정적 경험은 청소년기와 성인기에 일어나는 수많은 신체 질환, 정서적 문제, 문제 행동들을 일으키는 주범인 셈이다. 최근 서구의 많은 나라들은 아동기 부정적 경험을 줄이는 예방 활동이 우리의 정신건강과 신체건강에 무엇보다도 중요하다는 사실을 깨닫고 이에 적극 나서고 있다.

아이들이 겪는 부정적인 경험의 유무를 부모 이외에 가장 빨리 알아챌 수 있는 사람들은 아마도 소아과 의사, 내과 의사, 유아원 교사, 유치원 교사, 그리고 초등학교 교사일 가능성이 높다. 원인을 알 수 없는 소화불량, 천식, 식욕부진, 저체중, 과식, 학습곤란, 분노발작, 과다행동, 수면장애와 같은 문제로 힘들어하는 아이들을 선생님들이 가장 먼저 만나기 때문이다. 그러므로 아이들을 자주 만나는 선생님들을 위한 예방 교육이 매우 중요하다고 할 수 있다. 몇 번을 강조해도 충분치 않을 만큼 중요하고 또 중요하다. (그러고 보면 ACE를 겪는 아이들이 정신과 의사를 만나려면 참으로 높은 문턱을 넘어야 하는구나 하는 생각이 든다.)

러브 앤 머시

감독 빌 포래드 ○ 미국 ○ 2014
주연 존 큐잭, 폴 다노

섣부른 확진의 위험성

"아동기 학대와 방임 같은 만성적인
트라우마를 경험한 사람들은 지금도
정신건강 시스템 내에서 잘못된 진단을 받고
잘못된 치료를 받는 일이 빈번하다."

주디스 루이스 허먼*Judith Lewis Herman*, 미국의 정신과 의사

"정신과 진단명은 한 개인에게 중대한 영향력을 발휘한다.
진단에 따라 치료가 이루어지니, 잘못된 치료는
환자에게 처참한 결과를 안겨줄 수 있다."

베셀 반 데어 콜크*Bessel Van Der Kolk*, 미국의 정신과 의사

영화 〈러브 앤 머시〉는 미국의 전설적인 팝 그룹인 '비치 보이스'의 뮤지션 브라이언 윌슨의 자전적 이야기를 다룬 영화이다. 비치 보이스는 영국의 비틀스에 대항하기 위해 만들어진 미국의 팝 밴드로 우리가 익히 알고 있는 〈Surfin' U.S.A.〉, 〈Fun, Fun, Fun〉, 〈I Get Around〉, 〈God Only Knows〉 같은 명곡을 히트시킨 당대 최고 인기 팝 그룹이다. 멤버 중 하나인 브라이언 윌슨은 그룹에서 주로 작곡과 작사를 맡았는데, 대중성과 예술성을 추구하는 과정에서 홀로 창작의 고뇌에 빠지게 된다. 그는 비틀스의 〈Rubber Soul〉 앨범을 듣고 난 뒤, 라이벌의 예술적 전환에 충격을 받고는 자신도 그것에 견줄 만한 예술적인 앨범을 만들어보겠다고 다짐한다. 그리고 다른 멤버들이 순회공연을 다니는 동안, 혼자 외롭게 스튜디오 작업실에 남아 음악을 만드는 작업에 몰두한다. 그때 완성한 작품이 바로 그 유명한 〈Pet Sounds〉라는 앨범이다. 실제로 미국의 음악잡지 〈롤링 스톤*Rolling Stone*〉에서 선정한 역사상 위대한 앨범 순위에서 비틀스가 1965년 발매한 〈Rubber Soul〉이 전체 5위였고, 비치 보이스가 1966년 발매한 〈Pet Sounds〉가 전체 2위를 차지하였다. 그리고 대망의 1위는 1967년에 비틀스가 발매한 〈Sgt. Pepper's Lonely Hearts Club Band〉였다.

그런데 안타깝게도 브라이언의 〈Pet Sounds〉 앨범은 그 당시 일반 대중은 물론이고 같은 멤버들에게조차도 이해하기 힘든 음악이라고 비난받게 된다. 지나치게 예술성을 추구한 난해한 음악이라는 평가를 받았기 때문이다. 정작 경쟁 상대인 비틀스의 폴 매카트니는 〈Pet Sounds〉 앨범의 수록곡인 〈God Only Knows〉(영화 〈러브 액츄얼리〉에 나오는 유명한 음악)를 듣고 나서 '내 인생 최고의 노래'라고 극찬해주었는데 말이다. 어쨌든 〈Pet Sounds〉 앨범에 대한 당시 대중들의 반응은 엄청 싸늘했다고 한다. 이를 만회하기 위해 브라이언은 보다 더 좋은 앨범을 만들겠다며 다시 창작 작업에 달려들지만, 오히려 늘어난 부담감과 스트레스에 짓눌려 음반 작업이 제대로 진행되지 않았다. 신체적으로나 정신적으로 점점 피폐해지던 그는 결국 음반 작업을 중단하게 된다.

※ 조현병으로부터 회복이 가능할까

바로 이때부터 브라이언에게 이상한 증상이 나타나기 시작한다. 귀에서 자꾸 사람의 말소리가 들렸는데, 특히 자신을 비난하는 말소리가 들리는 증상이 나타났다. 환자가 이런 증상을 호소하면 대부분의 정신과 의사들이나 심리학자들은 가장 먼저 조현병(정신분열증)의 대표적인 증상인 환청을 고려한다. 지금과 달리 조현병이라는 진단을 아주 광범위하게 적용했었던 1960~1970년대였으니까 아마 대부분의 정신과 의사들은 브라이언이 호소하는 증상을 듣고는 별다른 의심 없이 곧바로 조현병의 초기 증상이라고 생각했을 것이다. 결국 브라이언은 이후 모든 활동을 중단하고 꽤 오랜 시간, 거의 20년 동안이나 조현병 약을 복용하게 된다. 주치의인 유진 랜디 박사의 엄격하고 강압적인 감시와 보호 아래, 사회로부터 격리된 채, 그저 독한 약에 취해 무기력하고 멍하게 20년의 세월을 지낸다.

그런 브라이언에게 어느 날 마치 영화처럼 한 여성의 사랑이 찾아온다. 사랑의 힘으로 브라이언은 주치의의 오랜 속박에서 빠져나와, 지긋지긋한 약물 복용을 중단하는 데 성공한다. 그리고 다시 창작 활동에 매진해 2004년에 드디어 〈Smile〉이라는 앨범을 발표하게 되는데, 이 음반은 브라이언이 〈Pet Sounds〉 앨범을 만들고 난 뒤, 무려 38년의 세월이 지난 뒤에 만들어진 것이다. 이 앨범으로 미국에서 가장 권위 있는 음악상인 그래미상을 받은 그는 재기에 성공하여 현재까지도 전 세계를 돌며 순회공연을 하고 있다. 정말 놀랍고 감동적인 이야기이다.

응? 잠깐만 스톱! 조현병으로 진단받고 20년간 약물을 복용했던 사람이 약물을 완전히 끊고 난 뒤, 다시 자신의 능력을 되찾아 완전히 재기에 성공하고 왕성하게 창작 활동과 공연 활동을 하고 있다고? 일반인들에게는 그저 감동적인 이야기로 들릴 수도 있지만, 대부분의 정신과 의사에게는 아무래도 석연치 않게 받아들여질 것이다. 물론 세상에 특별한 예외 상황이란 얼마든지 있고, 현대의학으로는 가망이 없다는 말기암 판정을 받았던 사람이 멀쩡하게 되살아나는 경우도 있다. 게다가 브라이언은 원래부터 천재적인 음악적 재능을 갖고 있었으니 그런 완벽한 해피 엔딩쯤이야 얼마든지 가능할 수도 있지 않느냐고 할 수도 있을 것이다.

하지만 일반적으로 조현병이라고 하는 질환은 약물치료를 하지 않을 경우, 대부분 재발하고 정신적으로 점점 황폐화되어가는 질환이다. 원래 갖고 있던 전반적인 기능과 능력은 서서히 감퇴하고 정서적으로도 점점 둔감해지는 것이 전형적인 병의 진행 과정이다. 그렇다면 20년 동안이나 약을 복용했다가 끊은 브라이언이 원래의 기능을 완전히 회복해 재기에 성공한 것을 어떻게 설명할 수 있을까? 브라이언을 괴롭혔던 환청 증상이 정말 조현병 증상에 해당하는 것이 맞을까, 하는 의구심이 자연스럽게 든다.

※ 증상만을 토대로 한 진단의 위험성

솔직히 말해서 정신과 외래에서는 진단이 오락가락하는 경우가 흔하게 일어난다. 20대 초반의 여학생이 심한 우울과 불안 증상으로 병원에 내원했다. 이미 외국에서 유학 생활을 할 때부터 증상이 심해져 병원을 찾아갔더니 새로운 생활에 적응하지 못해서 생긴 우울증으로 진단받고 항우울제를 처방받았다고 한다. 그런데 어느 날 밤 남자친구와 데이트를 하는 도중 불안발작이 일어나 응급실로 찾아갔더니, 이번에는 공황장애라고 진단을 받고 항불안제를 처방받았다. 그런데 항우울제와 항불안제를 복용하는데도 증상은 그리 호전되지 않았다. 그러던 중 그녀는 친구와 심하게 싸우고 나서 손목을 긋는 자해 행동을 하고 다시 정신과 외래를 찾아가게 된다. 그랬더니 이번에는 양극성장애(조울증 에피소드)로 진단을 받고 감정 기복을 진정시키기 위해 리튬이라는 약을 처방받았다. 그러다가 귀국해 날 찾아온 것인데, 그녀로부터 과거력과 병력을 청취하면서 나는 그녀에게 우울증이라고도 공황장애라고도 조울증이라고도 진단을 내릴 수가 없었다.

그녀의 이야기를 상세히 들어보니 그녀의 우울증과 불안증 그리고 심한 감정 기복은 한참 어린 시절부터, 좀 더 정확하게는 초등학교 저학년 때 사촌 오빠로부터 성추행을 당하면서 시작됐다는 것을 알 수 있었다. 게다가 아버지로부터도 폭언과 폭력을 수시로 당하는 분위기에서 성장했기 때문에 그녀는 어려서부터 안전하다는 느낌을 받지 못했다. 그래서 집에서 도망가다시피 미국으로 도피성 유학을 간 것이었는데, 그곳에서도 사람들과 잘 사귀지 못하고 늘 고립되어 우울감과 외로움을 가지고 지냈다고 한다.

그러다 우연히 참석한 모임에서 처음 만난 남자로부터 강제로 입맞춤을 당하고 난 뒤에 불안발작이 생겼고, 분노폭발과 자해를 한 것은 그날 이후 그 남자를 학교에서 볼 때마다 너무 화가 나고 불안해 나타난 증상이었다. 결국 그녀에게 나타난 우울감, 불안발작, 감정조절의 어려움은 느닷없이 생겨난 것이 아닌, 우리가 이해할 수 있는 원인(과거의 트라우마와 현재의 촉발요인)에 의해 생겨난 증상들이었던 셈이다. 그러니 진단에 초점을 맞춘 약물치료만으로는 한계가 있을 수밖에 없었던 것이다.

※ 복합성 외상 후 스트레스 장애 증상으로서의 환청

영화를 보면서 나는 브라이언이 처음에 자신이 겪는 환청에 대해 이야기할 때 일관되게 비난의 소리, 그것도 주로 아버지의 소리가 들렸다고 이야기하는 부분이 자꾸 마음에 걸렸다. 아버지가 자신을 혼낼 때 얼마나 무섭게 폭력을 휘둘렀는지 설명하는 부분도 매우 인상적이었다. 브라이언은 자신의 귀가 망가져 청력에 손상이 일어난 원인이 아버지가 손바닥으로 자신의 뺨을 내리쳤기 때문이 아니라, '커다란 주먹으로 무지막지하게 내리쳤기 때문'이라고 말한다. 실제로 브라이언은 권위적이고 완벽주의자인 아버지 밑에서 불우한 어린 시절을 보냈다. 어머니도 그런 아버지가 무서웠는지 도망치듯이 별거했다고 하니, 어린 시절의 브라이언은 아버지의 폭력과 비난이 수시로 폭발하는 공포스러운 환경 속에서 성장했을 것이다.

"왜 그거밖에 못하니? 더 잘해야 한다. 완벽하지 않으면 아무 소용없어. 그렇게 할 거면 다 때려치워!"라는 아버지의 반복적인 비난은 그의 내면에 아주 깊게 각인될 수밖에 없었을 것이다. '아버지가 날 언제 야단치고 언제 때릴지 모른다'는 과도한 경계심*hyperalert*은 '아버지는 날 싫어하니 언제든지 날 해칠 것이다'는 피해의식*paranoid*으로 발전해갔을 것이다. 이러한 피해의식은 정신병의 증상이라기보다는 오랜 시간 폭력적인 환경에 놓여 극도의 공포와 두려움에 떨었던 어린아이가 갖게 되는 자연스러운 사고방식이라고 봐야 할 것이다. 브라이언에게 들리는 환청이 주로 어린 시절 아버지가 비난했던 내용과 비슷하다고 한다면, 환청도 정신병의 증상이라기보다는 어린 시절에 폭력적인 아버지로부터 비난받았던 트라우마의 기억이 무언가에 의해 촉발되어 플래시백*flashback*처럼 되살아난 것은 아닐까? 플래시백 하면 대개 시각적인 측면만을 생각하게 되는데, 청각적인 플래시백도 많이 일어난다. 브라이언의 아버지는 브라이언이 성장하고 난 뒤에도 한참 동안 비치 보이스의 매니저 역할까지 하면서 더 대중적으로 인기 있는 음악을 만들라며 브라이언을 강요하고 비난했다고 한다. 비록 브라이언은 성인이었지만, 이런 상황에서 아버지의 비난을 듣는다면 어린 시절 느꼈던 공포와 두려움의 기억이 재현되면서 아버지의 폭력적인 비난의 소리가 재생됐을 가능성이 높다.

브라이언이 보인 피해의식과 환청 증상은 복합성 외상 후 스트레스 장애*complex PTSD*의 증상 중 하나일 가능성이 높다. 아버지의 학대와 비난으로 인해 생겨난 환청 증상이었기에, 브라이언의 증상은 무의미한 약물치료보다는 러브 앤 머시*love and mercy*, 즉 사랑과 자비가 그의 환청을 사라지게 하는 데 중요한 작용을 했을 것이다. 뒤늦게 운명적으로 나타난 한 사람을 통해 사랑과 자비를 경험하면서 내면의 안정감과 평온함을 되찾은 브라이언은 이후 다시 자신만의 창작의 길을 걸어갈 수 있게 되었던 것이다.

뒤늦게 찾아왔지만, 그의 전성기는 아직 끝나지 않았다.

PS — 내면에서 소리가 들리는 증상*internal voice*에 대한 최근의 연구 결과들은 어린 시절의 성적 학대, 신체적 학대, 언어적 학대, 지속적인 방임, 폭력 등과 연관이 많다고 보고하고 있다. 이런 경우 단지 내면의 소리를 없애기 위한 약물치료만을 할 경우, 트라우마와 연관된 내면의 소리는 오히려 문제를 더 악화시킬 가능성이 높다. 두렵고 혼란스럽지만 그 내면의 소리가 어떤 문제를 알려주고 있고, 어떤 감정을 품고 있는지를 탐색해가는 정신치료적 접근이 반드시 필요하다.

나는 1980년 후반 정신과 레지던트 수련을 받았는데, 당시 전형적인 조현병과 조금 다른 양상을 보이는 환자들에게는 급성정신병, 정신분열형장애, 분열정동장애, 비특이성 정신분열증이라고 진단하고 약물을 투여했다. 그런데 지금 돌이켜 생각해보면 아마도 이런 환자들 중에는 어린 시절의 학대와 방임과도 같은 트라우마와 관련된 사람들이 꽤 많지 않았을까 하는 의구심이 든다. 요즘도 내가 보기에는 복합성 외상 후 스트레스 장애의 증상을 갖고 있는 것 같은데, 조울증, 공황장애, 주의력결핍장애, 조현병이라고 진단받는 사람들이 여전히 많아 보인다. 전문가들 사이에서도 여전히 뜨거운 논란이 되고 있는 영역이다.

정신장애 진단 및 통계편람*DSM-5*

DSM*Diagnostic and Statistical Manual of Mental Disorders*이라는 미국의 정신장애 진단분류체계의 기본 원칙은 원인이 아니라 증상으로 병의 진단을 내린다는 것이다. 1952년 미국 정신의학회는 환자의 증상을 기초로 하여 정신질환을 크게 정신병과 신경증으로 나누고, 각각에 해당하는 총 60여 개의 정신질환을 처음으로 분류했다. 이후 이 진단분류체계는 약 10년마다 새롭게 개정되면서 나름 객관성을 갖춰 왔지만, 결정적인 문제점은 증상에 대해 진단을 내릴 때 그 증상을 일으킨 원인을 전혀 고려하지 않았다는 점이다. 겉으로 보기에는 비슷해 보이는 우울증이어도 원인은 분명 다 다를 텐데 DSM의 진단분류체계는 원인을 중요하게 고려하지 않는다. 유전적인 요인에 의한 우울증이건, 고부간의 갈등으로 인한 우울증이건, 배우자의 갑작스러운 죽음으로 인해 생긴 우울증이건 어린 시절 부모의 학대로 인해 생겨난 우울증이건 모두 같은 우울증으로 분류되는 것이다. 겉으로 드러나는 증상으로 진단체계를 분류하다 보니, 치료도 증상을 완화시키는 쪽으로만 주로 신경을 쓰게 되지, 그 증상을 일으킨 원인을 알아보고 근본적인 처방을 내리는 노력은 아무래도 소홀할 수밖에 없다.

모든 정신질환의 원인은 복합적이다. 유전적 요인, 가족적 요인, 사회환경적 요인이 복잡하게 연관되어 증상을 발현시킨다. 그렇기 때문에 모든 증상에 반드시 트라우마가 관여되어 있다고 할 수는 없을 것이다. 그럼에도 불구하고 실제로 트라우마로 인한 정신의학적인 문제는 상상 이상으로 다양하다.

2013년 최신 개정판인 DSM-5가 나오기 이전까지, 외상 후 스트레스 장애는 30년 동안 불안장애의 범주에 속해 있었다. 그런데 트라우마 후유증으로 고통받는 사람들은 단순히 불안장애만 호소하지 않았다. 그들은 불안 외에도 다른 많은 증상들로 고통받는다고 호소했다. 실제로 외상 후 스트레스 장애 환자의 약 77%는 충동성, 감정의 불안정성, 분노감으로 고통받고 있었으며, 84%가 기억장애, 이인증 같은 해리장애를 호소하고 있었다. 또한 75%의 외상 후 스트레스 장애 환자는 수치심, 자기비하감, 무가치감으로 힘들어했으며, 약 83%는 대인관계가 어렵다고 했다. 사정이 이러하니 환자들이 호소하는 다양한 증상들을 불안장애로만 국한시킬 수는 없는 노릇이었다. 결국 DSM-5에서는 불안장애 범주 대신에 외상 및 스트레스 관련 장애*trauma and stress related disorders*라는 범주를 새롭게 만들어 외상 후 스트레스 장애, 급성 스트레스 장애, 적응장애 등을 포함시켰다. 그럼에도 불구하고 여전히 DSM-5를 완전한 진단체계라고 하기는 어렵다. 특히나 어린 시절에 겪은 트라우마로 인해 생겨난 증상들은 너무나 복잡하고 다양해, 어떤 하나의 질환명으로 진단하기가 쉽지 않다.

물론 정신의학의 발전을 위해서는 증상을 중심으로 한 진단분류체계가 분명 필요하긴 하다. 객관적인 평가와 효율적인 치료를 빨리 시행할 수 있으니 말이다. 그러나 환자의 온전한 회복과 치유를 위해서는 증상을 일으키는 데 큰 영향을 미친 요인에 주의와 관심이 필요한 것 또한 사실이다. 트라우마 치료 전문가들은 환자가 겪은 트라우마 요인과 트라우마로 인해 생긴 후유증에 대해 세심한 관심을 기울여야 한다.

굿 윌 헌팅

감독 구스 반 산트 ○ 미국 ○ 1997
주연 맷 데이먼

내 잘못이라고 생각하는 함정

"수치심*shame*은 몸 전체에서 일어나는
반응이기 때문에 인지적 접근은 대개 효과가 별로 없다.
신체의 고통스러운 경험이 환자를
부끄러움의 소용돌이로 몰고 가는 것이다."

온노 판데르 하르트*Onno van der Hart*, 네덜란드의 심리학자 어린 시절 부모로부터 반복적인 트라우마를 받은 사람들은 자연스럽게 마음의 방어벽이 생겨날 수밖에 없다. 또 언제 어떻게 당할지, 누구에게 배신당할지 알 수가 없으니, 세상 누구도 가까이 다가오지 못하게끔 어려서부터 의심과 경계의 벽을 만들기 때문이다. 이 마음의 벽은 누군가가 선의를 갖고 다가올 때 더욱더 견고해진다. '정말 나에게 좋은 의도를 갖고 다가오는 걸까? 혹시 나를 이용하려는 것은 아닐까?' 하는 의구심 때문에 그렇다. 간혹 상대방의 의도가 진실이란 걸 알게 될 때도 있지만, 이때는 대개 그 선의를 비웃는다. '당신은 운이 좋아서 나 같은 상처를 경험하지 않았잖아? 그런데 어떻게 당신 같은 평범한 사람이 내 마음속 상처를 이해할 수 있겠어?', '도움 같은 거 필요 없어! 아니 당신은 날 도울 수가 없어!' 경계를 풀고 속내를 다 보여주면 결국 자신을 이상하게 생각해 떠나버릴지도 모른다는 두려움을 갖고 있기 때문이다. 그들은 마음속 깊은 곳에 '난 원래 한심한 존재야', '내가 얼마나 무가치한 존재인지 알면 모두 날 버릴 거야'라는 강렬한 수치심이 자리 잡고 있다. 최선의 방어책은 상대방이 떠나가기 전에 먼저 상대방을 떠나는 것이다. 하지만 외롭고 허전한 마음을 늘 갖고 살아야 한다. 이를 달래보려 술, 섹스, 약물, 도박에 빠져보지만 마음의 벽 속에 갇힌 외로움, 공허감, 수치심은 시간이 갈수록 커져갈 뿐이다.

※ 견고하게 쌓인 마음의 벽

미국 독립 영화의 거장 구스 반 산트 감독의 〈굿 윌 헌팅〉은 어린 시절 트라우마를 받아 마음의 문을 걸어 잠근 주인공과 그의 마음의 문을 열려는 치료자 사이의 갈등과 화해를 그린 작품이다. 이 영화의 주인공 역할을 맡은 맷 데이먼은 잘 알려진 대로 하버드 대학 출신(영문학과 중퇴)인데, 문예창작과 수업 때 썼던 50페이지 분량의 단편소설을 친구 벤 애플렉과 합심해 영화 각본으로 완성했다고 한다. 이 영화는 1998년 제70회 아카데미상 9개 부문 후보에 올라 맷 데이먼과 벤 애플렉이 각본상을, 로빈 윌리엄스가 남우조연상을 수상했다.

주인공 윌은 수학에 천재적인 재능을 갖고 태어나지만, 그 재능과는 아무런 상관이 없는 밑바닥 인생을 살아간다. 동네 건달 친구들과 어울리며 상습적인 사기, 도벽, 폭력 전과로 소년원과 감방을 제집 드나들듯 들락날락한다. 그러다가 우연한 기회에 그의 천재성이 제럴드 램보 교수의 눈에 띄게 된다. 수학의 노벨상이라고 할 만한 필즈상을 수상했던 램보 교수는 자신보다 더 큰 잠재력과 천재성을 윌이 갖고 있다는 것을 알아챈다. 그러나 충동적인 공격성을 지닌 윌은 공부에 집중하기는커녕 오히려 사고를 쳐 감옥에 가야 할 신세가 된다. 그런 윌에게 램보 교수는 감옥에 가는 대신 자신과 함께 수학 연구를 하면서 상담치료를 받아보자고 권유한다. 감옥에 가기는 싫으니 일단 상담치료를 받아보겠다고는 했지만, 윌은 자신에게 다가오려는 치료자들을 비웃고 조롱한다.

윌의 마음의 벽은 너무나 견고하여 누구도 쉽게 열지 못했다. 고명하신 여러 치료자들이 머리를 설레설레 저으며 물러나자, 램보 교수는 대학시절 자신의 라이벌이자 친구였던 숀 맥과이어 교수에게 윌의 상담을 부탁하게 된다.

그러나 첫 상담시간부터 윌은 숀 교수를 밀어낸다. "당신이 정말 날 치료할 수 있어? 내 아픔을 이해할 수 있는 사람이야?" 하는 식으로 그는 숀 교수를 테스트한다. 숀 교수에게 사랑하는 아내를 잃은 상처가 있다는 것을 눈치챈 윌은 "외로워 보이는데 아내가 도망갔느냐?"라고 물으며 숀 교수를 일부러 자극한다. 순간적으로 흥분한 숀 교수는 화를 참지 못하여 윌의 목을 조른다. 숀 교수의 행동은 분명 치료자답지 못하다고 할 수도 있겠지만, 오히려 인간적으로 느껴지기도 한다. 가장 취약한 부분을 건드리니 치료자라고 괜찮은 척할 수만은 없지 않은가? 다행히도 그토록 분노했음에도 불구하고 숀 교수는 포기하지 않고 윌을 계속 치료하려 한다. 아마도 윌의 이러한 방어적 태도 이면에 있는 연약한 마음을 눈치챘기 때문일 것이다.

※ "그건 네 잘못이 아니야"

이 영화에서 가장 인상 깊었던 장면은 마지막 상담시간이다. 불행했던 과거를 말하는 것이 두려워 윌이 피하려 하자, 뜻밖에도 숀 교수는 자신의 어린 시절 학대 경험을 먼저 이야기한다. 갑작스러운 숀 교수의 이야기에 윌은 순간 당황한다. 숀 교수가 어린 시절 경험한 트라우마가 자신이 경험한 트라우마와 비슷했기 때문이다. “아버지는 알코올중독이었어. 늘 고주망태였지. 완전히 술에 취해서 팰 사람을 찾곤 했어. 난 엄마와 동생이 맞지 않게 하려고 먼저 덤벼들었지. 반지를 끼고 계신 날이면 더 재미있었어.” 숀 교수의 이야기가 끝나자, 뜻밖에도 윌은 자신의 과거 이야기를 이어나갔다.

“그 남자는 늘 탁자 위에 렌치와 몽둥이와 허리띠를 올려놓고, 이 중에서 선택하라고 했었죠. 난 렌치를 선택했어요. 흠, 할 때까지 해보란 심정이었죠.”

그런데 여기까지 이야기하고 난 뒤, 윌은 갑자기 엉뚱한 이야기를 하려 한다. 얼떨결에 과거 이야기를 꺼냈는데 상상 이상의 두려움과 분노 그리고 수치심이 몰려오니까 본능적으로 회피하려는 모습을 보인 것이다. 그러나 노련한 치료자인 숀 교수는 윌에게 다가가면서 다음과 같이 부드럽게 속삭인다.

“그건 네 잘못이 아니야.”

“(무슨 소리야? 하는 얼굴 표정을 짓더니 이내 고개를 숙이며) 네, 알아요.”

“내 눈을 똑바로 바라보렴. 그건 네 잘못이 아니야!”

“(시시껄렁하다는 표정으로) 안다니까요.”

“네 잘못이 아니야!”

“(이번에는 치료자를 노려보면서) 글쎄 안다니까.”

“아냐, 아냐, 넌 몰라. 그건 네 잘못이 아니야.”

“(안절부절못하며 자리에서 일어나면서) 알아요.”

“그건 네 잘못이 아니야.”

“좋아요. 알았어요. (이제 그만해요. 괴로워요.)”

“그건 네 잘못이 아니야.”

“…. (고개를 숙이고 침묵. 일촉즉발의 상황.)”

“그건 네 잘못이 아니야.”

“(울먹이며) 제발 성질나게 하지 말아요.”

“그건 네 잘못이 아니야.”

“(치료자를 강하게 밀쳐내며) 성질나게 하지 말란 말이에요. 선생님만이라도.”

“네 잘못이 아니었어.”

“…. (얼굴을 두 손으로 감싸고 흐느끼기 시작.)”

“(부드럽게 주인공의 머리를 쓰다듬으며) 네 잘못이 아니었어.”

“(얼굴을 두 손으로 감싸고 오열하다가 치료자를 부둥켜안는다.) 미안해요. 정말 미안해요.”

“…. (그냥 가만히 따뜻하게 끌어안아준다.)”

숀 교수는 윌에게 무려 열 번이나 “네 잘못이 아니다”라고 반복해서 말한다. 왜 숀 교수는 한두 번만 말해도 알아들을 수 있는 뻔한 말을 굳이 열 번이나 반복해서 했을까?

어린 자신이 양부모에게 저항하지 못하고 무기력하게 당한 것에 대한 수치심, 그리고 엄마 혹은 동생을 지키지 못한 것에 대한 수치심을 윌은 오랜 시간 동안 가슴에 품고 살아왔을 것이다. 사실 객관적으로 보자면, 그 당시 어린 윌로서는 거칠고 폭력적인 양아버지에게 대항하며 할 수 있는 것이 당연히 없었을 것이다. 그 폭력 사건의 잘못은 분명 양아버지에게 있다. 혹은 어린 윌을 끌어안고 집에서 도망쳐 나오지 못한 엄마에게도 일정 부분의 잘못이 있을 수도 있다.

그런데 윌은 그 당시에 일어난 모든 사건의 잘못이 자신에게 있다고 굳게 믿고 있었다. 아니 그런 자신을 향해 수치스러움을 느끼고 있었다. 완전히 수치심에 압도된 것이다.

※ 치유의 길

수치심은 강렬한 신체반응이다. 수치심은 누군가의 비난과 공격에 맞선 자연적인 방어기제로 거의 얼어붙는*freezing* 것과 유사한 신체반응이 일어나는 것이다. 그래서 강렬한 수치심에 휩싸이게 되면, 당사자의 전전두엽*prefrontal cortex*은 완전히 기능이 마비된다. 전혀 이성적이고 합리적인 생각을 할 수 없다.

영화 속에서 보면 치료자인 숀 교수가 두 번 정도 "네 잘못이 아니야"라고 말했을 때, 윌은 "그래요, 알아요"라고 대수롭지 않게 말한다. 그러나 비록 머리로는 알고 있을지언정, 윌이 진심으로 이해하고 받아들이지 못한다는 것을 숀 교수는 직관적으로 알아채고 있었다. 그래서 숀 교수는 몇 번이고 반복해서 "네 잘못이 아니야"라고 말했던 것이다. 그 따뜻한 위로의 말에 마침내 윌의 방어벽이 무너져 내리는 순간, 오랜 세월 억눌려 왔던 강렬한 수치심과 분노의 감정이 표출된다.

흐느끼는 윌을 아무 말 없이 끌어안아주는 치료자. 진정한 수치심의 치유는 관계의 연결감 속에서 일어난다는 것을 보여주는 명장면이다.

PS — 실제로 수치심의 치유가 이 영화처럼 단 2, 3분 사이에 드라마틱하게 일어난다면 얼마나 좋을까? 하지만 수치심을 꺼내놓아도 괜찮을 만큼 안정감을 느낄 수 있는 연결감이 생기는 데는 대개 많은 시간을 필요로 한다. 긴 시간을 빨리 건너뛸 지름길은 아직 없다.

수치심에 대하여

수치심은 우리 모두가 어느 정도 겪을 수밖에 없는 정상적인 감정이다. 그런데 수치심은 우리가 경험하는 다른 감정들을 모두 억압하는 기능을 갖고 있다. 수치심은 분노와 원망 같은 부정적인 감정은 물론이고, 흥미, 즐거움, 친밀감, 진취적인 탐구심 같은 긍정적인 것들도 모두 다 억압한다. 우리의 모든 감정을 억압하는 수치심은 우리에게 왜 필요한 걸까?

수치심은 다른 사람들에게 나의 행동이나 감정이 받아들여지지 않을 때 생긴다. 어떤 행동이나 감정이 아무리 정당한 것이라 해도 받아들여지지 않는다면 우리는 안전하지 않다는 느낌을 받게 된다. 안전감을 느끼고 싶다면, 우선은 행동과 감정을 억압해야 한다. 결국 수치심은 우리의 행동과 감정을 억압하여, 그 대가로 안전을 제공하는 기능이 있다.

또한 수치심은 사회적으로 수용되는 행동의 경계를 알려주어 대인관계에서 적절한 친밀함과 거리감을 유지시켜주는 기능이 있다. 즉 수치심은 우리가 자신의 행동과 충동을 적절히 통제하여 사회적 일원으로 생존할 수 있도록 도와주는 셈이다. 수치심은 진화론적으로 우리의 생존을 돕는 매우 중요한 사회적 기능을 한다고 말할 수 있다.

만약 우리가 수치심을 경험하지 못한다면, 인류는 지구상에서 이미 오래전에 사라졌을지도 모른다. 그런 점에서 안전과 생존을 위해 수치심이라는 감정이 진화론적으로 발달해온 것은 다행이라고 할 수 있다.

문제는 이 수치심이 지나칠 경우(독성이 강한 수치심*toxic shame*인 경우)에는 오히려 우리의 안전감과 생존을 위협하는 상황이 벌어진다는 것이다. 트라우마가 일어날 때 수치심은 마치 토네이도처럼 강렬해져, 독성이 강한 수치심으로 탈바꿈한다. 왜냐하면, 아이들은 자신들이 통제할 수 없는 트라우마 상황에 맞서 자연스러운 방어기전인 싸움, 도망, 얼어붙음, 매달림, 복종 등에 강렬한 수치심을 느끼기 때문이다. 싸우고 대들면 버릇없는 것 같아 수치스럽고, 도망을 가면 비겁해서 수치스럽고, 겁에 질려 얼어붙어도 수치스럽고, 살려달라고 매달려도 수치스러운 것이고, 비겁하게 복종하는 것도 수치스러운 것이다. 수치심을 느끼는 것이 아니라, 그야말로 존재 자체가 수치심이 된다. (‘I feel shame’이 아니라, ‘I am shame’이 된다.)

독성이 강한 수치심은 항상 비난, 폭언, 폭력에 의해서만 일어나는 것이 아니다. 오랜 시간 동안 아이의 어떤 행동이나 감정을 주된 양육자가 못 알아채거나, 알아봐주지 않거나, 인정해주지 않을 때에도 수치심은 강렬하게 생겨난다. '아빠가 바빠서, 혹은 엄마가 우울해서 내 존재를 못 알아채는 것이 아니라, 내가 부족하고 한심하고 사랑받을 수 없는 존재이기 때문에 누구도 내게 반응하지 않는 거구나'라고 어린아이는 상황 해석을 하는 경향이 있기 때문이다. 놀랍게도 명백하게 보이는 학대보다 은근하게 일어나는 무관심이 독성이 강한 수치심을 더 자주 일으킨다. 안타깝게도 트라우마가 수치심을 강화하고, 강화된 수치심은 또 다른 트라우마를 일으키는 악순환의 고리가 끝없이 연결된다.

러브 액츄얼리

감독 리처드 커티스 ○ 영국, 미국 ○ 2003
주연 휴 그랜트, 리엄 니슨

트라우마는 어디에나 있다

"트라우마는 어느 곳에나 존재한다.
우리 모두의 삶에, 그리고 온 세상에 가득하다.
사실 어느 누구도
트라우마로부터 자유로울 수는 없다."

《Healing from Trauma》, 재스민 리 코리

"세상에는 증오가 가득한 것 같지만, 난 그렇게 생각하지 않는다. 사랑은 어디에나 있다. 무역 센터가 비행기 테러로 무너져 내릴 때, 그곳에서 휴대폰으로 사람들이 남긴 마지막 말들은 증오나 복수가 아닌 사랑의 메시지였다. 만약 당신이 주위를 둘러보면, 사랑은 실제로 우리 주위에 어디에나 있다는 사실을 알게 될 것이다."

〈러브 액츄얼리〉는 첫 장면만 보아도 영화가 전하고 싶어 하는 주제를 금방 알 수 있다. 공항 입국장에서 사람들이 반갑게 만나 자연스럽게 포옹하는 장면을 잠시 동안 보여주면서 이와 같은 내레이션이 흘러나오기 때문이다.

영화는 두 시간 남짓 동안 우리 주변에서 일어나고 있는 사랑의 다양한 모습을 보여주면서 우리 가슴을 훈훈하고 달콤하게, 때때로 가슴 저미게, 그리고 결국은 미소 짓게 만든다. 누구든 영화를 다 보고 나면 '사랑은 우리 주변 어디에나 있다'는 말에 절로 고개를 끄덕이게 된다.

그런데 영화관을 나와 딱 한 시간 정도만 주변을 배회하다가 현실로 돌아오면, 우리 주변에 늘 달콤하고 행복한 사랑만 있는 것은 아니지 않나 하는 의구심이 스멀스멀 올라온다. 사실 영화 속에서도 로맨틱한 사랑에 빠지게 되는 등장인물들조차 중간중간 그 사랑 때문에 얼마나 가슴 저려 하며 아파하는가? 갑작스럽게 아내를 잃고 난 뒤 상실감에 빠져 괴로워하는 남자, 사랑하는 연인에게 잔인한 배신을 당한 남자, 친구 아내를 향한 금지된 짝사랑의 늪에서 허우적대는 남자, 젊은 여인에게 한눈파는 남편 때문에 가슴이 찢어지는 아내, 아픈 오빠를 돌보느라 정작 자신의 사랑을 포기해야 하는 여자, 어떤 이성에게서도 한 톨의 관심조차 받지 못하고 외롭게 지내야 하는 남녀들. 모두 짧은 사랑의 기쁨보다 훨씬 더 길고, 더 자주 일어나는 사랑의 아픔을 겪고 있지 않은가? 그래서일까, "사랑보다 더 큰 고통이 있나요?"라고 묻는 맹랑한 꼬마 주인공의 말이 현실적으로 훨씬 더 가슴에 와 닿는다.

※ 트라우마의 일상성

사실 우리 주변에서는 사랑과 행복이 넘쳐나는 일보다 슬픈 일, 속상한 일, 분통 터지는 일들이 훨씬 더 자주, 쉴 새 없이 일어난다. 당장 저녁 뉴스를 한번 보자. 얼마나 많은 사건 사고가 넘쳐나는지 직접 확인해볼 수 있다. 성폭행 사건, 강도 사건, 살인 사건, 사기 사건, 화재 사건, 건물 붕괴 사고, 태풍, 지진, 구제역, 테러 사건, 총기 사건, 코로나 바이러스 사태 등등 사건 사고가 끊임없이 우리 주변에서 일어나고 있다는 뉴스가 365일 하루도 쉬지 않고 흘러나온다. 게다가 뉴스거리가 되지는 못하지만, 우리 삶의 주변에서 더 흔하게 일어나는 소소한 인생 사건들은 또 얼마나 다양한가. 부부싸움, 이혼, 아버지와 아들의 갈등, 엄마와 딸의 다툼, 형제간의 불화, 이별, 암과 같은 중증의 질병, 왕따, 직장 내 괴롭힘, 실직 등과 같이 마음을 어지럽게 하는 힘든 일들은 또 얼마나 많이 일어나고 있는가? 그렇다면 지극히 현실적인 우리의 삶은 사실 '사랑은 어디에나 있다*love actually is all around*'가 아니라 '트라우마는 어디에나 있다*trauma actually is all around*'가 아닐까?

물론 이런 생각이 하루 중 대부분의 시간 동안 트라우마 피해자를 만나 이야기를 들어야 하는 정신과 의사의 편향된 관점일 수도 있다. 그렇다면, 세상에는 좋은 일과 나쁜 일이 공평하게 반반씩 일어나는 것으로 가정해보자. 신이 인간에게 일부러 더 심술을 부리는 게 아니라면, 자연 현상으로 좋은 일과 나쁜 일이 반복해서 일어나는 것이라면, 이 또한 우리 인간에게 유리한 상황은 아니다. 진화론적 입장에서 보자면, 인간의 뇌는 좋은 일보다는 나쁜 일을 더 오래, 더 강렬하게 기억하는 습성을 갖고 있다. 그래야 생과 사가 걸린 위기의 순간에 똑같은 실수를 반복하지 않고 살아남을 수 있는 확률이 높기 때문이다. 그러니 좋은 일, 나쁜 일이 반반씩 일어난다 해도 우리는 좋은 일보다는 나쁜 일이 훨씬 더 많이 일어난다는 믿음을 갖게 될 것이다. 그런 믿음이 우리를 더 오래 살게 해줄지 모르겠지만, 우리를 더 행복하고 즐겁게 살도록 해주지는 못할 것 같다. '혹시라도 또 나쁜 사건이 일어나지 않을까?' 하는 염려와 걱정, 경계심의 늪 속에서 살아간다고 상상해보자. 미래가 참으로 암담하지 않겠는가?

그렇기 때문에 역설적으로 〈러브 액츄얼리〉같이 비현실적으로라도 달콤하게 사랑이 이루어지는 로맨틱 코미디 영화에 많은 사람들이 매료당하는지도 모르겠다. 용기를 내어 솔직하게 고백한다고 해서 영국 수상과 간식 담당 직원 사이에서 사회 계층을 초월한 사랑이 이루어지고, 서로의 언어조차 모르는 영국 남자의 청혼을 포르투갈 여자가 받아들이고, 짝사랑하는 남자의 고백을 들은 여자가 뒤에서 다가와 먼저 진한 키스를 하는 일이 현실에서 일어날 가능성은 거의 제로에 가깝지만, 그래도 주변을 잘 살펴보면 그런 사랑이 얼마든지 일어날 수 있다고 우리는 믿고 싶어 하는지도 모르겠다. 그러고 보면 우리의 삶은 상처받는 일, 그래서 괴로워하고 고통스러워하는 일이 더 자주 일어나기 때문에 더욱더 사랑이라는 해독제가 필요하다. 트라우마의 본질이 단절이라면, 사랑의 본질은 연결이니 말이다. 역시 우리에게 필요한 것은 바로 사랑이다. All we need is love!

PS — 사실 비과학적인 현상인 사랑에 대해서는 많은 과학자들의 연구 결과가 이미 수북이 나와 있다. 찾아서 읽어보면 살아가는 데 큰 도움이 될 것이다. 마찬가지로 오랜 기간 동안 너무나도 비과학적 현상이라고 믿어왔던 트라우마는 어떠한가? 다행히도 트라우마 분야 역시 과학자들의 많은 연구 결과가 나오고 있다. 트라우마의 본질, 트라우마가 우리 삶에 미치는 영향, 그리고 트라우마에 적절히 대처하는 방법을 잘 알고 이해하는 것도 우리가 삶을 살아가는 데 매우 중요한 지혜가 될 수 있을 것이다.

트라우마를 직면한다는 것에 대하여

근대 정신의학이 태동하기 전에는 누군가 이상한 행동을 하거나 엉뚱한 말을 하면 귀신이나 악령이 들렸다고 생각해 무당, 마술사, 종교인 같은 사람들이 귀신을 내쫓는 치료를 하거나 혹은 처벌을 해왔다. 그러다가 1870년대에 들어서면서 유럽에서 근대 정신의학이 태동한다. 이때 등장한 초창기의 정신과 의사들은 마비, 경련, 기억상실, 감정폭발 등 이해하기 힘든 증상을 호소하는 히스테리 환자에 대해 조금 더 이성적이고 과학적인 접근을 하기 시작했다. 설명할 수 없는 기묘한 히스테리 증상을 보이는 여성들의 이야기에 귀를 기울인 정신과 의사들은 놀랍도록 유사한 결론을 내린다. 그것은 이토록 비합리적이고 이상한 증상들의 원인에 어린 시절의 트라우마가 연관되어 있다는 것이다.

그중에 정신분석학의 창시자로 우리에게 널리 알려진 지크문트 프로이트*Sigmund Freud*는 1896년에 〈히스테리아의 원인론*The etiology of Hysteria*〉이란 논문을 발표하면서 히스테리의 근원에 어린 시절의 성적 트라우마 경험이 연관되어 있다고 주장했다. 그러나 그의 혁신적인 주장은 당시의 사회적 분위기에서는 쉽게 받아들여지기 힘든 내용이었다. 왜냐하면 히스테리 증상을 가지고 있는 여성들이 많다는 것은 그만큼 아동에 대한 성적 학대가 사회 전반에 걸쳐 만연하다는 이야기가 되는데, 대부분의 사람들에게 받아들여지기 힘든 불편한 진실이었기 때문이다. 야심차게 논문을 발표한 이후, 프로이트는 오히려 사회적으로 고립되고 학문적으로 비난을 받는다. 순진하게 환자 말만 믿고 그것을 마치 진실인 양 말하는 순진하고 멍청한 정신과 의사 취급을 당한 것이다. 급기야 프로이트는 히스테리아의 트라우마 이론을 부정하면서 자신의 논문을 철회한다. 후에 프로이트는 아동기의 성학대가 사실이 아니고, 환자들이 만들어낸 환상이라고 주장하면서 이를 바탕으로 '무의식 이론'을 발전시킨다. 이후 히스테리아의 트라우마 원인론은 일반 대중이나 전문가들로부터 점점 외면당하게 된다.

이러한 트라우마 연구의 초기 역사를 통해 우리가 알 수 있는 것은 가해자는 말할 것도 없고, 트라우마와 직접적인 상관이 없는 제삼자조차도 트라우마에 대해 그리 알고 싶어 하지도, 듣고 싶어 하지도 않는다는 사실이다. 왜냐하면 트라우마를 연구한다고 하는 것은 어쩔 수 없는 인간 본성의 야만성과 취약성에 직면하는 것이고, 인정하고 싶지 않은 추악한 측면까지 발언해야 하는 작업이기 때문이다. 사실 이는 정말 불편한 작업이다. 그래서 피해자 당사자와 전혀 일면식도 없는 제삼자, 심지어 피해자의 가족, 친구, 이웃들마저도 트라우마가 일어났다는 사실을 은폐하려 하거나 혹은 시간이 지나갔으니 별일 아닌 것처럼 치부해버리려는 경향이 생길 수밖에 없다. 굳이 일일이 열거하지 않아도, 지금 우리의 현실에서도 이와 똑같은 현상이 그대로 되풀이되고 있지 않은가?

다행히 최근 우리 사회 전반에 걸쳐 트라우마에 대한 관심이 높아지면서, 트라우마 피해자들의 고통에 관심을 기울이려는 움직임이 조금씩 일어나고 있다. 가정폭력 피해자, 성폭력 피해자, 학교폭력 피해자, 재난사고 피해자, 범죄사고 피해자 등을 돕기 위한 사회적 움직임과 전문가들의 관심이 높아지고 있다. 앞으로도 이러한 관심은 꾸준히 이어져 나가야 할 것이다. 트라우마는 우리의 삶에서 좀처럼 줄어들지 않을 것이기에.

트라우마
종류와 증상

2부

전쟁 트라우마

아메리칸 스나이퍼

감독 클린트 이스트우드 ○ 미국 ○ 2014
주연 브래들리 쿠퍼, 시에나 밀러

일상의 평화 속에서도 총탄이 들려온다

"생존의 위협을 경험할 때, 우리는 생존을 위해
우선적으로 우리 뇌의 가장 오래되고 단순한 부분부터 작동시킨다.
비록 이러한 조치가 생존할 확률을 높여준다 하더라도,
이성을 담당하는 대뇌피질이 제대로 작동하지 않는다면
우리의 삶은 매우 단조롭고 지루해진다."

폴 매클린 *Paul MacLean*, 미국의 뇌과학자

"트라우마가 어떻게 당신 몸에 직접적인 영향을
미치는지를 이해하는 것은 당신의 이해할 수 없는 증상을
납득하고 받아들일 수 있도록 도울 수 있고,
그 증상 때문에 당신 자신을 비난하는 것을 멈출 수 있다."

《Healing from Trauma》, 재스민 리 코리

외상 후 스트레스 장애의 가장 전형적인 증상은 과거의 트라우마를 떠오르게 하는 어떤 사소한 자극에도 뇌가 과도하게 흥분하는 양상을 보인다는 것이다. 과도한 각성 상태가 되면 주위를 지나치게 경계하고 사람을 믿지 못하고 잠을 못 이루고 사소한 자극에도 예민하게 반응하며 쉽게 흥분하거나 분노가 폭발하게 된다. 이를 과흥분 모드*hyperarousal mode*라고 한다. 그런데 뇌는 과도한 흥분 상태를 오랫동안 유지할 수가 없다. 너무 많은 에너지를 써야 하기 때문이다. 그래서 뇌는 과흥분 모드에서 예민한 반응을 하지 못하도록 감각과 감정을 둔감시키는 상태로 전환한다. 상태가 전환되면 오히려 멍한 느낌이 자주 들고, 아예 감정을 잘 느끼지 못하게 되고, 심지어 기억도 잘 못 한다. 또한 만사가 다 귀찮아져서 무엇이든 다 회피하려 하고 매사에 비관적이고 무기력해진다. 이를 저흥분 모드*hypoarousal mode*라고 한다. 과도한 흥분과 과도한 둔감이라는 극단적인 두 가지 양상이 반복해서 일어나는 것은 트라우마로 인한 신경생리학적인 변화의 결과물인 셈이다. (이러한 극단적인 양상 때문에 외상 후 스트레스 장애는 조증과 우울증이 반복해서 나타나는 양극성장애로 오진되는 경우가 많다.)

점점 시간이 흘러가다 보면 극단적인 양상의 반복에 서서히 변화가 일어나기 시작한다. 즉, 과도한 흥분 양상은 서서히 줄어들고 회피와 둔감, 억제가 삶 전체를 지배하게 된다. 무기력감, 공허감, 만성적인 우울감, 대인관계 회피, 폭식, 알코올 남용, 반복적인 자해 등의 증상이 점점 두드러진다. 적극적이고 주도적으로 살아가려는 의욕이 줄어들고 삶의 의미 추구나 신이나 영성을 찾는 일도 다 포기하게 된다. 매일매일을 그저 멍하게, 별다른 변화 없이, 아니 변화를 피하면서 무미건조하게 위축된 삶을 살아가게 된다.

※ 계속되는 전쟁 상황에서의 심리 상태

영화 〈아메리칸 스나이퍼〉는 극적인 요소가 재미있기도 한 영화이지만, 앞에서 말한 외상 후 스트레스 장애에서 나타나는 극단적인 양상의 증상들도 아주 섬세하게 묘사하고 있는 영화이다. 이 영화는 실존 인물인 크리스 카일의 자서전을 토대로 만들어졌는데, 무려 20주간이나 뉴욕 타임스 베스트셀러 1위에 올랐고, 22개국에 번역되었다. 책 내용에 의하면 그는 미 해군 특수부대인 네이비 실의 저격수로 활동하면서, 위기에 처한 많은 동료들을 구해내고 수많은 훈장을 받았다. 공식 저격 기록은 160명, 비공식 기록으로는 225명의 적군을 사살했으며, 약 1.9킬로미터의 장거리 저격에 성공해 개인 최장거리 저격 기록도 세웠다. 그의 책은 전쟁을 직접 체험한 자만이 이야기할 수 있는 생생한 경험담과 진솔한 고백을 담고 있다.

크리스 카일은 미국에서 가장 보수적인 텍사스에서 태어났다. 어려서 그는 아버지로부터 형제를 괴롭히는 자는 끝까지 응징해야 하고, 항상 양을 지키는 양치기 개와 같은 존재가 되어야 한다는 가르침을 받으며 성장한다. 어린 시절부터 마음속 깊은 곳에 불의와 싸우는 정의의 수호신이 되어야 한다는 무의식을 갖고 성장한 셈이다. 뉴욕에서 일어난 911 테러 상황을 생중계로 목격한 그는 조국을 위해 목숨을 바치겠다는 일념으로 군에 자진 입대한다. 그 후 총 4회에 걸쳐 이라크로 파병을 나가 저격수로 활약하면서 일약 전쟁 영웅이 된다. 자서전에서 그는 자신의 신념에 대해 다음과 같이 명확히 말한다.

"나는 어디까지나 적이 나와 우리 동료를 해치지 못하도록 그들을 죽였을 뿐이다. 그리고 나의 이러한 행동은 더 이상 죽여야 할 적이 없어질 때까지 계속되어야 한다. 그것이 바로 전쟁이다."

목숨이 왔다 갔다 하는 위태로운 전쟁 상황 속에서는 분명 백 번 천 번 맞는 말이다. 그러나 세상에는 전쟁과 평화가 늘 함께 공존하는 것 또한 사실이고, 크리스의 삶에서도 지옥같이 살벌한 전쟁터와 천국같이 평화로운 가정이 교차되고 있었다.

크리스가 첫 번째 파병 생활을 마치고 집으로 돌아왔을 때, 아내는 그가 어딘가 모르게 달라져 있음을 직감한다. 크리스는 나사가 빠진 듯 멍하니 소파에 앉아 있는 시간이 많았고, 무기력하게 풀이 죽어 지내다가도 갑자기 별다른 이유 없이 긴장하는 모습을 자주 보였다. 임신한 아내는 건강검진을 받기 위해 찾아간 병원에서 담당 의사에게 부탁해 남편 크리스의 혈압을 측정한다. 놀랍게도 그의 혈압은 170/110mmHg으로 높아져 있었다. 보통 건강한 성인의 정상 혈압은 120/80mmHg이다. 크리스의 혈압 수치는 고혈압 환자가 아니라면, 정말 엄청나게 흥분하고 긴장된 상태에서나 나올 수 있는 수치이다. 그의 몸은 전쟁터에서 아내의 곁으로 돌아왔지만, 뇌의 긴장 상태는 총탄이 난무하는 전쟁터에 그대로 남아 있는 것과 마찬가지였던 셈이다. 따뜻하고 편안한 아내의 품에 안겼음에도 불구하고 크리스는 극한의 긴장 상태를 풀지 못하고 있었다.

두 번, 세 번, 네 번. 파병 횟수가 늘어날수록 크리스의 긴장 상태는 점점 더 심각해져 갔다. 쉽게 흥분하며 과도하게 짜증과 화를 냈고, 불면증과 악몽에도 시달리게 되었으며, 급기야는 환청까지 들리게 된다. 아이들이 뛰노는 평화로운 집 안 거실 소파에 앉아 있는데도 귓가에는 전쟁터의 빗발치는 총소리가 생생하게 울려 퍼진 것이다. 꺼진 텔레비전에서는 전쟁의 긴박한 상황을 생생히 보도해주는 환영까지 보게 된다. 흔들리지 않는 강한 신념과 용기를 가진 크리스였지만, 실제 전쟁터의 최전선에 반복해서 노출되면서 그의 영혼은 점점 더 황폐해져 갔다. 왜 이런 일이 벌어지는 것일까?

※ 신경전달물질의 이상현상

전쟁터는 아마 겪어보지 않은 사람들은 어떤 상상을 하여도 도저히 실감할 수 없을 정도로 끔찍한 트라우마의 현장일 것이다. 한순간에 여러 인간의 생명이 파리 목숨처럼 끊어지고, 잠깐 한눈파는 사이에 내가 처참한 죽음을 당할 수도 있는 두려움과 공포에서 잠시도 벗어날 수가 없는 곳이다. 고막을 찢어지게 하는 총소리, 포탄소리, 비명소리는 말할 것도 없고, 언제 깨질지 모르는 정적과 고요함까지도 극도의 긴장감을 불러일으킨다. 심장이 마구 두근거릴 정도의 불안과 긴장감은 우리의 뇌를 항시 자극한다. 이런 엄청난 스트레스 상황에 노출되면, 실제로 우리 뇌 안에서는 여러 가지 신경전달물질과 호르몬에 커다란 변화가 일어난다.

과거에는 겁에 질린 군인들을 마음이 약해진 전쟁 공포증, 혹은 신경쇠약증이라는 심리적인 용어로 설명하려 했지만, 과학이 발달한 지금은 뇌 안에서 아주 구체적인 변화가 일어나고 있는 것을 발견하게 되었다. 다소 생소한 이름을 가진 신경전달물질인 노르에피네프린, 도파민*dopamine*, 글루코코르티코이드*glucocorticoid*, 내인성 오피오이드 등이 과도하게 증가하고, 세로토닌*serotonin*은 지나치게 감소한다. 한마디로 나쁜 신경전달물질은 모두 증가하고 좋은 신경전달물질은 줄어든다는 말이다. 이러한 신경전달물질들의 변화는 결국 정보를 처리하는 신경회로 시스템에 변화를 일으켜 다양한 형태의 증상을 유발한다.

우선 노르에피네프린의 증가는 우리 뇌가 위험에 노출되었을 때 싸울 것인가, 도망갈 것인가를 긴급하게 결정하게 하고, 트라우마 기억에 담긴 충격적인 요소들을 뇌리에 강하게 입력시킨다. 또한 주변 자극에 놀라는 반응을 신속하게 일어나게 하고, 불안과 긴장감을 증가시켜 세상을 위험하고 불안정한 장소로 보게 만든다. 여기에 도파민의 증가는 현실 지각에 왜곡을 일으켜 주변 사람을 잘 의심하게 만들고 주변을 경계하게끔 만든다. 결국 노르에피네프린과 도파민은 전쟁터 같은 극도로 위험한 장소에서 살아남기 위해서는 반드시 필요한 물질이다. 대신 평화로운 상태에서도 이 물질들이 증가되어 있다면, 별것 아닌 자극도 극도의 위험 요인이라고 판단하기 때문에 안정감이나 편안함을 경험할 수 없다. 세로토닌은 우리 마음에 평온함을 가져다주는 신경전달물질이니, 전쟁터에서는 반대로 감소되어야만 생존에 유리하다. 뇌 안에서 세로토닌이 감소하면 우리는 초조감, 우울감, 공격성이 증가한다.

어떠한가? 우리가 어렴풋이 상상했던 것보다 훨씬 더 많은 변화가 스트레스를 받은 우리 뇌 안에서 아주 구체적으로 일어나고 있는 것 같지 않은가? 전쟁터에 노출된 시간이 길수록, 반복해서 노출될수록, 그리고 끔찍한 죽음의 장면을 자주 목격할수록, 뇌의 생화학적 변화는 더 심해진다. 그리고 이러한 변화가 심하면 심할수록 외상 후 스트레스 장애의 증상은 점점 더 심각해진다. 잔매에 장사 없다는 말이 떠오른다.

※ 외상 후 스트레스 장애에 시달리는 군인들

전쟁터에서 크리스는 영웅이며 전설이었다. 적군은 최고의 저격수인 크리스를 악마라고 부르면서 상당한 액수의 현상금까지 걸 정도였다. 그러나 평화로운 고향으로 돌아와 가족과 함께 있을 때의 크리스는 극심한 외상 후 스트레스 장애에 시달리는 전쟁의 희생자일 뿐이었다. 미국 재향군인회에 따르면 2011년부터 현재까지 이라크, 아프가니스탄에 참전한 병사들 중 외상 후 스트레스 장애 진단을 받은 군인은 대략 20만 명 이상에 이른다. 이는 같은 기간 발생한 전사자 및 부상자의 4배에 이르는 수치에 해당한다. 즉 죽거나 몸이 다치는 확률보다 정신적으로 다칠 확률이 훨씬 높다는 이야기이다.

2013년 2월, 실존 인물인 크리스 카일은 이라크 전쟁에 참전해 외상 후 스트레스 장애를 앓고 있던 동료 루스에 의해 살해되었다. 그때 크리스 카일의 나이는 겨우 서른아홉 살이었다. 아이로니컬하게도 루스는 평소 카일을 영웅처럼 숭배했다고 하는데, 술과 마리화나에 찌든 상태에서 자신이 먼저 죽이지 않으면 카일이 자신을 죽일 것 같다는 터무니없는 망상에 사로잡혀 범행을 저질렀다고 한다. 루스의 변호인은 루스의 피해망상이 외상 후 스트레스 장애의 증상이었다며 무죄를 호소했지만, 결국 루스는 재판에서 유죄 선고를 받고 종신형에 처해졌다. 하지만 이 모든 비극적 사건을 일으킨 진짜 범인은 전쟁 그 자체가 아니었을까?

PS — 외상 후 스트레스 장애 환자들의 경우, 우측 뇌의 편도체 *amygdala* 영역에 혈류가 증가된 소견이 나타나는데, 이러한 뇌 영역의 활성화는 플래시백이 일어날 때 동반되는 생생한 시각적 경험과 강렬한 정서반응과 연관이 있다. 반면 이들의 언어중추인 좌측 뇌의 브로카 영역*Broca's area*이라는 부위에는 뇌혈류가 감소된 소견이 나타나는데, 이는 플래시백이 생생하게 일어나는 동안에 뇌의 언어중추가 억제되는 현상을 설명해준다. 그래서 많은 환자들은 자신이 겪는 강렬한 공포와 불안을 말로 명확하게 표현하지 못하는 것이다. 이러한 뇌 내 혈류의 변화는 극도의 위기 상황에서 목숨을 지키려면 '말하려 하지 말고 먼저 몸부터 움직여 반응하라'는 지극히 적응적인 뇌 명령의 결과인 셈이다. 그러나 이러한 과학적 근거도 결국 루스의 죄를 덜어주지는 못했다.

급행열차 신경회로 VS 완행열차 신경회로

'자라 보고 놀란 가슴 솥뚜껑 보고 놀란다'는 속담은 어떤 사물을 보고 몹시 놀란 사람이 비슷한 사물만 보아도 쉽게 겁을 먹게 되는 현상을 설명하는 말이다. 그러나 특별히 겁이 많고 유난히 소심한 사람에게서만 나타나는 현상은 아니다. 누구나 압도적인 두려움과 불안을 경험하는 트라우마 사건을 겪게 되면, 시간이 한참 지난 뒤에도 비슷한 자극에 똑같은 감정반응과 신체반응을 보이게 된다. 이는 개인의 의지와 상관없이 뇌에서 일어난 변화로 인해 발생하는 현상이다. 왜 이런 현상이 일어나는 것일까?

프랑스의 신경학자 르두*LeDoux*는 1994년 동물 연구에서, 위험한 상황에 각기 다른 역할을 하고 있는 2개의 신경회로가 관여하고 있다는 것을 발견했다. 그는 우리 인간에게도 이와 유사한 신경회로가 있다는 가설을 주장했는데, 이 가설은 25년이 지난 지금도 많은 전문가들에게 받아들여지고 있다. 그가 발견한 2개의 회로 중 하나는 급행열차 신경회로*fast circuit*라고 한다. 이는 외부로부터 들어온 자극 정보가 뇌의 시상을 통해 편도체로 바로 전달되는 회로를 말한다. 편도체는 유입된 외부 자극이 얼마나 위험한지 즉각적으로 평가하여 그에 상응하는 감정반응, 신체반응을 일으키는 곳이다. 편도체는 우리 뇌에서 일종의 위험경보기 같은 역할을 하는 곳이라고 할 수 있다. 외부로부터 유입되는 정보를 빠르게 평가해 싸울 것인지 도망갈 것인지를 결정하는 과정은 인간이 생존하는 데 가장 중요한 요소이다. 이 과정에서 가장 중요한 역할을 하는 것이 바로 편도체이다. 일단 외부 자극이 위험하다고 판단되면, 편도체는 시상하부*hypothalamus*와 뇌간*brain stem*에 긴급 위험 신호를 내보내 우리 몸의 자율신경계를 빠르게 흥분시킨다.

또 다른 하나는 완행열차 신경회로*slow circuit*이다. 이는 외부로부터 들어온 자극 정보가 뇌의 시상을 통해 대뇌피질*cerebral cortex*과 해마*hippocampus*로 전달되는 회로를 말한다. 이 회로는 복잡한 대뇌피질의 신경들과 연결되어 있어서, 유입된 외부 정보를 보다 정확하게 객관적으로 평가한다. 또한 과거에 경험한 유사한 다른 상황과 비교 분석하면서 좀 더 사려 깊고 적절한 행동을 하도록 한다. 해마의 이러한 기능들은 편도체의 지나친 활성화를 조절하고 억제하는 데 아주 중요한 역할을 한다.

평범한 상황에서는 이 2개의 신경회로가 서로 보완적으로 기능을 수행한다. 먼저 급행열차 신경회로가 최소한의 외부 정보만으로 생존하기 위한 행동을 빠르게 실행하도록 하면, 그 뒤에 완행열차 신경회로가 급하게 실행한 생존 행동의 적절성을 평가하여,

시간의 전후 맥락에 따라 적절한 행동을 다시 하도록 조절해준다. 이러한 2개의 신경회로의 상호작용을 통해 우리는 외부로부터 오는 자극에 대해 효율적으로 적절하게 대처할 수 있는 행동을 학습한다.

그런데 매우 위협적이고 공포스러운 트라우마 사건이 일어나게 되면 상황이 완전히 달라진다. 2개의 신경회로의 협조적인 관계가 한순간에 깨어져, 급행열차 신경회로만 과도하게 활성화하고 완행열차 신경회로는 갑자기 폐쇄되는 상황이 벌어지게 된다. 완행열차 신경회로의 갑작스러운 폐쇄는 어찌 보면 진화론적으로는 적절한 대응이라고 할 수 있다. 목숨이 걸린 위급한 상황에서는 차분히 꼼꼼하게 전후 맥락을 따지다가는 오히려 목숨을 부지하기 어려울 테니 말이다. 위협적인 상황에서는 흥분하여 싸우든지, 아니면 무조건 혼비백산 줄행랑부터 치는 것이 더 생존에 유리하다. 이때는 오로지 비상 응급 시스템인 급행열차 신경회로만 활성화시켜, 외부 자극에 즉각적으로 강렬한 반응을 보이도록 뇌가 만반의 태세를 취하고 있는 셈이다.

외상 후 스트레스 장애는 응급 상황이 종료되고 한참의 시간이 지나, 상황이 많이 바뀌었음에도 불구하고 비상 응급 시스템인 급행열차 회로만 그대로 유지되기 때문에 일어나는 현상이다. 활성화된 비상 응급 시스템은 별것 아닌 사소한 자극에도 무조건적으로 강렬한 감정과 신체의 반응을 일으키면서 여러 가지 증상을 생겨나게 한다. 게다가 완행열차 회로가 제대로 작동을 하지 않으니, 과속하는 급행열차 회로의 과도한 반응은 통제되지 않고 언제까지고 계속된다. 결국 외상 후 스트레스 장애의 치료에서는 해마의 기능을 되찾도록 도와서, 멈춰진 완행열차 신경회로가 다시 제 역할을 할 수 있도록 돕는 것이 매우 중요하다고 할 수 있다. 해마가 자기 기능을 회복해 완행열차 회로가 다시 복귀되어야, 자라를 보고는 놀라지만 솥뚜껑을 보면 놀라지 않게 될 수 있다.

평상시 일상에서 생겨난 일반적인 정보는 급행열차와 완행열차,
2개의 회로를 따라 편도체와 대뇌피질에 전달된다.

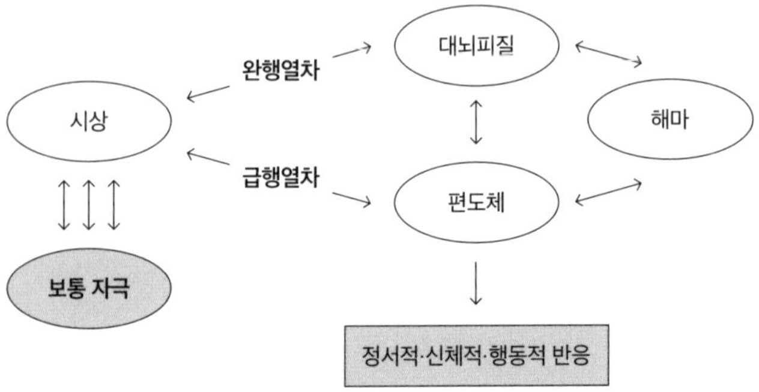

위협적인 트라우마 사건이 발생했을 때는 완행열차 회로가 폐쇄되기 때문에,
트라우마 정보는 급행열차 회로를 따라 편도체로만 전달된다.

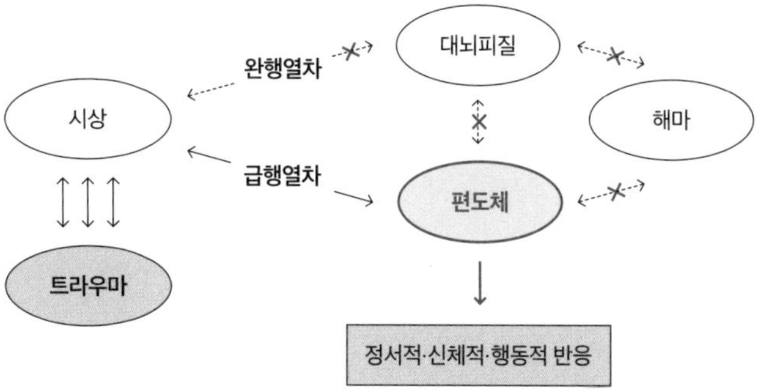

바시르와 왈츠를

감독 아리 폴만
이스라엘, 독일, 프랑스 ○ 2008

영원히 감추어진 기억이란 없다

"충격적이고 고통스러운 경험을 하게 되면
의식에서 그 고통을 배제시키기 위해
인격을 분할하는 현상이 일어나는데,
이를 해리 현상이라고 한다."

피에르 자네, 프랑스 정신과 의사

현실에서 일어난 사실을 있는 그대로 인식하고, 받아들이고, 이에 효과적으로 대응하는 정신상태를 심리 용어로 현실자각 *realization*이라고 한다. 반면 현실에서 일어난 사실을 인식하지 못하고, 받아들이지 못하고, 전혀 대응하지 못하는 정신상태를 현실부정*non-realization*이라고 한다. 현실에서 일어난 사실이 너무나 고통스러운 진실이기 때문에 차라리 '내게는 그런 일이 일어나지 않았다'고 부정해버리는 것이다. 현실부정을 하면 일시적으로는 고통을 외면할 수 있지만, 오랜 시간 계속해서 외면하다 보면 엄청난 정신적 에너지가 소모되기 때문에 현재를 살아가는 데 많은 제약이 따르게 된다. 이러한 현실부정이 바로 해리의 대표적인 증상이다.

⁂ 기억의 퍼즐을 찾아서

영화 〈바시르와 왈츠를〉은 영화감독 아리에게 친구 보아즈가 찾아와 매일 밤 시달리는 악몽에 대해 이야기하면서 시작된다. 보아즈는 스물여섯 마리나 되는 사나운 개에게 쫓기는 악몽을 수년째 꾸고 있는데, 이 꿈이 20여 년 전에 레바논에서 자신에게 일어났던 일과 연관이 있을 것 같다는 이야기를 한다. 친구의 이야기를 들으면서 아리는 그제야 자신이 20여 년 전 이스라엘 군인으로 레바논 전쟁에 참전했던 것을 전혀 기억하지 못한 채 지내고 있었다는 사실에 충격을 받는다. 반복적인 악몽과 선택적인 기억상실. 이러한 현상은 대개 충격적인 트라우마 사건과 연관이 있다는 심리학자 친구의 말을 듣고, 그는 같은 부대에서 근무했던 친구들, 혹은 그 당시 레바논에서 일어난 사건을 알고 있는 사람들을 찾아다닌다. 그리고 그들도 혹시 악몽과 기억상실 같은 증상을 겪고 있는지, 아니면 다른 이해할 수 없는 증상을 겪고 있는지, 그리고 어떤 기억을 갖고 있는지 물어본다. 그들로부터 들은 이야기를 통해 아리는 자신이 20년 동안 잊고 지냈던 기억의 퍼즐 조각들을 하나씩 맞춰가기 시작한다. 마침내 마지막 퍼즐 조각이 맞추어지는 순간, 아리 폴만 감독은 어쩌면 죽을 때까지 기억하고 싶지 않았던 끔찍한 진실과 마주하게 된다. 1982년 레바논 기독교 민병대 팔랑헤당이 저지른 팔레스타인 난민 학살 사건의 현장에 자신이 아주 가까이 있었을 뿐만 아니라, 심지어 조명탄을 쏘아가면서 기독교 민병대의 학살을 도와주었다는 사실을 기억해낸 것이다.

일단 이 영화를 제대로 이해하려면 1982년 벌어진 팔레스타인 난민 학살 사건을 어느 정도 알고 있어야 할 것 같다. 도대체 얼마나 참혹하고 끔찍한 사건이었기에 당시 사건 장소에 있던 대부분의 군인들이 기억상실, 악몽, 플래시백과 같은 외상 후 스트레스 장애의 증상을 갖고 있었을까? 당시의 정치적 상황은 이러했다. 1982년 이스라엘 군은 레바논에 침공하여 남부 레바논을 장악한 뒤, 레바논 기독교 수장인 바시르라는 인물을 자신들의 꼭두각시 대통령으로 세운다. 그러나 대통령 취임식을 앞두고 바시르는 레바논 이슬람 세력에 의한 폭탄 테러로 살해당한다. 그러자 바시르를 추앙하던 레바논 기독교 민병대원들은 광분하여 숨어 있는 테러리스트들을 소탕한다는 미명하에 팔레스타인 난민촌을 기습적으로 습격한다. 그리고 아무 죄 없는 민간인들을 무차별적으로 대량 학살한다. 기록에 의하면 3일 동안 약 3천 명이 넘는 난민들이 잔인하게 학살되었으며, 절반 이상은 어린이와 여성, 노인이었다고 한다. 참으로 끔찍한 지옥의 현장이었다 해도 지나친 표현은 아닐 것이다.

※ 해리성 기억상실

영화의 주인공인 아리 폴만 감독이 겪고 있는 기억상실증은 '해리성 기억상실'이라고 할 수 있다. 이는 뇌의 기질적인 이상이라든지, 마약이나 알코올 같은 약물 남용과는 상관없이 일어나는 기억상실이다. 즉 감당할 수 없을 만큼의 압도적인 트라우마 사건을 경험했을 때, 사건과 관련된 특정 시간대나 특정 상황을 갑자기 잊어버리는 심리적 방어 메커니즘으로 인해 생긴 증상이라고 할 수 있다. 이러한 해리성 기억상실은 사실 매우 원시적인 방어 기제이다. 대개 아주 힘이 없는 초식동물이 호랑이나 사자 같은 강력한 포식동물을 만나 목숨이 위태로운 위기 상황에 처하게 되었을 때, 정신을 잃고 그 자리에서 쓰러지는 것이 바로 해리성 기억상실 증상의 원형이라고 할 수 있다. 이는 그냥 눈만 감고 죽은 척하는 것과는 완전히 다르다. 실제로 온몸에서 죽은 상태와 유사한 신체반응을 보인다. 싸우지도 도망가지도 못하고 꼼짝 없이 죽게 되었을 때, 우리 뇌는 먼저 몸의 부상에 대비하기 위한 명령부터 내린다. 즉 말초로 가는 혈액 공급을 줄이고 심장박동을 느리게 하여 심각한 부상을 입었을 때 생겨나는 혈액 손실을 최소화한다. 그리고 공포와 고통을 줄이기 위해 마약 성분의 일종인 내인성 오피오이드 분비를 뇌 내에서 최대한 증가시켜 몸의 긴장을 풀어주고 의식을 몽롱하게 만든다. 현실에서 일어나고 있는 생생한 위협이 마치 꿈에서 일어나는 일처럼 비현실적으로 느껴지게 된다. 의식이 몽롱해져 비현실적으로 경험한 사건은 기억에서 완전히 해리되어 시간이 흐르면 무의식의 심연으로 가라앉는다. 경험한 사건에 대한 기억이 통째로 의식에서 사라지게 되는 것이다.

연구 결과에 의하면 트라우마가 끔찍할수록, 오래 지속될수록, 그리고 트라우마를 겪는 사람이 어린아이일수록, 해리가 심하게 일어난다. 난폭한 가해자가 지나치게 가깝게 접근해 위협이나 위해를 가할 때 우리는 두려움을 감당하지 못하고 정신줄을 놓아버린다. 우리의 신체 경계를 뚫고 무언가가 침입했을 때 그 공포는 말로 표현할 수 없을 것이다. 칼에 찔리거나 총에 맞아 팔이나 허벅지가 잘려나갈 때, 혹은 성폭력같이 신체 경계를 침범당하는 경우, 곧 죽을지도 모른다는 압도적인 공포와 두려움은 평범한 우리의 정신줄을 놓게 하기에 충분하다. 자기 자신뿐 아니라 다른 사람의 몸이 찢어지고 산산조각이 나서 피를 흘려가며 죽어가는 참혹한 장면을 목격하는 것도 맨 정신으로 버티기 힘든 상황이다. 아무리 내가 죽는 것이 아니라 타인이 죽어가는 것이라고 해도 대개 보통 사람들은 그 비참함을 버티지 못한다. 마찬가지로 어린 시절에 압도적인 가족 내 폭력을 경험했거나 목격하게 된다면 어린아이는 멍해지는 전략을 자주 쓸 수밖에 없다. 누구도 돌봐주지 않고 버림받았을 때 공포에 떨고 있을 바에는 차라리 멍해지는 것이 아이로서는 더 편안한 방어책일 테니 말이다.

※ 해리된 기억은 그저 숨겨져 있을 뿐이다

당시 열아홉 살의 아직 풋풋한 청년이었던 아리는 처음 레바논으로 파병 나갈 때, 잠시라도 긴장감을 지워내고 싶었는지 마치 바닷가에 소풍가는 듯한 들뜬 기분으로 출발한다. 그러나 얼마 지나지 않아 피범벅이 된 시체를 치우고, 바로 곁에서 함께 웃던 전우가 총에 맞아 처참하게 죽어가는 모습을 목격하고 나서야 비로소 자신이 지옥에 떨어졌다는 사실을 실감하게 된다. 극도의 공포와 불안 속에서 대부분의 군인은 자신이 겪고 있는 현실을 현실적으로 인식하지 못하고 마치 영화를 보는 것처럼, 혹은 꿈을 꾸는 것처럼 인식하게 된다. 금방이라도 죽을 것 같은 생생한 공포와 압도적인 불안을 견딜 수 없으니 스스로 자신의 뇌에 마취주사(내인성 오피오이드)를 한 방 놓아 감각을 무디게 하는 것이다. 즉 해리상태에 빠진다. 그래서 아리를 포함한 대부분의 군인은 명령에 따라 기계처럼 움직이고, 아무 생각 없이 반사적으로 방아쇠를 당기고, 수많은 사람들이 잔인하게 죽어가는 것을 그저 멍하니 바라보게 된다. 바시르의 커다란 초상화 앞에서 마치 왈츠를 추듯이 마구 기관총을 쏘아대는 군인의 행동 역시 계속되는 총소리와 포탄 소리에 정신줄을 놓고 해리된 상태에서 보여준 정신 나간 행동이었을 뿐이다. 목숨을 노리는 총소리에 맞추어 춤을 추는 이 괴이한 장면으로 인해 영화 제목이 〈바시르와 왈츠를〉이 된 것 같다.

기독교 민병대원들이 벌이는 테러리스트 색출 작전을 도우라는 상부의 명령을 받은 아리는 팔레스타인 난민촌이 가장 잘 보이는 건물 옥상 위로 올라가 아무 생각 없이 밤새도록 조명탄을 쏘아댄다. 그리고 다음 날 난민촌에 들어갔을 때 직면한 것은 평범한 청년 아리가 이제까지 상상조차 해보지 못한 참혹한 살육의 현장이었다. 눈앞에서 보았던 것은 끔찍한 시체 더미였고, 바로 옆에서 들려오는 소리는 수많은 가족들의 가슴 찢어지는 처절한 울부짖음이었다. 현실을 도저히 견디지 못하고 멍해지는 아리. 이 장면에서 애니메이션이었던 영화는 실사 영화로 바뀐다. 아마 이 영화를 보는 사람은 누구나 그 현실의 장면을 견디기 힘들 것이다. 아리는 40여 년 전, 그러니까 제2차 세계대전 때 유대인이었던 자신의 할아버지 할머니가 겪었던 지옥을 재현하는 데 자신이 일조했다는 사실을 깨닫고 감당할 수 없는 죄책감을 느낀다. 그리고 죄책감을 느끼지 않기 위해 당시의 기억 전부를 의식 저편으로 밀어 넣었던 것이다.

PS — 해리된 기억은 일시적으로 숨겨진 것이긴 하지만, 결코 완전히 사라지는 것은 아니다. 우리는 해리된 기억으로부터 잠시 피해 있을 순 있지만, 영원히 도망칠 수는 없다. 현재의 삶은 해리된 기억의 영향을 은밀하게 받는다. 뜬금없이 악몽으로 나타나고, 설명할 수 없는 불안발작이 나타나고, 어처구니없는 실수의 반복으로 나타난다. 언제고 다시….

해리 현상

해리는 트라우마를 이해하는 핵심 개념이다. 1870년대에 프랑스의 정신과 의사인 피에르 자네는 처음으로 해리를 다음과 같이 정의했다.

"충격적이고 고통스러운 경험을 하게 되면 고통을 의식에서 배제시키기 위해 인격을 분할하는 현상이 일어나는데, 이를 해리 현상이라고 한다."

이러한 해리 개념은 피에르 자네 이후 약 100년 이상 전문가들의 주목을 받지 못했지만, 최근 들어서는 다시 많은 전문가들이 관심을 갖기 시작했다. 사실 해리는 그 자체로 증상이나 질병이라기보다는 끔찍한 고통과 통증으로부터 자기 자신을 보호하기 위한 본능적인 방어기제라고 할 수 있다. 그런데 문제는 강한 트라우마로 인해 해리의 방어기제가 일단 작동되고 나면, 이후에는 아주 쉽게 해리가 일어난다는 점이다. 처음 트라우마가 일어났을 때는 해리가 최악의 고통을 피하게 해주지만, 그 이후에 조그만 자극에 의해서도 쉽게 해리가 일어나니, 트라우마로 고통받는 사람들은 오랫동안 비싼 대가를 치르는 셈이다.

2006년, 네덜란드의 심리학자인 온노 판데르 하르트는 오랜 기간의 연구를 통해 해리 현상을 1차 해리, 2차 해리, 3차 해리로 구분했다. 1차 해리에는 단순 외상 후 스트레스 장애, 2차 해리에는 분노폭발과 자해 같은 감정조절에 어려움을 보이는 복합성 트라우마 장애, 그리고 3차 해리에는 지킬 박사와 하이드 같은 다중인격이 해당된다. 트라우마를 어린 시절 반복해서 경험했을수록 2차 해리, 3차 해리가 쉽게 일어난다. 사실 대부분의 사람들은 기억상실과 인격전환이 드라마틱하게 일어나는 다중인격만을 해리라고 생각하고 있지만, 온노 판데르 하르트의 이론에 따르면 과거에 일어난 사건을 지금 현재에 생생히 느끼는 외상 후 스트레스 장애, 그리고 일상생활의 사소한 자극에도 극단적인 충동성과 분노폭발이 특징인 경계성 인격장애도 모두 해리 개념으로 이해할 수 있다. 즉, 정상적으로 일상생활을 하려는 인격과 과거의 트라우마 기억을 담고 있는 인격이 서로 통합되지 않고 따로따로 분리되어 있는 상태에서 작동하기 때문에 인격이 해리되어 있다고 볼 수 있는 것이다.

해리 증상을 알려주는 몇 가지 신호들은 다음과 같다. 이는 뇌손상이나 치매로 인해 일어나는 증상과도 얼핏 비슷해 보이지만 사실은 전혀 다르다.

해리 증상의 신호

- 허공을 멍하게 쳐다보거나 주변의 소리를 알아듣지 못함.
- 집중을 하지 못함.
- 수년간 상담치료를 받았는데도 증상이 호전되지 않음.
- 어린 시절을 잘 기억하지 못함.
- 현실 생활에서도 중요한 일들을 잘 잊어버림.
- 갑작스러운 말투의 변화, 태도의 변화, 대화 주제의 변화.
- 충동적이고 공격적인 태도.
- 충동조절의 어려움(자해, 폭식, 구토, 알코올 남용, 도벽 등의 문제).
- 설명할 수 없는 심한 두통, 오심.
- 몸의 일부분이 마비되는 증상*somatoform dissociation*.
- 내 정신이 몸을 떠나가 천장에서 바라보는 것 같은 느낌.
- 제삼자 입장이 되어 자신에 대해 말함.
- 내면에서 말소리가 들리거나 생각이 주입되어 들어오는 느낌. (놀랍게도 이 증상은 40~50년 전만 해도 조현병을 대표하는 증상이었다. 지금도 이러한 증상은 대부분의 정신과 의사들에게 환청, 망상으로 취급된다.)

프리다의 그해 여름

감독 카를라 시몬 ○ 스페인 ○ 2017
주연 라이아 아르티가스, 브루나 쿠시

상실의
고통을 전하는
아이의 언어

"단순히 생명을 위협받는 경험만이 트라우마가 아니다.
스트레스에 의해 내적 균형이 허물어지는 지점은
개인에 따라 매우 다양하게 나타날 수 있고,
각 개인의 나이에 따라,
또한 남녀의 차이에 따라 다르다."

프랜신 샤피로, EMDR 치료법의 창시자

근래 들어 학자들 사이에서는 마음의 상처, 즉 트라우마에 대한 개념을 확장해야 한다는 의견이 대두되고 있다. 트라우마라고 하는 것을 생명이 위협받는 특별한 사건으로만 좁게 규정짓지 말고, 자신과 세상을 향해 부정적이고 비합리적인, 잘못된 믿음을 갖게 만드는 삶의 모든 경험으로 폭넓게 정의하자는 것이다. 몇몇 전문가들은 아예 트라우마의 종류를 빅 트라우마*big trauma*와 스몰 트라우마*small trauma*로 분류하자는 의견을 내놓았다.

※ 스몰 트라우마와 빅 트라우마의 개념

'빅 트라우마'는 말 그대로 전쟁, 재난, 천재지변, 불의의 사고, 강간, 아동기 성폭행, 사랑하는 사람의 갑작스러운 죽음 혹은 이별 등과 같이 평범한 일상의 경험 범주를 넘어서는 '커다란' 충격적인 사건을 말한다. 빅 트라우마는 겁이 많은 사람이건, 용감한 사람인건, 소심한 사람이건, 대범한 사람이건, 아이건, 어른이건 상관없이 거의 대부분의 인간의 삶에 부정적인 영향을 주는 끔찍하고 강력한 사건이다. 반면 '스몰 트라우마'는 자신감 혹은 자존감을 잃게 만드는 일상생활에서 일어나는 '자잘한' 사건을 말한다. 예를 들면, 어린 시절 부모님과 떨어져 살았던 경험, 엄마에게 심하게 야단맞거나 혹은 관심받지 못했던 경험, 할머니에게 딸이라고 늘 멸시받았던 경험, 친구들로부터 반복적으로 놀림받은 경험, 너무 급한 나머지 수업시간에 교실에서 오줌을 싼 경험, 영어 발표에서 실수한 경험, 어릴 적 길을 잃어버렸던 경험 등이 스몰 트라우마에 속한다고 할 수 있다.

이런 자잘한 경험들은 객관적으로 보았을 때 빅 트라우마에 비해 위협적인 것은 아니라고 생각할 수도 있다. 그러나 아직 자아 기능이 충분히 발달하지 않은 아이들은 이러한 경험으로부터 얼마든지 정신적인 충격을 받고 공포와 통제불능의 느낌을 가질 수 있다. 게다가 스몰 트라우마는 짧은 시간에 한 번만 경험하는 것이 아니다. 대부분 오랜 시간에 걸쳐 여러 번 반복해 경험하기 때문에 축적된 부정적인 영향을 결코 가볍게 취급해서는 안 된다. 스몰 트라우마에서 '스몰'이라는 단어를 사용하는 것은 이러한 사건들이 일상생활 도처에 널리 퍼져 있다는 것을 설명하기 위한 것이지, 결코 이러한 사건들이 아이들에게 '작게' 경험된다는 것을 의미하지는 않는다. 실제로 최근 연구 결과에 의하면 스몰 트라우마가 빅 트라우마보다 외상 후 스트레스 장애를 일으킬 가능성이 더 높다고 한다. 그만큼 스몰 트라우마는 아이들의 삶에 부정적인 영향을 많이 미친다.

스몰 트라우마가 미치는 부정적인 영향을 우리가 자주 간과하게 되는 이유 중 하나는 스몰 트라우마를 경험한 대부분의 아이들이 자신의 고통을 부모나 주변 어른들에게 잘 표현하지 못하기 때문이다. 아니 좀 더 정확하게 말하자면 아이들은 나름 사력을 다해 표현하는데, 어른들이 아이의 비언어적 표현을 듣거나 보고도 알아채지 못하는 거라고 할 수 있겠다. 사실 눈높이를 낮춰 사려 깊고 세심하게 아이의 내면에 주의를 기울이지 않는다면, 아이들의 좌절과 고통의 표현은 부당한 욕심, 심통, 투정, 생떼, 어리광으로 보일 수밖에 없다. 힘들다고 하는 아이의 표현을 잘못 해석하니, 부모는 어른 입장에서 할 수 있는 전형적인 충고와 훈육을 하게 된다.

"떼쓰면 못된 아이야!", "욕심내면 안 돼!", "언니에게 그러는 거 아니다!", "친구들과 사이좋게 지내야지", "반찬 투정할 거면 밥 먹지 마", "시끄러우니까 네 방에 들어가 있어!"

스몰 트라우마로 인한 좌절과 고통을 표현하고 있는 아이들에게 이러한 말들은 결국 '힘들어하면 안 된다!'라는 메시지일 뿐이다. 아이는 자신의 좌절과 고통을 아무리 표현해봐야 오히려 상황이 악화된다는 사실을 빠른 시간 내에 깨닫게 된다. 그럼 아이는 아예 입을 닫고 부모가 바라는 착한 아이가 되는 척을 하거나, 아니면 스스로 자신의 고통을 마취시켜 멍하게 버티기를 시작한다. 아이가 선택한 두 가지 대처방법은 심각한 결과를 초래할 가능성이 높은데, 특히 후자가 조금 더 심각하다. 부모의 말에 순종하면 그나마 아슬아슬하게라도 애착관계의 끈을 유지할 수 있다. 하지만 얼어붙어 아무 표현도 하지 않게 되면 부모와의 관계가 단절된 채, 아이는 '정말 이 세상에는 아무도 날 도와주는 사람이 없구나' 하는 고립무원 상태에 빠지게 된다. 이런 아이는 나중에 스스로 자기를 달래고 돌보는 방법(게임, 음식, 술, 마약, 자위행위 등등)에 매달리게 된다.

※ 아이의 비언어적 표현

영화 〈프리다의 그해 여름〉이 보여주는 미덕은 엄마를 잃은 아이가 겪는 슬픔과 외로움을 철저히 아이의 눈높이에서 보여주고 있다는 것이다. 감독 자신의 어린 시절 경험을 모티브로 영화를 만들어서였을까? 카메라 렌즈는 어린아이가 가진 감정의 결을 놀라우리만치 섬세하게 쫓아간다.

대도시인 바르셀로나에 사는 여섯 살 프리다는 엄마가 병으로 죽었다는 말을 전해 듣고, 며칠 뒤 짐을 싸서 시골에 사는 외삼촌 집으로 이사 가게 된다. 다행스럽게도 그곳에는 자신보다 더 귀엽고 순진한 사촌 동생, 부지런하게 자기를 챙겨주려는 외숙모, 자신을 웃게 해주려는 착한 외삼촌이 기다리고 있었다. 외숙모와 외삼촌 모두 프리다에게 친절하게 대해주었고, 친구가 없었던 사촌동생은 같이 놀아달라며 프리다의 뒤를 졸졸 쫓아다녔다. 며칠 동안은 별다른 사건 없이 무난히 잘 지나가는 듯했다. 그러나 시간이 갈수록 프리다의 얼굴 표정에는 뭔가 모를 불만족스러움이 드러나기 시작한다. 이 불만족스러움은 너무도 선명하고 강렬하여 숨겨지지 않았고, 곧바로 눈에 띄는 문제 행동을 통해 드러나게 된다. 프리다는 병원에 가면서 이유를 알 수 없는 심통을 부리고, 동생도 스스로 묶는 신발 끈을 외숙모에게 묶어달라고 억지를 부린다. 급기야 사촌 동생을 꾀어 위기에 빠트려 다치게 한다. 도저히 이해할 수 없는 프리다의 행동에 당황한 외숙모와 외삼촌은 부부싸움도 하고, 프리다를 어르고 달래보기도 하지만, 이상하게도 프리다는 계속 엇나가기만 한다.

이성적으로 대처하려고 노력하는 외숙모는 프리다에게 "왜 그러는지 말하지 않으면 널 도와줄 수 없어"라고 말하지만, 사실 프리다는 표정과 행동 하나하나로 이미 많은 것을 표현하고 있었다. 프리다의 비언어적 단서들을 종합해보면 "엄마가 없는 난 지금 참 슬프고 무서워. 그러니 난 특별한 애정과 보살핌이 필요해!"라는 말 아니었을까? 그러나 겨우 여섯 살짜리 소녀인 프리다는 엄마를 다시 볼 수 없는 상황이 어떠한 것인지, 상실의 감정을 어떻게 표현해야 하는지, 자신이 무엇을 필요로 하는지, 언어로 상세히 표현하기가 쉽지 않다(사실 이는 어른에게도 쉽지 않은 일이다). 그래서 얼굴 표정으로, 행동으로 신호를 보낸 것인데, 그 비언어적 표현 이면에 있는 프리다의 감정을 읽어낼 수 없다면, 그녀의 행동은 욕심 많고 질투심 강한 철부지의 심통으로 보일 뿐이다. 영화 속 외숙모 외삼촌 부부는 분명 보통 수준 이상의 인내력과 포용력을 가진 어른들로 보인다. 그들은 어린 프리다를 불쌍히 여겨 최선을 다해 사랑해주려 노력한다. 그들은 분명 착한 심성을 가진 어른들이다. 그러나 안타깝게도 엄마를 잃은 프리다에게는 일반적인 기준의 사랑 그 이상의 특별한 보살핌과 돌봄이 필요하다는 것을 그들은 알아채지 못한다.

※ 진실한 공감의 힘

결국 프리다는 여기서는 아무도 자신을 사랑하지 않는다는 결론을 내리고는 야밤에 혼자 집을 떠나려는 무모한 시도를 한다. 그러나 막상 집을 떠나 어두운 숲으로 들어가니 주변의 깜깜한 어둠이 프리다의 두려움을 자극했다. 마침 혼비백산하여 자신을 애타게 찾는 외숙모 외삼촌의 목소리가 들리는 바람에 프리다는 다시 집으로 돌아온다. "지금은 너무 어두우니 내일 갈 거야"라며 서툰 경고를 날리면서 말이다. 그날 밤 피곤에 지쳐 잠이 든 프리다에게 외숙모가 다가와 뒤에서 부드럽게 안아주고 같이 잠이 든다. 한바탕 소동을 일으킨 프리다에게 외숙모는 '이제야 조금은 네 마음을 알 것 같아'라는 마음을 행동으로 표현해준 것이다. 그 덕분이었는지 다음 날 프리다는 짐을 풀고 외숙모 외삼촌 집에서 조금 더 살아보기로 마음을 고쳐먹는다.

서먹했던 관계가 조금씩 풀리면서 그제야 프리다는 외숙모 외삼촌 그리고 사촌 동생과 함께 지내는 데 익숙함과 편안함을 느끼기 시작한다. 그러자 프리다는 비로소 자신의 속마음을 새로운 가족에게 드러낸다. 먼저 프리다는 자신에게 공부를 가르쳐주는 외숙모에게 "아줌마는 아프지 않을 거죠?"라고 물어보면서 믿고 의지하는 사람이 사라지는 것에 대한 두려움을 언어로 살며시 표현한다. 그다음 표현은 갑작스럽게 비언어적인 방식으로 표출된다. 어느 날 저녁, 침대에서 동생과 외삼촌과 깔깔대며 뛰어놀던 프리다는 뜬금없이 서럽게 울기 시작한다. 새로운 가족 안에서 소속감과 안전감을 느끼게 되자, 프리다는 비로소 엄마를 잃어버린 상실감을 온몸으로 표현할 수 있었던 것이다. 그 애절한 슬픔의 표현에 순간 가슴이 저려온다.

아마 당신도 처음에는 어른의 시선으로 영화를 관람하기 시작할 것이다. 그러면 분명 주인공 프리다가 얄밉게 보일 것이다. 그러다 영화 마지막에 프리다의 감정을 느끼게 되는 순간, 프리다가 너무나도 사랑스러운 아이로 보일 것이다. 참 신기한 경험이다.

PS — 유독 착하고 어른 말 잘 듣는 아이에게는 '어른스러워서 보기 좋네'라는 칭찬의 말을 조심하는 것이 좋다. 나이에 맞지 않게 감정을 잘 참는 아이는 나중에 어른이 되어 어린아이 같은 어른이 될 가능성이 높다. 이를 어른아이adult child라고 한다. 외로움, 두려움, 분노 같은 감정들을 오랜 시간 억누르고 부인하기 때문에, 이런 감정들이 나중에 어른이 되어 의식으로 올라오면 당황하거나 죄책감을 느끼게 된다. 그래서 스스로를 과도하게 비난하고, 지나치게 책임지려 하고, 다른 사람 눈치를 예민하게 살피게 된다. 즉 다른 사람의 평가와 칭찬에만 연연하게 되니, 어른이면서도 아이인 셈이다! 프리다가 어른스러운 아이가 아니라 철부지 얄미운 아이인 것이 참 다행이다.

상대적 경험으로서의 트라우마

어떤 사건이 한 개인의 마음에 깊은 상처를 남길 만큼 충격적이고 위협적인 트라우마가 되느냐를 결정하는 데는 개인적인 요소가 영향을 많이 줄 것이다. 특히 나이에 따라 충격적이고 위협적인 경험은 매우 다를 수 있다.

어린아이에게는 부모와 잠시 동안 헤어지는 경험, 우울한 엄마의 눈과 무표정한 얼굴을 바라보게 되는 경험, 부모가 큰 소리로 폭언을 하면서 심하게 싸울 때 함께 집에 있는 경험, 신체적으로 아프거나 정서적으로 외롭고 불안할 때 누구에게도 관심을 받지 못했던 경험 등이 모두 트라우마의 경험이 될 수 있다.

청소년은 친구들에게 놀림을 당한 경험, 이성에게 전혀 인기가 없었던 경험, 단체 생활에서 뒤처졌던 경험, 교실 앞에 나가 발표하다가 실수한 경험, 아픈 부모를 혼자서 돌보아야 했던 경험, 동네 깡패들에게 불려가 맞은 경험 등이 트라우마가 될 수 있다.

성인의 경우는 만성적인 외로움, 배우자의 갑작스러운 죽음, 암의 발병, 직업의 상실, 사업 실패, 배신의 경험이 모두 다 트라우마가 될 수 있다. 이렇듯 나이에 따라 어떤 사건에 불안과 공포, 무기력감을 느끼는 정도가 모두 다르기 때문에, 사람마다 트라우마가 되는 사건이 다를 수 있다는 것을 이해할 필요가 있다. 자신에게 영향을 준 트라우마를 명확히 인식하고 잘 받아들인다면, 지금 현재의 삶을 잘 이해할 수 있고, 앞으로의 삶의 방향을 정하는 데도 도움이 될 것이다.

당신에게는 어떤 사건이 트라우마로 남아 있는가?

빅 트라우마와 스몰 트라우마

빅 트라우마의 예

- 자연재해: 지진, 홍수, 폭염
- 인재 사고: 삼풍백화점 사고, 성수대교 붕괴 사건, 세월호 참사
- 테러 사건: 대구지하철 화재 사고, 유대인 학살, 일본군 '위안부'
- 교통사고
- 화재
- 강간, 성폭행
- 낯선 사람으로의 신체적 폭행
- 파트너의 폭행: 데이트 폭력, 부부 폭력
- 고문: 억울한 옥살이, 누명
- 전쟁: 천안함 사건
- 아동 학대: 친부모, 계부모의 학대
- 소중한 사람과의 이별, 사별
- 중요한 사람의 배반, 배신, 외도

· 충격적인 사건 사고의 목격
· 위험하거나 잔인한 상황에 자주 노출되는 경우(경찰, 소방관, 구조원 등)

스몰 트라우마의 예

· 처음 학교에 가는 날 두렵고 무서웠던 일
· 공납금을 내지 못해 선생님에게 부모님 모셔오라고 야단맞은 일
· 소풍 때 나만 도시락을 못 가져간 일
· 점심시간에 친구와 싸워 진 일. 그래서 다른 친구들로부터 놀림받은 일
· 뚱뚱하다고 집에서, 학교에서 놀림받은 일
· 영어 말하기 대회에서 긴장하여 한마디도 못 하고 내려온 일
· 짝사랑 상대에게 데이트 신청을 했다가 거절당한 일
· 부모가 응원 온 축구 경기서 자살골을 넣은 일
· 교통사고를 당해 얼굴에 흉터가 남은 일
· 친구 잘못이 아니라고 대변하다가 오히려 선생님에게 더 혼난 일
· 깡패들에게 일방적으로 흠씬 맞고 돈을 빼앗긴 일
· 사소한 오해로 반 친구들에게 왕따를 당한 일
· 길을 걸어가다 갑자기 커다란 개에게 물린 일
· 엄마가 갑자기 쓰러져 병원에 입원한 일
· 평소 과묵하던 아빠에게 갑자기 따귀를 맞은 일
· 아빠랑 엄마랑 싸우다가 아빠가 엄마를 때리는 것을 목격한 일
· 가족끼리 놀이동산에 갔다가 길을 잃어 몇 시간이나 헤맸던 일

맨체스터 바이 더 씨

감독 케네스 로너건 ○ 미국 ○ 2016
주연 케이시 애플렉, 미셸 윌리엄스

감당할 수 없다면 차라리 지워버리는 '감정인지 불능증'

"감정인지 불능증을 영어로는 'alexithymia'라고 하는데
이는 느낌을 말로 표현하지 못한다는 뜻의
그리스어에서 유래하였다. 트라우마로 고통받는
사람들은 자신의 느낌을 말로 잘 표현하지 못하는데,
이는 자신들이 느끼는 신체감각이
무슨 의미인지 알아채지 못하기 때문이다."

베셀 반 데어 콜크, 미국의 정신과 의사

성격 좋고 똑똑하고 아름다운 젊은 여성이 우울증을 치료받기 위해 내원한 적이 있다. 우울한 이유를 찾아가다 보니 오랫동안 심한 외로움과 권태로움, 그리고 이유를 알 수 없는 심한 자책감을 갖고 지내왔다는 사실을 알 수 있었다. 그녀는 그동안 많은 남자들을 만나봤지만, 어느 정도 친밀해지면 갑자기 상대방 남자와 헤어지고 싶은 마음이 반복해서 들었다고 한다. 점점 나이가 들어가자 주변 가족들의 기대가 부담으로 바뀌었고, 본인도 누군가를 그리워하면서도 정작 친밀해지는 것을 피하는 자신에게 실망하게 되었다고 한다. 눈을 감고 그녀의 내면으로 들어가게 되었을 때(일종의 최면 상태이다), 그녀는 20년 넘게 잊고 있었던 기억을 떠올리고 오열하기 시작했다. 그녀에게는 어린 시절 늘 바빴던 엄마 대신 항상 곁에 있어주고 같이 놀아주고 자신을 예뻐해주던 외삼촌이 있었다. 그런데 그녀의 생일날, 그녀가 먹고 싶어 하는 생일 케이크를 사러 밖에 나갔던 외삼촌이 그만 교통사고로 사망했다고 한다. 놀랍게도 그녀가 그동안 좋아하던 남자들은 모두 죽은 외삼촌과 비슷한 외모와 성격을 가진 남자들이었다. 그런데 그녀는 좋아하는 남자들과 오래 관계를 유지하지 못하고 금방금방 헤어졌다. 좋아하는 남자들이 외삼촌처럼 갑자기 사라지는 것이 두려워 무의식적으로 그들과 친밀해지는 것을 피했던 것이다. 안타깝게도 그녀의 의식은 이러한 사실을 전혀 인식하지 못하고 있었다. 오래전에 자신을 사랑해주던 외삼촌이 있었는데, 어느 날 갑자기 곁에서 보이지 않은 것으로만 기억하고 있었다. 그녀는 감당할 수 없는 자책감으로부터 자신을 보호하기 위해 외삼촌에 관한 기억을 의식에서 지웠지만, 결국 남자를 사귀려고 할 때마다 혼란스러움과 자책감이 되살아났던 것이다.

영화 〈맨체스터 바이 더 씨〉에도 이 젊은 여성처럼 감당하기 어려운 트라우마 사건을 겪고 난 뒤, 그 사건 자체를 아예 잊고 살아가려 애쓰는 안타까운 주인공이 나온다. 영화 속 주인공은 트라우마로 인한 정서적 고통을 피하기 위해 콘크리트 같은 방어벽을 치고 그 안에 숨어들어가 최대한 무덤덤하게 살아가려고 애쓴다. 하지만 갑자기 세상을 떠난 형의 장례식에 참석하기 위해 어쩔 수 없이 고향으로 돌아오게 되면서 그는 큰 혼란을 겪게 된다. 단단한 방어벽을 깨고 분출되어 나온 두려움과 절망감에 휩싸인 그는 고통스러운 몸부림을 친다. 충격에 휘청거리는 주인공의 모습을 거리를 두고 바라보는 관객에게도 그가 겪는 고통과 슬픔, 혼란의 강렬함이 고스란히 전염된다. 누구든 이 영화를 한번 보고 나면 가슴을 한 대 후려 맞은 듯한 아픔이 한참 동안이나 사라지지 않을 것이다.

⁂ 감정인지 불능증, 모든 감정에 무감각해지는 증상

보스턴에서 낡은 아파트의 관리인으로 일하는 주인공 리는 외롭고 무미건조한 삶을 살아가고 있다. 끝없이 쌓이고 또 쌓이는 눈을 치우고, 고장 난 싱크대를 고치고, 껌뻑껌뻑대는 전등을 교체하는 심심한 아파트 관리인의 업무를 그저 무덤덤하게 해내며 하루하루를 보낸다. 사랑하는 연인도 없고, 허심탄회하게 이야기 나눌 가까운 친구도 없다. 그렇다고 딱히 혼자 즐기는 취미생활을 가지고 있지도 않다. 시간이 나면 혼자 술을 마시는 게 그의 유일한 휴식이라면 휴식인데, 행여 약간이라도 술에 취하면 옆 사람과의 작은 시비에도 화를 참지 못하고 이내 주먹을 휘둘러대는 몹쓸 버릇을 갖고 있다. 간신히 연명하는 듯한 그에게 삶의 목표나 내일의 희망 같은 단어는 사치스럽게 느껴질 정도이다. 넋이 나간 그의 얼굴에 생기나 활력 같은 것은 조금도 느껴지지 않는다. 이런 상태를 일반적으로 진단해보자면, 그는 심한 우울증에 빠진 사람이라고 할 수 있을 것이다. 하지만 조금 더 정확하게 표현하자면 리의 현재 상태는 트라우마로 인한 정서적 고통을 마취시키기 위한 감정의 둔마*emotional blunting*라고 하는 것이 더 맞을 것이다. 다른 전문 용어로는 '감정인지 불능증*alexithymia*'이라고도 한다. 정서적 고통을 잊기 위해 감정을 마취시키면 두려움, 불안, 죄책감, 슬픔, 분노 같은 부정적 감정뿐 아니라, 즐거움, 우정, 사랑, 호기심, 친밀감 같은 긍정적 감정마저도 느낄 수 없게 된다. 마취 증상이 더 심해지면 급기야 배고픔, 갈증, 통증, 가슴 두근거림, 근육 긴장 같은 신체감각마저도 느낄 수 없게 된다. 국소마취를 시도했는데, 결과적으로 전신마취가 된 셈이다. 나쁜 감정, 좋은 감정, 신체감각까지 느끼지 못하고 사는 그의 모습은 마치 유령 같다.

사실 이러한 감정의 둔마는 심한 외상 후 스트레스 장애 환자에게서 흔하게 나타나는 증상이다. 우리의 뇌는 견딜 수 없는 기억으로 발생하는 정서적, 신체적 고통에 대처하기 위해 감정과 신체감각을 전달하는 뇌 회로의 기능을 정지시킨다. 마치 옛날 중국 무술영화에서 독침을 맞은 주인공이 온몸으로 퍼져나가는 독을 막기 위해 혈 자리를 눌러 몸을 마비시키는 것과 유사하다고 할 수 있다. 실제로 이들의 뇌를 스캔한 연구 결과에 의하면 신체감각을 인식하는 뇌 영역들이 거의 대부분 제대로 기능을 하지 않고 있는 것으로 밝혀졌다. 이 뇌 영역들이 제대로 기능을 하지 못하게 되어 신체감각을 인식하지 못한다는 것은 자신의 삶에서 무슨 일이 일어나고 있는지 인식할 수 없다는 것을 의미한다. 즉, 몸에 바늘이 깊게 찔렸는데 아픈지 안 아픈지 인식하지 못하는 것과 같다. 외상 후 스트레스 장애로 고통받고 있는 사람들에게 폭력적인 전쟁 영화를 보여준 뒤, 차가운 얼음물에 손을 넣고 얼마나 오래 견디어내는가를 측정한 실험이 있다. 자극적인 폭력장면을 본 피실험자들은 보통 때보다 30% 정도나 더 오래 찬물 속에서 견뎠는데, 이는 마약성 진통제인 모르핀 8밀리그램을 주사한 후의 신체 반응과 유사하다.

신체감각을 인식하지 못한다는 것은 감정을 인식하지 못한다는 것을 동시에 의미한다. 왜냐하면 신체감각의 총합을 어떻게 주관적으로 해석하느냐에 따라 우리의 감정이 결정되기 때문이다. 그러니까 신체감각을 인식하지 못하면 결국 자신에게 놀랄 만한 일이 일어난 것인지, 화나는 일이 일어나고 있는 것인지, 즐거운 일이 일어나고 있는 것인지 파악하지 못한다는 것을 의미한다. 심지어 자신에게 매우 위험한 일이 벌어지고 있는지조차 인지하지 못하게 되고, 위태로운 상황에 놓이게 될 가능성이 높아진다. 또한 감각과 감정이 마비된 삶은 주체적으로 생동감 있게 산다는 느낌을 가질 수가 없다. 말 그대로 시체나 좀비와 같은 것이다.

※ 가장 고통의 순간이 회복이 시작되는 순간이다

모든 생기를 잃고, 완전히 고립된 채 살아가던 리에게 어느 날 유일한 피붙이인 친형이 심장마비로 위독하다는 소식이 전해진다. 어쩔 수 없이 형을 만나기 위해 그는 자신의 고향인 맨체스터 바이 더 씨(미국 매사추세츠주의 마을 이름이다)로 돌아가게 된다. 얼떨결에 고향에 돌아오기는 했는데, 매우 낭패스러운 상황이 그를 기다리고 있었다. 형은 동생이 오는 것을 기다리지 못하고 이미 속절없이 숨을 거둔 뒤였고, 눈앞에는 형의 유언장만이 덩그러니 남아 있을 뿐이었다. 게다가 형은 자신의 아들인 패트릭의 후견인이 되어달라는 부탁을 리에게 유언으로 남겼다. 항상 자신의 편이 되어주던 든든한 형이었지만, 사실 리는 형의 마지막 부탁을 들어줄 수 있는 처지가 아니었다. 자신의 모든 감정을 마비시키고 '그건 사실이 아니야. 그런 일은 일어나지 않았어'라고 자신을 세뇌시켜야만 겨우 숨이라도 쉴 수 있는 상태였는데, 눈길이 닿는 고향의 모든 풍경은 '그건 사실이야. 그 일은 실제로 일어났다고!'라며 그의 가장 아픈 부분(트라우마의 기억이 고스란히 저장되어 있는 뇌의 신경회로)을 자극하고 있었기 때문이다. 그는 잠시도 고향에 차분히 머물러 있을 수 없는 상태였다. 궁지에 몰린 리는 아직 아버지의 죽음을 받아들이지 못하고 있는 조카에게 보스턴에 가서 같이 살자고 채근한다. 하지만 삼촌의 절박한 사정을 전혀 알 리 없는 열여섯 살의 철없는 조카는 절대로 고향을 떠날 수 없다고 고집을 부린다. 더 난감하게도 조카는 아버지가 남긴 낡은 배에 새로운 모터를 달아달라며 숨 쉬기조차 힘든 삼촌을 조른다.

따뜻한 봄이 되어 얼어붙은 땅이 녹는 것을 기다리기 위해, 그래서 형의 시신을 무덤에 묻을 수 있게 될 때까지, 리는 어쩔 수 없이 조카와 함께 고향에서 지내기로 한다. 그러나 리의 하루하루는 마치 지뢰밭을 걸어가는 것처럼 참으로 아슬아슬하기만 하다. 사방팔방에서 예측할 수 없는 트라우마 촉발요인이 그를 계속 놀라게 하듯이 튀어나왔으니 말이다.

어느 날 그는 절대로 만나고 싶지 않았던, 아니 절대로 만나선 안 되는 전 부인 랜디를 길에서 우연히 만나게 된다. 개인적으로 이 장면이 영화에서 가장 인상적이었다. 재혼하여 아이를 낳고 새 출발을 한 랜디는 자신이 과거에 리에게 했던 잘못, 자책하는 리를 비난하고 괴로워하던 리를 떠나버린 행동을 용서해달라고 말한다. 그리고 여전히 리를 사랑한다고 말하며, 더 이상 방황하지 말고 이제부터라도 새롭게 인생을 살아달라고 진심으로 당부한다. 그러나 랜디의 솔직한 고백과 리를 향한 연민의 감정은 오히려 꼭꼭 숨겨두었던 리의 트라우마 기억을 자극할 뿐이었다. 랜디와의 스쳐지나는 듯한 짧은 만남은 결국 마취되어 둔감해져 있던 그의 감각과 감정을 다시 생생히 되살아나게 한다. 되살아난 고통스러운 감각과 감정에 혼란스러워하며 당황해하는 리의 모습은 누가 보아도 애처로울 지경이다. 그런데 트라우마 치료자 입장에서 보자면, 어쩌면 이 가장 고통스러운 순간이 리에게는 회복의 작은 불씨가 살아나는 시발점이 될 수 있을지도 모른다. 단, 그동안 억압해온 엄청난 감정과 감각의 고통을 온몸으로 견뎌내면서 방출해낼 수 있다면 말이다.

감정의 둔마로 고통받는 사람의 치료는 마비시켜 놓은 신체감각과 움직이고 싶은 충동을 현실에서 깨닫고 느끼고 표현하고 견딜 수 있게 돕는 것에서부터 시작한다. 즉 '그 일을 생각하니 가슴이 답답해요', '온몸이 찢겨나가는 것 같아요', '목 놓아 울고 싶은 심정이에요', '그게 아니라고 소리 지르고 싶어요'라는 신체감각과 충동을 깨닫게 되었을 때, 그것을 몸으로 자유롭게 표현해야 하는 것이다. 만약 혼자의 힘으로는 도저히 할 수 없다면, 누군가의 도움을 받아서라도 말이다. 그러나 안타깝게도 그 중요한 순간, 리는 압도적으로 고통스러운 감정과 감각 앞에서 쩔쩔매기만 할 뿐 이러지도 저러지도 못한다. 진심으로 사과하며 사랑의 마음을 전하는 랜디에게 그는 손을 내밀 수조차 없었다. 그야말로 꼼짝도 못 하고 몸과 마음이 얼어붙어버린 것이다. 도망치듯이 정신없이 형의 집으로 돌아온 리는 조카에게 더 이상 이곳에서 견딜 수 없다고, 혼자라도 고향을 떠나가겠다고 소리치고는 보스턴으로 가버리고 만다.

시간이 지나도 지워질 수 없는 상처가 있고, 아픈 상실감의 무게를 평생 가슴에 품고 살아가야 하는 비극적인 운명이 있다는 것을 영화는 아름다운 선율의 음악을 배경으로 담담히 보여준다. 영화의 결말은 따뜻한 위로로도, 작은 희망의 메시지로도 치장되어 있지 않다. 그저 살짝이나마 부드러운 시선으로 리를 바라볼 뿐이다. 비록 혼자서 도망치듯 보스턴으로 돌아왔지만, 혹시라도 조카 패트릭이 찾아온다면 같이 살기 위해 자신의 방을 꾸며 놓는다. 그리고 처음에는 그토록 반대했지만, 결국 낡은 배에 새 모터를 달아 패트릭에게 선물한다. 과거에 그랬던 것처럼 두 사람이 웃으며 함께 배를 탈 날이 언젠가 돌아오기를 바라며….

PS — 주인공이 겪은 트라우마가 얼마나 비극적인 것인지를 알고 싶다면 영화를 한번 보아야 한다. 영화 관람 전 주의사항! 이 영화를 보고 나면 반나절 이상 가슴 답답함에 시달리고, 일주일 동안 웃을 일이 없어진다. 당신의 컨디션이 좋을 때 영화를 관람하는 것을 추천한다.

트라우마를 자극하는 촉발요인

트라우마를 겪게 되면 보통 사람에게는 별것 아닌 사소한 자극들에도 매우 과도하게 반응하게 된다. 특히 트라우마 기억을 조금이라도 상기시키는 것에 엄청 민감해지는데, 이러한 자극들을 촉발요인이라고 한다. 외상 후 스트레스 장애로 고통받는 사람들은 일단 촉발요인에 노출이 되면, '나는 지금 이곳에 존재한다'는 느낌으로부터 단절되면서, 과거 트라우마를 겪었을 당시의 끔찍한 느낌과 감정이 생생하게 되살아난다. 그래서 트라우마로 고통받는 사람들은 어떻게 해서든 필사적으로 촉발요인을 피하려고 한다.

문제는 트라우마 기억을 자극하는 촉발요인이 일상생활 도처에 깔려 있다는 것이다. 사건이 일어났던 장소와 비슷한 곳에 가게 되거나 가해자와 비슷하게 생긴 사람을 보아도 과거의 두려웠던 기억이 쉽게 활성화된다. 장소와 사람이 촉발요인인 셈이다. 집단 폭행이나 왕따를 당한 남학생은 같은 나이 또래의 남자들을 무서워하기도 하고 학교 건물만 보아도 공포에 떤다. 검은 옷을 입고 안경을 쓴 사람에게 성폭행을 당한 사람은 그와 비슷한 인상착의를 한 사람을 보면 그 자리에 주저앉게 된다. 사건 당시 났던 냄새나 소리, 혹은 촉감도 흔한 촉발요인 중 하나이다. 교통사고 당시 경험했던 기름 냄새, 충돌 시 들었던 굉음과 브레이크 밟는 소리, 아스팔트 바닥에 긁혔던 피부의 느낌 등은 모두 촉발요인이 될 수 있다. 사건이 일어났던 시간이나 계절이 촉발요인이 될 때도 있다. 하루 종일 잘 지내다가도 강도를 만났던 밤 10시만 되면 두려움에 떠는 사람도 있고, 사랑하던 엄마가 갑자기 교통사고로 돌아가신 겨울이 되면 깊은 우울감에 빠지는 사람도 있다.

외적인 요인이 아니더라도 내적인 컨디션도 촉발요인이 될 수 있다. 혼자 방에 있을 때 느끼는 외로움, 누군가에게 무시당할 때의 속상함, 꼼짝 못 할 것같이 답답하고 갇힌 느낌, 다른 사람들은 다 행복해하는데 나만 왠지 소외된 것 같은 감정 등도 모두 트라우마 기억을 자극하는 촉발요인이 될 수 있다. 낮에 바쁘게 일을 하거나 공부를 할 때는 그런대로 현실에 집중할 수 있는데, 밤이 되어 혼자 방에 있다 보면, 어린 시절 겪었던 외로움과 두려움의 기억이 떠올라 괴로워하다가 술을 마시거나 자해를 하게 되는 경우도 많다.

어떤 촉발요인은 아주 잘 인식이 되는 반면에, 어떤 촉발요인은 전혀 인식할 수 없다. 촉발요인을 인식할 수 없는 경우에는 잘 지내다가도 갑자기 불안해지거나 공포에 휩싸이기 때문에, 두려움과 무기력감을 더 크게 느낄 수도 있다. 이런 경우에는 갑자기 자신의 상태를 불안정하게 만드는 촉발요인이 무엇인지 차분히 탐색하는 것부터 시작해야 한다.

아동기 트라우마

아무도 모른다

감독 고레에다 히로카즈 ○ 일본 ○ 2004
주연 야기라 유야, 기타우라 아유

반드시 있어야 할 것이 없는 것도 트라우마다

"삶에서 어쩔 수 없이 발생하는 역경에 대해
얼마나 잘 대처할 수 있는지를 예측할 수 있는
가장 중요한 요소는, 생후 첫 2년 동안
1차 양육자로부터 얻은 안정감의 수준이다."

앨런 스로프*Alan Sroufe*, 미국의 임상심리학자

아이는 무슨 수를 써서라도 양육자와 애착관계를 형성해야 한다. 애착은 배고픔과 같은 생물학적 본능으로, 생존하기 위해서는 선택의 여지가 없다. 만약 누구와도 애착관계를 맺을 수 없다면, 어느 누구도 살아남을 수가 없다. 저명한 정신과 의사이자 애착이론의 창시자인 존 볼비*John Bowlby*는 "엄마와 소통할 수 없다면, 우리는 자기 자신과도 소통할 수 없다"는 말을 남겼다. 주 양육자인 엄마와의 안정적인 애착관계를 통해 아이는 자신의 내면세계를 이해할 수 있게 되고, 자신의 내면과 소통하며 스스로를 돌볼 수 있다. 즉 자기돌봄*self care*을 통해서야 내적 통제감을 획득할 수 있다. 그런데 애착의 중요한 대상인 부모가 아이의 옆을 지키고 있지 않다면, 옆에 있어도 소통하지 않는다면, 배고프다고 해도 방치한다면 아이에게는 어떤 일이 일어날까? 배가 고프고 목이 말라 아무리 울고불고 떼를 써도 아이는 자신을 달래줄 양육자가 없다는 사실을 깨닫게 될 것이다. 시간이 지나면 아이는 자신이 처음에 무엇 때문에 울고불고했는지조차 모르게 된다. 자신의 내면과 전혀 소통할 수 없게 되고, 오로지 외부에서 오는 자극에 그때그때 반응하면서 살아가게 되기 때문이다. 이는 나침판 없이 짙은 안개 속을 항해하는 것처럼 한 치 앞도 모르는 위험천만한 인생을 아슬아슬하게 살아간다는 것을 의미한다.

※ 양육자의 방임과 방치

2004년 제57회 칸 영화제 최고의 화제작으로 주목을 받은 영화 〈아무도 모른다〉는 실화를 바탕으로 만들어진 영화이다. 한 여성이 자신이 낳은 네 명의 아이를 허름한 아파트에 남기고 수 개월간 집에 들어오지 않아 아이들이 방치되고 사망했다. 이 비참한 사건은 1988년 일본 도쿄에서 일어났다. 이런 어처구니없는 사건이 어떻게 일어날 수 있었는지 믿기지 않을 정도이다. 어린아이들을 오랜 기간 방임한다는 것은 사실 부모가 그 아이들의 생사를 철저히 외면했다는 것을 의미한다. 엄마가 오지 않는 동안, 버려진 아이들이 험난한 세상에서 겪었을 공포와 두려움이 어떤 것이었을지 상상이 가능한가?

영화 속에서는 아이들이 겪는 공포와 비참함을 강조해서 보여주기보다는, 언젠가 엄마가 돌아오리라는 막연한 희망을 가지고 아슬아슬하게 버텨내는 아이들의 모습을 담담하게 보여준다. 실낱같은 희망을 믿는 아이들의 모습이 역설적으로 보는 이의 가슴을 더 무겁게 만든다.

열두 살이 된 장남 아키라는 그래도 처음에는 제법 어른스럽게 동생들을 돌본다. 친구들과 한창 장난치고 뛰어놀고 싶어 할 어린아이지만, 학교에 가지 못하고 집에서 엄마 역할을 해낸다. 엄마가 보내주는 최소한의 생활비에 맞춰 장을 보고, 가스비와 전기료를 내고, 동생들의 공부를 봐준다. 겉으로 보기에는 불평불만 없이 멀쩡히 장남의 역할을 잘 수행하고 있는 것 같아 보이지만, 사실 아키라 역시 보살핌이 필요한 아이일 뿐인데 어찌 어른 역할을 멀쩡히 감당할 수 있겠는가? 당연히 시간이 갈수록 아키라는 자신이 맡은 역할이 버거워 힘들어한다. 차라리 감당할 수 없는 상황에 분노하고 원망하는 에너지를 분출하기라도 하면 좋으련만, 아키라는 무책임한 엄마가 시킨 터무니없는 임무를 책임감을 갖고 그저 묵묵히 해나갈 뿐이다. 그러나 엄마의 연락이 오랫동안 끊긴 상태에서 밤마다 가계부를 적어가는 아키라의 불안감은 점점 주체할 수 없이 커져가기만 한다.

희망의 끈을 쥐고 있던 손아귀의 힘이 다 떨어져갈 때쯤, 우연히 찾아온 엄마에게 아키라는 "엄마는 정말 제멋대로야!"라며 나름의 서운한 감정을 숨기지 못한다. 그러나 "제멋대로라니, 진짜 제멋대로인 건 혼자 떠나버린 네 아빠야. 왜? 난 행복해지면 안 되니?"라고 뻔뻔하게 말하는 엄마에게 아키라는 더 이상 뭐라고 대꾸할 말을 잃어버리고 절망의 한숨을 삼킨다. 혹시라도 투정부리며 화를 냈다가는 그나마 찾아와준 엄마가 완전히 떠나갈지도 모른다는 두려움에 아키라는 차마 아무 말도 할 수가 없었던 것이다. 버려지고 내쳐질지도 모른다는 두려움이 너무나 큰 나머지, '나 혼자는 두렵고 무서워. 엄마, 부탁이야. 제발 떠나지 마'라는 솔직한 속마음을 도저히 표현할 수가 없었다. 하지만 아키라가 표현하지 않으니 철없는 엄마는 정말 아이가 괜찮다고 생각했는지, 새로 좋아하는 남자가 생겼다는 말을 남기고는 속절없이 또 떠나간다. 그리고 이후 엄마는 모든 연락을 정말 완전히 끊어버린다.

엄마가 보내준 돈이 바닥나고, 수도와 전기마저 모두 끊기게 되자, 아키라는 동생들과 함께 살아남기 위해 더욱 필사적으로 살게 된다. 편의점에서 유통기한이 지나 버리는 음식을 얻어오고, 야밤에 몰래 동생들과 공원에 있는 수돗가로 가서 씻고 빨래를 한다. 아키라와 동생들은 차가운 도시 한복판에서 생존 게임을 하듯이 필사적으로 발버둥을 치며 애쓴다. 그러나 부모의 보살핌 없이 어린아이들의 순진한 대처 전략만으로는 험난한 세상을 상대로 버티는 데 한계가 있을 수밖에 없다. 낭떠러지에서 떨어질 것같이 아슬아슬한 상황이 연이어 일어나다가, 결국 어처구니없게도 막냇동생이 죽게 된다. 놀람도 잠시, 슬픔도 잠시. 아키라는 나머지 동생들과 헤어지지 않고 생존 게임을 지속하려면 먼저 막냇동생의 시신을 숨겨야 한다고 판단한다. 동생이 평소 좋아하던 비행기가 날아다니는 공항 근처 공터에 시신을 묻은 아키라는 힘없이 집으로 돌아온다.

어린 시절 받은 심한 정서적 학대나 신체적 학대도 분명 커다란 상처이지만, 반드시 있어야 할 부모의 애정과 관심이 없는 것도 어린아이들에게는 정말 치명적인 마음의 상처가 된다*trauma of omission*. 필요할 때 늘 곁에 있어주면서 일관되게 안정감을 전달해주는 부모의 존재는 아이들의 정서 발달에 절대적인 영향을 미친다. 부모가 물리적으로 곁에 없는 것도 문제지만, 부모가 곁에 있으면서도 사랑한다고 안아주지 않고, 잘했다고 칭찬해주지 않고, 무섭다고 우는데 안심시켜주지 않는다면 아이의 정서적 성장은 그 자리에서 멈춘다. 이는 마치 새싹이 자라나는 화분에 물을 주지 않는 것, 배고프다고 짖어대는 강아지에게 젖을 주지 않는 것만큼이나 치명적인 결과를 초래할 것이다.

"어려서 난 정말 존재감 없는 아이였어요. 집안에서는 늘 꿔다 놓은 보릿자루 같은 신세였죠. 한번은 추운 겨울날 꽁꽁 언 연못 위를 걸어가는데 엄마는 오빠와 남동생 손을 꼬옥 잡고 걸어가면서도 뒤에서 혼자 간신히 쫓아가고 있던 내게는 조심해서 오라는 말을 한 번도 건네지 않았어요. 얼음이 깨질까 봐, 얼음에 미끄러질까 봐, 나도 정말 무서웠는데 엄마는 내게 눈길 한번 주지 않았지요. 엄마는 나라는 존재 자체를 아예 의식조차 안 하고 있었던 것 같아요. 난 혼자 너무 두렵고 무서우면서도 스스로 그런 내가 수치스러웠어요. 이런 내가 어떻게 스스로에 대한 존재 가치를 느낄 수 있겠어요?"

반드시 있어야 할 애정과 관심을 받지 못한 이 환자는 오랜 시간 동안 지녀온 '나는 사랑받을 가치가 없는, 쓰레기만큼이나 무가치한 존재'라는 믿음을 쉽게 버리지 못했다. 어쩌면 아이에게는 학대보다도 방임이 더 부정적인 영향을 끼치는지도 모르겠다.

아동기 부정적 경험의 영향력을 연구하는 사람들은 비난과 잔소리를 들으며 자란 아이들보다 방임을 겪은 아이들이 나중에 어른이 되었을 때 극심한 스트레스로 일어나는 해리장애를 더 많이 겪게 된다는 연구 결과를 내놓았다. 엄마가 우울증이나 트라우마로 고통받아 아이들에게 적절한 반응을 보이지 못할 경우, 그 아이들은 보통의 아이들보다 6배나 더 많은 정서적 문제를 보이게 된다는 연구 보고도 있다. 많은 아이들은 차라리 엄마에게 야단맞을 때에는 '그래도 엄마가 내게 관심을 갖고 있구나' 하는 생각을 하는 반면, 엄마가 아무런 반응을 안 보이면 '난 정말 무가치하고 쓸모없는 존재여서 엄마에게 관심과 애정을 받을 수가 없구나' 하는 절망감에 빠진다.

※ 충분히 좋은 엄마

엄마가 아이 곁에 함께 있어주면서 아이의 감정을 조율해주는 것이 중요하다는 점을 강조하다 보면 엄마들이 받을 중압감에 마음이 무거워진다. 그래서 여기서 소개하고 싶은 연구 결과가 하나 있다. 영국의 저명한 소아과 의사이자 정신분석가인 도널드 위니콧*Donald Winnicott*은 안정적인 애착관계를 잘 형성하는 엄마, 아이의 욕구를 알아채고 정확하게 거울반응*mirroring*을 해주는 엄마, 아이의 공격성을 든든하게 안아주고 토닥여주는*holding* 엄마, 아이에게 최적의 편안함과 안정감을 제공해주는 엄마를 '충분히 좋은 엄마*good enough mother*'라고 개념화했다. 그런데 충분히 좋은 엄마라고 해도 아이의 감정에 대략 33% 정도만 조율해줄 수 있다고 한다. 엄마가 신이 아닌 이상 아이의 복잡 미묘한 내면세계를 어떻게 100% 정확히 조율하겠는가? 그렇게 할 수도 없고, 할 필요도 없다.

그렇다면 나머지 70%는 무엇으로 보완해야 하나? 그것은 바로 나중에라도 반드시 아이가 필요로 하는 것을 다시 물어보고, 엄마가 실수하고 놓친 것을 인정하고, 엄마가 알고 있는 것을 다시 잘 설명해주는 관계회복*repairing*의 과정이다. 즉, 밤늦게 집에 들어가 아이와 오랜 시간을 함께하지 못하더라도 엄마가 먼저 아이에게 다가가고, 바라보고, 무슨 일이 있었는지 필요한 것은 없는지 엄마가 도와줄 것은 없는지 물어봐주고, 함께하지 못해 미안하다고 사과하고, 이틀만 참으면 주말이니 함께 놀 수 있다고 잘 설명해준다면 아이는 안정적인 애착관계를 형성할 수 있다.

이 영화의 실제 모티브가 된 스가모 아동방치사건은 사실 영화보다 훨씬 더 끔찍하다. 각기 아버지가 다른 다섯 명의 아이를 낳은 엄마는 아이들의 출생신고조차 하지 않은 채, 수년간 집에 들어가지 않으면서 적은 생활비만 보조했다. 집에서 낳은 셋째가 병으로 사망하자, 악취제거제와 함께 벽장에 두었고, 엄마가 아이들을 방치하는 동안 막내는 큰아들의 친구들에게 괴롭힘을 당하다가 죽게 되었다. 매스컴을 통해 사건의 참상이 세상에 알려지자 일본 전역이 발칵 뒤집혔다. 무책임한 아버지들과 엄마에게 버림받고 가까스로 살아남은 아이들의 흔적이 너무나 처참했기 때문이다. 결국 아이들의 엄마는 보호자 책임유기, 상해치사 및 시신유기죄로 기소되어 징역 3년에 집행유예 4년의 판결이 내려졌다. 아이들을 나 몰라라 하고 떠나갔던 여러 명의 아버지들에게도 책임을 묻고 벌을 주어야 마땅하지 않았을까.

PS — 30년이 지난 지금, 그때 살아남은 아이들은 어디서 어떤 모습으로 살아가고 있을까 걱정스러운 마음이 든다. "엄마 아빠가 지켜주지 못해서 미안해, 무서웠지? 엄마 아빠가 안아줄게, 편히 쉬어"라는 관계회복의 말을 나중에라도 듣지 못했을 것 같아서 말이다.

자기돌봄

자기돌봄이란 스트레스 상황에서 자신에게 필요한 것을 스스로 알아차리고, 필요한 것을 자신에게 스스로 제공하는 행위를 말한다. 궁극적으로는 자신에게 긍정적인 효과를 주는 행동이어야 한다. 즉, 자기돌봄을 제대로 하는 건, 자신을 기분 좋은 상태, 행복한 상태로 만드는 것이다. 사실 이러한 자기돌봄은 생애 초기에 양육자로부터 어떤 돌봄을 받느냐에 따라 습득하게 된다. 양육자의 섬세한 돌봄을 통해 아기는 자신이 소중한 사람으로 대접받고 이해받는 기분을 느낀다. 즉, 아기는 스스로가 아니라, 양육자를 통해서 '나는 이대로도 소중하고 괜찮은 존재'라는 경험을 처음 하게 되는 것이다. 아기가 양육자로부터 편안함, 안정감을 경험하게 되면, 이는 나중에 성인이 되었을 때 스스로 자신을 돌보는 능력의 토대가 된다. 그리고 그 이후의 삶에서 생겨난 트라우마를 견딜 수 있는 회복탄력성이 강해졌다는 것을 의미한다.

그런데 불안정한 애착관계를 형성한 아기들은 그것이 학대건 방임이건 간에, 자신들이 겪는 불편함과 불안을 양육자가 알아채지 못한다는 것을 경험하게 된다. 아이들은 어떻게든 양육자의 학대와 방임을 멈추게 하고 싶고, 또 그들의 관심과 애정을 받고 싶지만, 사실 스스로 아무것도 할 수 없다는 것을 눈치채게 된다. 이는 아이에게 매우 충격적인 현실 인식이다.

결국 그런 상황에 놓인 아기들은 자신의 욕구*need*를 억누르고 오히려 양육자의 욕구가 무엇인지 알아차리고 거기에 맞추려고 필사적으로 노력하게 된다. 자신의 욕구를 마취시키고 양육자의 욕구에 굴복하는 것이다. 이러한 시간이 오래 지날수록 아기는 양육자의 욕구가 자기 자신의 욕구라고 굳게 믿게 된다.

이런 믿음을 갖고 성장하게 되면, 당연히 자기 자신을 돌보기보다는 스스로를 괴롭히고 달달 볶는 성향이 강해진다. 아무리 힘들고 지쳐도 자신을 달달 볶고, 더 채찍질한다. 힘들고 지친 자신을 돌보기보다는 미워하고 비난하는 것에만 익숙해진다. 이들은 자기돌봄을 배워본 적이 없기 때문에 자신을 괴롭히는 것이 자신을 돌보는 것이라고 오해한다. 그러다 보니 자신에게 관대해지고 자신을 조금 더 사랑해보자는 말의 의미를 거의 이해하지 못한다. 지치고 힘든 자신을 구체적으로 어떻게 돌봐야 하는 건지 전혀 알지 못한다. 게다가 자신에게 관대해지면 그것이 돌이킬 수 없이 나태해지는 것이고, 자신을 사랑하는 것은 매우 이기적인 것이라는 잘못된 믿음도 꽤나 견고하다. 자기돌봄을 조금이라도 하려고 하면, 넌 그럴 자격이 없다는 비난의 소리가 내면에서 크게 울려 퍼져 자기돌봄을 방해하기도 한다. 스트레스 상황에서 자기조절, 자기위안의 능력이 현저히 떨어지는 것이 당연하다. 결국 트라우마에 대처하는 저항력과 회복력이 떨어져 있기 때문에 외상 후 스트레스 장애에 걸릴 확률이 높아진다는 이야기이다.

먼저 무엇이 올바른 자기돌봄인지 제대로 이해하고, 자신에게 가장 적합한 자기돌봄의 행동에는 어떤 것들이 있는지 잘 찾아봐야 한다. 갑자기 스스로를 돌보자니 어색하고 멋쩍을 수도 있다. 자기돌봄을 잘하려면 아무래도 시간이 필요하고 연습이 필요하다. 그리고 때로는 다른 사람의 도움이 필요하기도 하다.

진짜 자기돌봄(진정으로 자신을 유익하게 만드는 것)

- 몸에 에너지를 충전시키고 정신을 환기시키는 음식을 충분히 섭취하기
- 충분한 휴식과 충분한 수면 취하기
- 거품 목욕하기, 마사지하기
- 가능한 한 몸을 많이 움직이기, 좋아하는 운동하기(스트레칭, 요가, 필라테스 등)
- 경계를 분명히 하여 "NO"라고 말하기
- 자기 자신에게 먼저 친절하기
- 자기 자신에게 긍정적인 말해주기("괜찮아", "잘했어!", "충분해", "이

제 좀 쉬어도 돼!")

· 편안하고 즐거운 친구들과 만나기
· 정말 좋아하고 관심이 가는 취미생활에 몰입하기
· 심호흡하며 자신의 신체감각에 집중하기
· 명상하기, 종교 갖기
· 반려동물 키우기
· 큰 소리 내어 맘껏 울기, 큰 소리 내어 맘껏 웃기

가짜 자기돌봄(결국은 자신에게 손해가 되는 것)

· 과도한 다이어트
· 술
· 게임
· 도박
· 식욕억제제 혹은 변비약 복용
· 잠을 적게 자려고 하는 것
· 쉬지 않으려고 하는 것
· 완벽주의에 집착하는 것
· 자기비난
· 자신을 다그쳐가면서 동기를 부여하는 것
· 좋은 사람으로 보이기 위해 "NO"라고 말하지 못하는 것

- 혼자 고립될 것이 두려워 억지로 다른 사람들에게 맞추려고 하는 것
- 신체불만족을 해결하기 위한 잦은 성형수술
- 기분 전환을 위해 물건을 너무 자주 쇼핑하는 것
- 외로움을 달래기 위해 이성에게 지나치게 집착하는 것

다시 한 번 강조하지만 자기돌봄은 타인에게 불쾌감을 주는 이기적인 태도나 행동을 말하는 것이 절대 아니다. 자기돌봄은 말 그대로 자기 스스로를 아껴주는 태도이다. 이는 결국 회복탄력성을 강화시켜 문제 상황에 잘 대처할 수 있도록 해주는 것이다. 우리는 모두 스스로를 돌볼 자격이 있다!

만약 지금 아무런 자기돌봄도 할 수 없는 상태라고 한다면, 당신은 지금 과도하게 불안해하고 있거나 긴장되어 있는 경계 상태일 가능성이 높다. 자기돌봄은 일단 편안해야 할 수 있는 것이다. 자기돌봄을 할 수 없을 때 당신이 가장 먼저 해야 할 일은 자신에게 편안함을 주는 것이 무엇인지 찾아보고, 그것에 가깝게 다가가는 일이다.

아동기 트라우마

아이, 토냐

감독 크레이그 길레스피 ○ 미국 ○ 2017
주연 마고 로비, 서배스천 스탠

나를 사랑하지 않는 엄마

"아이들은 생물학적인 본능에 따라 애착관계를 형성하려 한다. 이는 선택의 여지가 없는 일이다."

존 볼비, 애착이론의 창시자

이 세상에 갓 태어난 아기의 마음은 새하얀 백지에 가깝다. 아기는 그저 생존에 필요한 것을 엄마로부터 얻어내기 위해 울기도 하고 웃기도 하고 좌절하기도 하고 투쟁하기도 한다. 이 과정에서 엄마와 어떤 상호작용을 가지느냐에 따라 아기의 마음에 평화롭고 안정적인 그림이 그려질 것이냐, 불안과 분노가 가득 찬 그림이 그려질 것이냐가 결정된다. 아기가 필요로 하는 것을 알아차리고, "아! 이거였구나!" 하고 반영해주며, "그래, 그래, 괜찮아"라고 정당화시켜주는 엄마의 공감 능력은 아기의 내면세계가 안정적으로 성장하도록 견인하는 강력한 에너지다. 아기는 자신을 돌봐주는 중요한 어른이 자신을 바라봐주는 방식으로 자신을 바라보게 된다. 즉, 부모에 의해 취급되어진 방식에 따라 그들이 자신을 어떻게 바라보고 어떻게 돌볼 것인지가 결정된다. 부모가 아기를 사랑스럽게 바라보며 아이의 요구에 정확히 반영해준다면, 아이는 스스로를 가치 있는 인간으로 인식할 수 있게 되고, 자신이 원하는 것을 알아채고 현실적으로 이를 이루어나가는 방법을 알게 된다.

※ 자기애적 엄마

아기를 보호하고 양육하려는 모성은 엄마들의 보편적 속성이다. 그러나 공감 능력과 감정을 달래주는 능력은 분명 모든 엄마마다 다를 것이다. 다양한 이유들(우울증, 불안증, 부부갈등, 고부갈등 같은 정서적 문제들이 가장 흔하다)로 공감하고 달래는 것이 잘 되지 않는 엄마도 상당히 많다. 이런 엄마는 자신이 힘들다 보니, 아기가 필요로 하는 것을 알아채지 못하고 아기의 울음이나 투정을 잘못 해석하는 경향이 있다. 아기가 울고 투정을 부리면, 쉽게 흥분하고 짜증내다가, 급기야 아기가 욕심이 많고 성질이 나쁘다고 믿게 된다. 아기를 달래고 다독이는 것이 아니라 오히려 아기에게 과도하게 창피를 주고 아기의 바람을 좌절시킨다. 특히 엄마 자신이 겪은 트라우마가 많은 경우, 아기의 울음소리와 투정소리는 엄마의 트라우마 기억을 자극하여 엄마 내면에 두려움과 불편을 불러일으키는 촉발요인이 될 수도 있다. 결국 엄마는 자신의 두려움과 불편을 해소하기 위한 수단으로 아기를 자기 맘대로 조정하기 시작한다. 아기의 눈앞에 '충분히 좋은 엄마' 대신 '자기애적 엄마*narcissistic mother*'가 등장하게 된다. (물론 자기애적 아버지*narcissistic father*의 존재도 아기에게 많은 트라우마를 준다.)

영화 〈아이, 토냐〉는 세계적인 악녀로 유명해진 피겨스케이팅 선수 토냐 하딩의 이야기를 담고 있다. 토냐 하딩은 1991년 미국 여성 피겨스케이팅 선수 중 최초로 고난이도의 트리플 악셀에 성공하면서 대중의 인기를 끌게 된다. 그런데 1994년 하딩의 강력한 라이벌이었던 낸시 캐리건이 괴한의 습격을 받아 무릎 부상을 당하는 사건이 일어난다. 이 사건에 하딩이 연루되었다는 소식이 전해지면서 미국뿐 아니라 전 세계가 경악을 금치 못한다. 이후 토냐 하딩이 실제로 사건에 연루되었다는 증거들이 하나둘씩 나오면서 결국 스케이팅계에서 영구 추방당하고 만다.

영화는 미국에서 악녀를 대표하는 이미지를 갖게 된 토냐 하딩의 성장 배경을 주변 사람들의 증언을 토대로 흥미롭게 보여주고 있다. 아마 여러분도 영화를 다 보고 나면 그녀가 그리 미운 악녀로만 보이지는 않을 것이다. 왜냐? 진정한 악녀가 무엇인지를 그녀의 엄마가 생생하게 보여주고 있기 때문이다. 토냐 하딩의 엄마 역을 맡은 배우 앨리슨 제니는 이 영화에서 보여준 눈부신 연기로 아카데미 조연상을 수상했다.

※ 양육자의 폭언과 폭행

영화 속 토냐의 어린 시절은 일반적인 상식으로는 상상할 수 없을 정도로 참혹한 학대의 나날들이었다. 가해자는 바로 지독히 자기애적인 엄마였다. 남편을 수시로 갈아치우는 그녀는 남편에게 얻어낼 수 없었던 것을 어린 토냐에게 보상받아야겠다고 일찌감치 마음을 굳힌 것 같다. 그녀는 토냐를 그야말로 자기 맘대로 굴린다. 물론 자신은 모든 것을 다 희생하여 딸을 스케이팅 선수로 키웠다고 강변한다("널 위해 내 모든 것을 다 희생했다"는 말은 이 세상 모든 자기애적 엄마들이 공통으로 애용하는 대사다). 하지만 실제로 그녀는 남편에게 할 수 없는 분풀이를 토냐에게 뿜어내고, 남편에게 받지 못한 것을 얻어내기 위해 겨우 네 살 된 토냐의 손을 끌고 스케이팅장으로 데려간다.

물론 본인 역시 팍팍한 인생을 살아왔기 때문이겠지만, 자기애적 엄마는 어린 딸이 필요로 하는 것을 이해해보려는 마음의 여유가 전혀 없다. 무엇보다도 자신의 결핍을 충족시키는 것이 가장 급급했기에 딸을 맘대로 조종하고 통제한다. 이런 엄마에게라도 인정받겠다고 낑낑대며 나름 필사적으로 스케이트를 타는 어린 토냐에게 엄마가 하는 말을 한번 감상해보자.

"넌 너무 평범해", "넌 특별한 게 없어", "그게 노력한 거니?", "넌 물러 터졌어!", "엄마 그냥 집에 간다", "넌 못해!", "너 진짜 못생겼다!"

엄마로서 딸에게 이처럼 완벽히 수치심만 일으키는 말만 골라서 하기도 힘들 것 같다. 한술 더 떠서 토냐가 다른 또래 친구라도 사귈라치면 모든 친구는 적이라고 설교를 하고, 소변이 급하다고 해도 스케이트장 사용 시간이 아까워 화장실도 보내지 않아 빙판에서 실례를 하게 만든다. 지켜보는 이들의 이목이 많은 스케이트장에서도 이 정도였으니 딸과 단둘이 있는 집에서는 과연 어땠을까? 폭언과 폭행은 아침, 점심, 저녁 일상다반사이지 않았을까? 어린 토냐는 학대를 평범한 일과로 받아들였을 것이고, 그건 그저 자신이 부족하고 못나서 일어나는 당연한 결과라고 믿었을지도 모른다.

※ 내재화된 가해자의 목소리

폭력적인 자기애적 엄마와 같이 살다 보면 아이의 내면에는 대개 심각한 갈등이 일어나게 되어 있다. 엄마가 두렵고 무서워서 피하고 싶은 마음도 생겨나고, 그런 엄마에게 맞서 싸우고 싶은 분노의 마음도 생길 것이다. 그리고 동시에 자신에게는 아직 대항할 힘이 없다는 것을 자각하고 생존하기 위해 필사적으로 눈치를 보며 엄마에게 순종하려는 마음도 생겨난다. 동일한 대상에게 두려움과 분노와 순종의 감정을 동시에 갖게 된다는 것은 상상 이상으로 괴롭고 혼란스러운 일이다. 결국 아이는 엄마에게 화가 나는 마음이 커질수록 이를 억제해야만 생존할 수 있기 때문에, 점점 엄마에게 순종하려는 마음이 의식의 전면을 차지하게 된다. 결국 아이는 자신의 절실한 욕구는 억누르고 엄마의 말도 안 되는 요구에 억지로라도 맞추려고 노력하게 된다. 이 어려운 노력을 가장 효율적으로 실행하는 방법 중 하나가 엄마가 소리치는 비난의 소리("넌 한심해! 넌 못 할 거야!")를 그대로 고스란히 자신의 내면에 받아들이는 것이다. 이를 전문 용어로 가해자의 내재화*introjection of perpetrator*라고 하며, 실제로 아이들의 내면에서 흔히 일어나는 현상이다.

양육자의 비난이 내재화되면 폭력적인 실제 양육자에게 야단맞기 전에 먼저 아이의 내면에서 비난하는 소리가 자신을 선제공격한다. 그러면 아이는 양육자에게 실제로 야단맞기 전에 미리 정신을 차리고 양육자가 원하는 대로 행동하게 된다. 이러한 가해자의 내재화는 생존하기 위한 본능적인 방어기전으로 어린아이가 학대에서 살아남기 위해서 하는 최선의 선택이다. 문제는 어릴 때 내재화된 가해자의 소리가 한참 세월이 흘러 성인이 되어서도 큰 영향을 미친다는 것이다. 성인으로서 자신의 행복과 성장을 위한 행동을 하려고 할 때마다, 혹은 양육자로부터 독립적인 삶을 살려고 할 때마다, "넌 정말 한심하고 무가치한 존재야. 어차피 네 힘으로 할 수 있는 것은 없어. 그러니 내가 하는 말이나 잘 들어"라는 내재화된 가해자의 소리는 의식적으로든 무의식적으로든 어린 시절과 똑같은 강력한 영향력을 발휘한다. 심지어는 가해자가 죽은 뒤에도 쉽게 영향력을 내려놓지 않는 경우도 많다. 그래서 아무리 필사적인 노력을 해도 열등감, 수치심, 자기비하를 쉽게 떨쳐내기 어려울 때가 많다.

※ 성인이 된 후에도 가해자의 내재화는 계속된다

토냐는 세계 최초로 트리플 악셀에 성공했지만 이후 중요한 대회에 나가게 되어도 실력을 제대로 발휘할 수 없었다. 초 일류급 선수임에도 불구하고 늘 초조해하고 자신 없어 하고 자신에게 불만족스러워했던 그녀를 어떻게 설명해야 할까. 토냐는 사고만 일으키는 폭력적인 남편과도 쉽게 헤어지지 못했다. 왜 그녀는 해만 끼치는 남편으로부터 자신을 보호하지 못했을까? 아마도 그녀의 내면에 계속 남아 있는 자기애적 엄마의 비난이 영향을 미쳤기 때문은 아니었을까?

"넌 정말 별것 아닌 존재야. 네 힘으로 할 수 있는 것은 어차피 없어."

어려서부터 엄마로부터 반복되어 전달된 이 메시지는 토냐의 뇌 안에 깊게 각인되었을 것이다. 안타깝게도 이 비난의 메시지는 그녀가 가치 있는 삶, 원하는 삶을 선택하려 할 때마다 기어코 그녀를 좌절시켰다. 스포츠 선수로서의 성공도, 결혼 생활에서의 행복도, 내면의 평온도, 그녀는 얻을 수가 없었던 것이다.

어느 날, 정신적으로 힘들어진 토냐는 엄마를 찾아가 지푸라기라도 잡고 싶은 심정으로 울먹이며 물어본다.

"엄마는 날 사랑하기는 했어?"

그런 토냐에게 엄마는 비아냥거린다.

"소냐 헤니의 엄마가 소냐를 사랑했을까?(소냐 헤니: 노르웨이 태생의 미국 피겨스케이팅 선수) 개떡 같은 소리 하고 있네! 난 집에서 요리만 하지 않고 널 챔피언으로 만들었어. 그토록 네 원망을 들으면서도 난 참고 인내하며 엄마로서 희생한 거라고. 나도 나 같은 엄마가 있었으면 좋겠다. 도대체 다정한 것이 무슨 쓸모가 있니?"

이 장면에서 토냐가 진정 불쌍한 어린아이로 보인다.

PS — 다음은 전에 상담했던 환자가 내게 들려준 이야기이다. 상담을 하는 내내, 환자와 토냐 하딩의 심정이 너무나 비슷하다는 생각이 들었다.

"어려서 엄마는 날 외갓집에 맡기고 멀리 돌아다니다가 어쩌다 한 번씩 집에 왔어요. 난 집에 혼자 남겨지는 것이 너무나 두려워 떠나려는 엄마에게 무작정 매달렸지요. 그런 내게 엄마는 혹이라며 화를 냈어요. 그래도 내가 죽기 살기로 매달리면 어쩔 수 없었는지, 엄마는 우는 날 끌고 돌아다녔지요. 다행이다 싶었는데, 발가락마다 물집이 생길 정도로 하루 종일 난 엄마를 따라 걸어야 했어요. 내가 다리 아프다고 하면 엄마는 날 똥통에 빠트리겠다고 소리 질렀어요. 난 너무나 비참했고, 수치스러웠고, 동시에 화가 났어요. 엄마는 내 마음을 전혀 살펴주지 않았고, 내 몸 상태에도 전혀 관심이 없었어요. 그저 먹고살아야 하니 돈을 벌어야 한다는 이야기만 반복했죠. '나는 열다섯 살이 아니라 겨우 다섯 살이라고! 왜 내가 엄마 혹이야? 난 엄마가 돌봐야 하는 자식이라고! 날 좀 봐가면서 다녀야 하는 거 아니야? 나를 낳았으면 엄마가 그 정도는 감수해야지!'라고 악을 쓰고 싶을 만큼 억울하고 화가 났지만, 엄마 곁에 남아 있기 위해 난 내 감정을 참고 억눌러야 했어요. 그러고 엄마 눈치를 살피며 엄마에게 다가가려고 했죠. 그런 상반된 감정을 갖고 있는 상황 자체가 너무나 혼란스러웠어요. 그런데 어느 날, 갑자기 이런 생각이 내 머릿속으로 들어왔어요. '넌 어차피 아무것도 할 수 없는 아이야. 그러니 다 포기하고 엄마 말이나 잘 들어. 그래야 엄마가 널 좋아하지!' 그때부터 난 엄마 눈치를 보고 엄마 마음에 드는 착한 딸로 살기로 마음먹었어요."

결국 자기애적 엄마 곁에서 살아남기 위해, 아이는 필사적으로 자기의 욕구를 무시하고 정당한 분노를 억압해야만 한다. 그리고 엄마로부터 오는 비판을 그대로 받아들이고, 엄마의 요구를 먼저 생각해야 한다. 정말 눈물 나는 발버둥이고 몸부림이다.

파괴적인 자아상태

어린 시절 강렬한 트라우마를 받게 되면, 아이의 내면에서는 트라우마로 인한 고통을 줄이기 위해 파괴적인 자아상태*destructive ego state*가 생겨난다. 좀 이상하게 들릴 수도 있지만, 아이 입장에서는 계속해서 일어나는 트라우마로 공포와 불안을 잠시라도 잊기 위해 자기파괴적인 자아상태를 만들어야 한다. 그런 의미에서 자신을 보호하는 기능을 갖고 있다고 할 수 있다.

가장 흔한 형태의 자기파괴적인 자아상태는 내면의 비난*inner critics*이다. 엄격한 완벽주의나 높은 도덕적 가치를 가진 내면의 비난자는 계속해서 아이를 비난한다. '넌 무능력해!', '넌 한심해!', '이대로의 넌 사랑받을 가치가 없어!' 아이는 비난하는 내면의 소리에 시달리면서 끊임없이 노력한다. 자책하며 노력하는 동안만큼은 조금이라도 공포와 불안을 덜 느낄 수 있기 때문이다.

그다음으로 흔한 자기파괴적인 자아상태는 공격적인 자아상태*aggressive ego state*이다. 이 자아상태는 조금이라도 무시당하거나 수치심을 느끼면, 불같이 극단적인 형태로 화부터 낸다. 과도한 분노폭발로 인해 주변 사람들과의 관계가 모두 단절되지만, 그래도 공포와 불안으로 인해 생긴 무기력감을 잠시 잊을 수 있기 때문이다. 자해하는 자아상태*self-harming ego state*는 공격적인 자아상태의 변형이라고 할 수 있다. 팔목이나 허벅지에 상처를 내고, 폭음을 하고 난 뒤 실수하거나 다치고, 음식을 폭식하고 구토하는 행위 등은 자해를 하는 자아상태가 보이는 행동들이라고 할 수 있다. 자해하면서, 즉 자신을 공격함으로써, 무기력감과 공포를 마취시킬 수 있기 때문이다.

권력과 통제력에 집착하는 자아상태*power obsessed ego state*도 자기파괴적인 자아상태 중 하나이다. 이는 트라우마 상황에서 무장해제당하고 무기력하게 당하는 공포로부터 벗어나기 위해, 끝없이 주변에 권력과 통제력을 행사하려는 자아상태이다. 이런 자아상태가 활성화되어 있는 사람 중에는 사업이나 정치로 성공한 사람이 많다. 자신의 분야에서는 비록 성공하였을지 모르나, 주변 사람들과 전혀 타협할 줄을 모르고 오로지 자기 자신만이 옳다고 믿으며 주변을 자기 맘대로 통제하려 한다. 이들의 삶은 점점 고립되어 황폐해져 갈 뿐이지만, 적어도 불안과 공포는 느끼지 않기 때문에 권력과 통제력에 끝없이 집착한다.

자기파괴적인 자아상태의 가장 극단적인 형태는 가해자를 그대로 내재화하는 것이다. 이는 한마디로 가해자와 똑같은 생각과 행동을 하는 자아상태이다. 앞에서도 이야기했듯이, 외부의 가해자에게 계속해서 꼼짝 못 하고 당하는 것이 괴로우니, 차라리 내면에서 가해자와 똑같은 모습을 한 형상을 만들어서 자기 자신을 선제공격하는 것이다. 내면의 비난자가 엄격한 잣대를 들이대며 "넌 맞아야 해!", "넌 살 가치가 없어!"라고 소리친다. 술에 취한 폭력적인 부모의 모습이 내재화되어 자신의 생각이라고 착각하기 때문이다. 가해자의 내재화는 알코올중독과 같은 심각한 문제가 있는 부모로부터 심한 폭력과 폭언을 당할 때 일어난다.

어린 시절 트라우마를 겪은 많은 사람들은 자기파괴적인 자아상태들 때문에 괴로워한다. 동시에 자기파괴적인 자아상태를 없애야만 한다고 생각한다. 주변의 사람들과 치료자들도 자기파괴적인 자아상태를 비난하고 없애려 한다. 그러나 다시 한 번 말하지만 여러 형태의 자기파괴적인 자아상태들도 사실은 다 나름의 이유가 있기 때문에, 그 역할을 포기하지 못하고 있는 것이다. 자기 파괴적인 자아상태들도 애초에는 험난하고 고통스러운 시간을 버티고 어떻게든 살아남기 위해 나타난 것이다. 비록 현재에도 계속 문제를 일으키면서 성장과 발전을 가로막고 있기는 하지만, 트라우마로 가장 고통받던 시기에 나타난 이후 쭉 자신을 보호하는 기능을 해오고 있는 것이다. 그런 의미에서 이해한다면, 생존을 하도록 도와왔던 자기파괴적인 자아상태들을 무조건 제거하려 해서는 안 된다. 왜 자기파괴적인 역할을 계속 해야 했는지를 먼저 이해하고 공감해야 한다. 물론 술을 퍼마시고 분노를 폭발시키고 자해하는 자기파괴적인 자아상태를 자신을 보호하기 위한 방법이었다고 이해하고 공감하는 것이 결코 쉬운 일은 아니다. 그러나 행동 이면에 있는 목소리를 귀 기울여 듣고 이해와 공감을 해준다면, 놀랍게도 오히려 자기파괴적인 행동이 사라지곤 한다. 누군가로부터 이해받으면 더 이상 문제 행동을 할 필요가 없어지기 때문이다.

케빈에 대하여

감독 린 램지 ○ 영국, 미국 ○ 2011

주연 틸다 스윈턴, 에즈라 밀러

공감회로의 결핍이 가져온 재앙

"과거에 무시당하고 상처받은 내면의 아이가
사람들이 겪는 모든 불행의 가장 큰 원인이다.
그래서 아이였을 때 제대로 채워지지 못한
욕구들의 상실을 슬퍼하는 것이야말로 치유의 시작이다."

존 브래드쇼*John Bradshaw*, 미국의 심리학자

《케빈에 대하여*We Need to Talk About Kevin*》라는 유명 원작 소설을 기반으로 만들어진 이 영화는 충격적인 소재로 관객과 평단으로부터 뜨거운 관심을 받은 것은 물론 많은 논란을 불러온 영화이기도 하다. 사실 소설에서는 가족 문제, 인종차별 문제, 총기소지 문제, 범죄 문제 등 현재 미국 사회가 안고 있는 다양한 사회 문제들을 폭넓게 다루고 있지만, 영화에서는 별다른 이유 없이 많은 사람을 살해한 사이코패스psychopath 케빈의 성장 과정에 초점이 맞추어져 있다. 케빈이 어떤 상황에서 태어나게 되었고, 성장하면서 가족 내에서 어떤 경험을 하게 되어 살인을 하게 되는지 소상히 보여준다. 사이코패스의 출현에 관여하는 여러 가지 원인들을 거두절미하고 오로지 케빈과 엄마와의 관계에 초점을 둔 점은 꽤나 설득력이 있어 흥미를 불러일으키지만, 한편으로는 부모의 마음을 심란하게 만드는 것 또한 사실이다. (케빈이라는 사이코패스의 원인에는 분명 '엄마'라는 요소만 있는 것은 아니다. 너무나 수많은, 여전히 우리가 깨닫지 못하는 요인들이 관여하고 있기 때문이다.)

※ 갑자기 부여된 엄마라는 책무

전 세계를 여행하는 자유분방한 여행자이면서, 동시에 여행업체의 운영자이기도 한 에바는 열정적으로 자신의 삶을 사는 성공한 커리어 우먼이다. 어느 날 에바는 여행지에서 만난 트럭운전사 프랭클린과 달콤한 사랑에 빠져 갑작스러운 결혼을 하게 된다. 그리고 결혼을 하자마자 곧바로 뜻하지 않은 임신을 한다. 영화 속에서는 에바가 우연히 임신한 것으로 나오지만, 소설 속 내용을 보면 프랭클린이 에바에게 결혼을 했으면 당연히 아이를 가져야 한다고 강력하게 요구하는 장면이 나온다. 에바는 남편의 주장을 거부하지 못하고 임신을 하게 된다. 사실 문제의 시작점은 여기에 있다고 할 수도 있다. 아내의 망설이는 마음을 헤아리지 못하고 사회적 관습과 자신이 바라는 대로 아내가 임신하는 것을 당연히 여겼던 남편. 내면에서 스스로 충분히 납득이 되고 준비가 되기 전에는 타인의 뜻에 따라 아이를 임신해서는 안 된다는 것을 몰랐던 에바. 케빈은 해결되지 않은 부부갈등이라는 문제 상황 속에서 잉태된 셈이다.

남편의 요구를 거절하지 못해 어쩔 수 없이 임신을 하기는 했지만, 자신이 진정으로 원했던 임신이 아니었기에 시간이 갈수록 에바는 임신 자체가 자신의 삶을 옥죄는 구속처럼 느껴져 답답해한다. 점점 커져가는 배 속의 아이가 전혀 반갑지 않았으니, 매우 혼란스러울 수밖에 없었을 것이다. 그런 혼란스러운 심리상태에서 아기를 낳고, 수유하고, 기저귀를 갈고, 씻기는 반복적인 양육 과정이 에바에게는 얼마나 괴롭고 힘든 시간이었을까?

에바는 점점 지치고 우울해졌다. 아마도 그녀는 아기에게 행복해서 웃는 얼굴보다는 시무룩하거나 짜증내는 표정을 더 많이 보였을 것이다. 일에 치여 늦게 집에 들어온 남편은 잠시 동안 아기를 보고 웃고 즐거워했을 테지만, 에바가 온 힘을 다해 감당해내고 있는 양육의 부담감을 덜어주기에는 역부족이었을 것이다. 아무도 그녀를 가까이에서 도와주지 않는 상황에서 그녀는 제대로 먹지도, 자지도, 씻지도, 쉬지도 못했을 것이다. 당연히 지쳐가는 에바는 아기의 웃음에 따뜻하고 반갑게 반응하지 못했다. 자기를 돌봐달라고 아기가 울기라도 하면, 그녀의 속마음은 '너 때문에 내 인생이 요 모양 요 꼴이 됐잖아!', '네가 내 인생을 망쳤어'라는 원망 어린 절규를 쏟아냈을 수도 있다. 그러나 막상 어린 아기에게 대놓고 큰소리칠 수는 없었을 테니, 결국 에바는 절망하며 아이와 마주쳐야 할 눈길을 허공으로 돌렸을 것이다. 이러한 정서적 공감의 부재는 케빈을 더 울부짖게 만들었고, 케빈의 울부짖음의 데시벨이 높아질수록 에바의 절망의 늪은 더욱더 깊어져 가는 악순환이 반복되었다.

이런 절망적인 상황 속에서 에바는 미래에 더 심각한 불행이 찾아오리란 사실을 아마 상상도 못 했을 것이다. 즉 말을 하지 못하는 어린 케빈의 뇌에서 공감신경회로와 충동조절회로가 성장을 멈추었다는 사실을 에바는 이때 전혀 알아차릴 수가 없었던 것이다. (에바의 우울증과 케빈의 예리한 울음소리를 전혀 눈치채지 못한 둔감한 남편 역시 문제가 점점 심각해지는 데 중요한 역할을 하고 있었음은 말할 것도 없다.)

※ 전전두엽의 기능 상실

사이코패스의 특징은 타인에 대한 공감 능력의 결핍, 감정조절의 어려움, 인간과 세상에 대한 원망과 분노감정이라고 할 수 있다. 해당 기능을 조절하는 뇌 부위 중 하나인 전전두엽이 제대로 성장하지 못했기 때문이다. 왜 하필 그 부위가 성장하지 못했을까? 우리의 팔과 다리 근육은 단백질, 필수 아미노산, 지방질, 무기질 같은 영양분으로 성장하는 반면, 공감 능력이나 감정조절 능력과 관련 있는 전전두엽의 발달은 놀랍게도 주된 양육자와의 안정적인 관계 속에서 전달되는 사랑과 애정을 먹고 성장하기 때문이다. 만약 어떠한 이유에서건 가장 중요한 시기에*critical period* 애착관계가 불안정해진다면 아이는 사랑과 애정에 굶주리게 되고, 채워지지 않는 정서적 굶주림은 두려움과 공포, 그리고 분노와 원망으로 채워질 수밖에 없다. 이런 극한적인 상황에서는 아이의 전전두엽 발달이 멈출 수밖에 없다. 우리 눈에는 보이지 않지만 이는 분명히 뇌 안에서 일어나고 있는 사실이다. 양육자의 학대와 무관심이 심할수록, 기간이 지속될수록, 아이의 뇌에 남는 후유증은 돌이킬 수 없을 만큼 치명적이다.

※ 줄어가는 충격 완화 자원

어떤 부모들은 "나도 어려서 심하게 맞고 자랐지만 학대받았다고 생각하지 않는다", "난 사랑을 충분히 받지 않았지만 방임이라고 생각해본 적이 없었다"고 말하면서, 왜 자신들이 아이에게 한 행동이 학대이고 방임인지 도저히 이해할 수가 없다는 말을 자주 한다. 충분히 일리 있는 말이다. 아이를 야단치거나 때리는 빈도와 양을 객관적으로만 따지면 이전 세대에 비해 지금의 부모들이 훨씬 적은 것은 사실이니까. 그리고 아이에게 애정과 관심을 보이는 빈도와 양도 이전 세대에 비하면 지금의 부모님들이 훨씬 많은 것 또한 사실이니까. 상식적으로 이해가 안 되는 것도 충분히 이해가 된다.

그러나 이런 상상을 한번 해보면 어떨까? 과거에는 아버지에게 심하게 야단을 맞을 경우, 방에서 야단맞다가 마당으로 도망갈 수도 있었고, 마을 어귀로 도망을 갈 수도 있었으며, 아버지가 소리치며 쫓아오면, 옆집 사는 아버지 친구가, 그 옆집 사는 할아버지가, 또 그 옆집 사는 삼촌이 뛰어나와 아버지를 말릴 수 있었다. 또 엄마가 생활에 지쳐 우울해하고 매일 울면서 아이들을 양육할 힘이 전혀 없었다면, 옆집 아줌마가, 그 옆집 사는 외할머니가, 또 그 옆집 사는 막내이모가 우울해하는 엄마를 달래고, 배고파하는 아이들에게 음식도 차려주었을 것이다. 아버지의 분노와 어머니의 외로움을 달래주는, 그리고 우는 아이들을 대신 보호해주고 위로해줄 수 있는 지역 사회의 지지 체계가 있었던 것이다.

그런데 지금의 가정은 어떠한가? 이웃과는 완전히 남남이고, 친척은 대개 멀리 떨어져 있다. 그야말로 핵가족화 시대이다. 가정 내에서 일어나는 학대와 방임의 충격을 완화시킬 수 있는 자원이 절대적으로 부족하다고 할 수 있다. 최근의 한 통계 조사에 의하면 지금으로부터 약 100여 년 전에는 아이가 하루 동안에 긴밀하게 만날 수 있는 가족이나 친지의 숫자가 10여 명이었다고 한다. 지금은 어떤가? 아이가 하루에 만날 수 있는 부모 외 가족이나 친지의 숫자는 보통 없거나 1명, 아주 운이 좋았을 때 2명이다. 아이가 믿고 의지할 수 있고 안정감과 애정과 보살핌을 얻을 수 있는 대상이 엄마 아빠 오로지 단 둘인 셈이다. 그러니 중요한 두 사람이 흔들릴 때, 아이가 받는 영향력은 상상 이상으로 치명적일 수밖에 없다. 길을 걸어가다가 사자를 만나면 싸우든지 도망가든지 죽은 척해야 한다. 그러나 하루 종일 으르렁거리는 사자와 좁은 방에서 살아가는 아이는 무엇을 할 수 있을까?

※ 비뚤어진 애착관계의 비극

엄마로부터 당연히 받아야 하는 사랑과 애정을 받지 못하고, 계속 거부당하며 자란 케빈의 마음은 엄마에 대한 불신감과 적대감으로 가득 차게 된다. 그렇다고 아직 엄마보다 힘이 약할 때 그런 감정들을 있는 그대로 다 표현했다가는 엄마에게 어떤 처벌을 받을지 모르고 버림받을 수도 있으니, 케빈은 은밀하고 우회적으로 엄마를 짜증나고 지치게 만든다. 아빠에게는 부정적인 자신의 감정을 숨기고 꽤나 착한 아들의 모습을 연기하면서, 한편으로는 엄마가 소중히 여기는 물건들을 모른 척 망가뜨리거나 엄마의 분노를 유발하는 행동만 일부러 반복한다. 비록 서툴더라도 에바는 나름대로 엄마 역할을 하려고 노력하지만, 케빈은 계속하여 비뚤어진 행동을 하면서 엄마가 고통스러워하는 모습을 보고 즐기는 무서운 아이로 성장해간다. 에바는 이후 둘째를 낳은 뒤 케빈에게도 전보다 더 나은 긍정적인 반응을 보이려고 애쓴다. 하지만 불행하게도 케빈은 엄마의 뒤늦은 사랑을 순진하게 환영하며 받아들일 신경회로가 전혀 준비되어 있지 않았다. 케빈의 내면에는 '어차피 저건 다 가짜야. 당신은 그저 날 사랑하는 척하는 거야'라는 엄마에 대한 근본적인 불신감과 '날 원하지 않았으면서 왜 나를 낳았어?'라는 근원적인 분노감만이 가득하였다. 케빈은 괴로워하는 엄마에게 무표정한 얼굴로 비아냥거린다.

"익숙한 거랑 좋아하는 거랑은 달라. 엄마는 그냥 나에게 익숙한 거야."

그러나 에바 역시 '네가 태어나기 전에 나는 더 행복했었어'라는 생각을 떨칠 수 없다. 억지로 사랑하는 척하는 엄마와 '당신은 날 처음부터 사랑하지 않았어'라는 불신감에 가득 찬 케빈 사이의 긴장감은 날이 갈수록 점점 팽팽해져 간다.

사실 케빈이 비아냥거리고 못되게 구는 것은 엄마의 진심을 시험해보기 위한 시도라고도 볼 수 있다. 오랫동안 날 싫어했다고 믿어왔던 엄마가 갑자기 애정을 보이며 다가오면 대개 아이들은 엄마의 의도를 의심하고 밀어낸다. 어찌 보면 지극히 당연한 거부반응이라고도 할 수 있다. 만약 에바가 케빈의 거부반응조차 인정해주고 한번 더 다가갔다면 어떻게 되었을까? "네가 그렇게 생각하고 있는 줄 몰랐어. 엄마가 뭔가 잘못했나 보네. 미안해. 엄마는 널 정말 사랑해"라고 뒤늦게나마 말해줬더라면 케빈의 마음속 응어리가 조금이라도 풀리지 않았을까?

결국 케빈은 자신의 열여섯 번째 생일을 앞두고 마치 자신의 비극적 탄생을 기념이라도 하듯이 실로 엄청난 사건을 저지른다. 학교 체육관 문을 자물쇠로 걸어 잠가 놓고 친구들이 도망가지 못하게 한 뒤, 화살로 한 명씩 한 명씩 인간 사냥을 한 것이다. 말도 안 되는 잔혹한 살인극의 직접적인 이유를 영화에서는 정확히 설명하지 않는다. 표면적으로 뚜렷한 이유가 없는 살인의 동기를 추측해본다면, 아마도 케빈의 무의식 내면에 오래전부터 자리 잡고 있던 어마어마한 에너지의 피해의식과 증오심이 갑작스럽게 분출되었기 때문일 것이다. 엄마의 사랑을 얻고자 하는 기본적인 욕구가 전혀 채워지지 않은 케빈에게는 주위에서 평범하게 살며 행복하게 웃는 모든 사람들이 다 증오의 대상이 되었을 것이다. 그들의 평범한 삶, 행복한 웃음, 자유로운 몸짓마저도 자신의 존재를 더 초라하게 만들었을 테니까 말이다.

케빈은 평소 강한 적개심을 보이지 않았던 아버지와 여동생마저도 죽였는데, 왜 정작 가장 증오하던 엄마는 죽이지 않았을까? 살아남은 엄마에게 계속 끔찍한 고통을 주기 위해서? 아니면 살아남은 자신을 돌보도록 하기 위해서? 아니면 언젠가 엄마로부터 받을지도 모를 관심과 사랑을 완전히 포기할 수 없었기에? 케빈의 의도대로 되었는지 모르겠지만, 소년원에 들어간 케빈의 삶보다 밖에서 살아남은 에바의 삶이 더 비참해 보이는 건 사실이다. 길거리에서 마주친 피해자의 부모로부터 갑작스럽게 얼굴을 가격당하거나, 에바를 혐오하는 주민들이 던진 페인트로 빨갛게 물든 벽을 걸레질하며 닦아낸다. 에바의 얼굴을 기억하는 사람들은 그를 볼 때마다 수군거리며 경멸한다. 에바는 도대체 이 지옥 같은 현실 속에서 어떻게 살아가야 할까? 본업이 여행가였으니 차라리 아무도 알아보는 사람이 없는 먼 나라로 떠나가면 좋으련만, 마치 자신이 감내해야 할 벌을 받는 사람처럼 케빈으로 인해 모든 것을 잃어버린 마을에서 치욕스러운 삶을 계속 이어간다.

에바는 시간이 날 때마다 틈틈이 집 안팎을 청소한다. 무릎을 꿇고 마룻바닥의 페인트를 박박 씻어내고, 면도날을 이용해 유리창의 페인트를 벗겨낸다. 그러고는 케빈의 방을 깔끔히 정리한다. 그곳에서 언젠가 세상 밖으로 나올 케빈을 기다리고 있는 걸까? 아니면 케빈에게 왜 그런 일이 일어날 수밖에 없었는지, 이제라도 케빈을 위해 무엇을 할 수 있는지 해답을 찾고 있는지도 모르겠다. 어쩌면 그에 대한 해답은 우리 모두가 고민하여 찾아내야 할 과제일 것이다.

PS — 영화의 마지막 장면에서 에바가 케빈에게 "왜 그랬니?"라고 물어보자 케빈은 무심한 표정으로 "알고 있다고 생각했는데, 이젠 나도 모르겠어"라고 대답한다. 아마 케빈 자신조차도 그 답을 명확히 모르고 있을 가능성이 높다. 소설 속 에바의 마지막 대사는 "나도 미안해 케빈. 나도 미안해"이다. 나는 이 말이 훨씬 더 의미 있게 케빈에게 영향을 주었을 것이라고 생각한다. 비록 에바의 잘못이 아니라고 할지라도 말이다.

반사회적 인격장애와 사이코패스의 차이

모든 사이코패스는 반사회적 인격장애자이지만, 모든 반사회적 인격장애자가 사이코패스는 아니다. 일반적으로 반사회적 인격장애*antisocial personality disorder*와 사이코패스를 같은 의미로 사용하는데, 사실 둘은 약간 다르다. 반사회적 인격장애는 겉으로 드러나는 문제 행동에 초점을 맞춘 정신질환의 정식 명칭이라고 한다면, 사이코패스는 타인에 대한 공감의 결여, 철저한 자기중심성, 냉정한 태도 등과 같은 심리적 특징에 초점을 맞춘 말이다. 반사회적 인격장애가 조금 더 포괄적인 개념이라고 한다면, 사이코패스는 조금 더 제한적이고 협소한 개념이라고 할 수 있다. 그래서 어떤 학자들은 반사회적 인격장애자 중에서 일부만이 사이코패스라고 한다. 즉, 교도소에 수감된 범죄자들 중에서 50~80%를 반사회적 인격장애로 진단할 수 있는데, 이들 중에서 진정한 사이코패스는 15%라고 한다.

2013년도에 미국정신의학회에서 개정한 정신장애 진단 및 통계편람 제5판*DSM-5*에 따른 반사회적 인격장애의 진단 기준은 다음과 같다.

A. 15세 이후에 시작. 다른 사람의 권리를 무시하고 침해하는 행동 양상을 보이는데, 다음 중 세 가지 이상의 항목에 해당되어야 한다.

1. 반복적인 범법행위로 체포되는 등 법률적, 사회적 규범을 따르지 않는다.
2. 거짓말을 반복하거나 가명을 사용하거나 자신의 이익이나 쾌락을 위해 다른 사람을 속이는 사기성이 있다.
3. 충동적이거나 미리 계획을 세우지 않고 행동한다.
4. 쉽게 흥분하고 공격적이어서 신체적인 싸움이나 타인을 공격하는 일을 반복한다.
5. 자신이나 타인의 안전을 무모하게 무시한다.
6. 시종일관 무책임하다. 일정한 직업을 유지하지 못하고, 재정적 책임을 다하지 못한다.
7. 다른 사람에게 해를 입히거나 학대한다. 다른 사람의 물건을 훔치는 것에 양심의 가책을 느끼지 않는다.

B. 진단 당시 최소한 만 18세 이상이어야 한다.

C. 만 15세 이전에 품행장애*conduct disorder*가 시작된 증거가 있어야 한다.

D. 반사회적 행동이 조현병이나 양극성장애의 경과 중에만 발생한 것은 아니어야 한다.

위의 설명과 같이 반사회적 성격장애가 있는 사람은 대부분 어려서부터 눈에 띄는 사고를 많이 친다. 어려서부터 남을 괴롭히고, 싸움을 자주 하고, 물건을 훔치고, 기본적인 약속을 어기는 행동을 하여, 소년원과 교화원을 자주 들락날락거린다. 성인이 되어서도 사회에 적응이 어렵다 보니 직장생활에서 업무 능력이 부족하고, 인간관계에서 문제를 일으켜 자주 해고당한다. 또한 알코올중독, 약물중독, 도박중독, 성중독은 자주 동반되는 문제이다.

이와 달리 사이코패스는 자신의 문제와 감정을 비교적 잘 숨기고, 겉으로는 평범하게 행동을 할 수 있기 때문에 주변 사람들로부터 평소에는 얌전하고 예의 바르고 성실하다는 평가를 듣는 경우도 있다. 몇몇 사이코패스는 머리가 좋아 교육 수준이 높고, 사회적으로 성공했으며, 자신의 행동을 잘 통제할 수 있기 때문에, 어떤 반사회적인 문제 행동을 하고 난 뒤에 생길 후유증과 위험을 예측하고 계산할 줄 안다. 그래서 이들은 범행의 증거를 잘 감출 수 있다. 또한 언변이 좋아 주변 사람을 교묘하게 조정할 수도 있고, 거짓말도 능통하여 다른 사람을 잘 속일 수 있다. 겉으로 보기에는 매력적일 수도 있어 주변에 사람이 많을 수도 있지만, 공감성이 결여되어 있기 때문에 깊은 인간관계를 못 맺고 거의 대부분 혼자 지낸다.

이러한 특성을 감안해서 고려해보면, 아마도 영화 속 케빈은 사이코패스에 더 가깝다고 할 수 있을 것이다. 그의 범행은 충동조절의 미숙함에서 비롯된 것이라기보다는 타인에 대한 공감 능력의 결여, 죄책감의 결여, 그리고 지독한 자기중심적인 사고방식에서 비롯되었을 가능성이 높기 때문이다. 과연 그런 케빈에게 이제부터라도 긍정적인 변화가 일어날 수 있을까? 케빈의 뇌 속의 미분화된 분노조절회로와 공감회로가 제대로 다시 성장할 수 있을까? 휴! 케빈에 대해 이야기할수록 마음이 더 심란해진다.

똥파리

감독 양익준 ○ 한국 ○ 2008
주연 양익준, 김꽃비

폭력은 대를 잇는다

"트라우마가 초기일수록, 심할수록,
그리고 오래 지속되었을수록 훨씬 부정적이고
폭넓게 파급효과를 미치게 된다."

《트라우마 상담 및 심리치료의 원칙》, 존 브리에르·캐서린 스콧

2009년에 개봉한 영화 〈똥파리〉는 국내에서 개봉되기 이전에 이미 각종 해외 영화제에서 연이어 수상하며 관심을 불러 모았다. 양익준 감독은 영화 〈똥파리〉의 각본, 연출, 주연, 편집, 제작, 홍보까지 도맡았는데 제작 형편이 워낙 어려워 여러 차례 촬영 중단을 반복하다가 나중에는 자신의 전세 자금까지 빼내어 겨우 영화를 완성할 수 있었다고 한다. 어려움을 딛고 개봉한 〈똥파리〉는 의외로 많은 사람에게 사랑받아 우리나라 독립영화로서는 최초로 12만 명의 관객을 돌파했다. 대략 독립영화 관객 1만 명이 상업영화 100만 명과 비슷한 수치라고 한다니까 이 영화는 천만 관객 영화만큼이나 많은 사람들의 관심을 끌었다.

그런데 솔직히 이 영화 〈똥파리〉, 차분히 앉아서 관람하기에 꽤나 불편한 영화이다. 처음부터 끝까지 별다른 이유도 없이 독한 욕설과 폭력이 난무하기 때문에 고개가 절로 돌아가고 속이 거북해질 정도이다.

※ 가정폭력에 노출된 아이의 뇌

영화를 그저 관람하는 것만으로도 마음이 불편한데, 실제 높은 데시벨의 욕설과 폭력이 난무하는 환경에서 아이가 자란다면 도대체 아이의 뇌에서는 어떤 일이 일어나게 될까? 이해하기 쉽게 비유를 들자면, 총알과 포탄이 빗발치는 전쟁터에서 죽음의 공포에 덜덜덜 떨고 있는 햇병아리 신참 이등병의 뇌와 같다고 할 수 있을 것 같다. 아이의 입장에서는 〈아메리칸 스나이퍼〉와 〈바시르와 왈츠를〉처럼 실제 전쟁터와 같은 현실 속에서 사는 것과 마찬가지다. 매일매일 욕설과 폭력이 난무하는 가족 환경에 노출되어 있는 어린아이의 뇌는 거의 최고치 수준의 흥분과 각성 상태에 놓여 있다. 뇌가 극심하게 흥분된 상태로 오래 지속하다 보면 당연히 뇌에 여러 가지 후유증이 남는데, 그중 하나가 바로 신경인지 *neuroception*가 과도하게 예민해지는 것이다. 신경인지란 외부로부터 오는 자극이 안전한 것인지, 위험한 것인지, 혹은 매우 위협적인 것인지 무의식적으로 평가하는 능력을 말한다. 그러니까 신경인지 시스템은 외부 자극을 즉각적으로 평가해서 우리의 온몸으로 시그널을 보내주는 신호등의 기능을 하는 것이라고 할 수 있다. 초록색 불이 켜지면 안전, 노란색 불이 켜지면 위험, 빨간색 불이 켜지면 목숨이 위태로움이라는 신호일 것이다. 이 신경인지 시스템이 적절히 잘 작동하면 우리는 어떤 상황에서든 외부 자극의 위험도를 정확히 평가해 잘 대처할 수가 있다.

우리가 어둠 속에서 혼자 걷고 있는 상황을 생각해보자. 인기척을 느낄 때 흐릿해 보이는 상대방이 적인지 친구인지를 재빨리 구분해 초록이냐, 노랑이냐, 빨강이냐, 어떤 불빛의 신호등이 켜지느냐는 바로 우리의 생명과 직결된 문제이다. 적이 나타났는데 초록색 신호등이 켜져도 문제이지만, 아군이 나타났는데 노란색이나 빨간색 신호등이 켜지는 것도 심각한 문제이다. 어린 시절 폭력적인 가정환경에 노출된 어린아이의 예민해져 있는 신경인지 시스템은 외부로부터 오는 대부분의 자극을 무조건 노란색이나 빨간색 신호로 여기게 된다. 그러니까 조금만 스트레스나 갈등이 생기는 상황이 되면 상대가 어린아이나 노약자라 할지라도, 예민한 각성 상태에 놓여 있는 신경인지 시스템은 상대방을 무조건 위험한 적으로 간주하고 일단 흥분하라는 신호를 보낸다. 그러면 죽기 살기로 싸울 것인지 필사적으로 도망갈 것인지를 곧바로 선택해야 한다. 우선 싸우고 보자는 쪽으로 선택하는 데 익숙해지면, 분노폭발이 일상이 되고 항상 주변에 있는 모든 사람들을 경계하고 의심한다. 다른 사람에게 친절을 베풀거나 배려하는 행위, 친구를 믿고 의지하는 행위는 도저히 할 수 없게 된다. 결국은 폭력적인 가정환경에서 생존하기 위해 신경인지 시스템이 과도하게 예민해져 있는 것인데, 그 예민함이 계속 남아 오히려 사회 환경에서의 생존 아니, 공존을 어렵게 하는 셈이다.

※ 어린 자아의 왜곡된 성장

영화 속 주인공 상훈은 한마디로 통제되지 않는 야수와도 같은 존재다. 그의 폭력 성향은 거의 통제불능 상태로, 언제든지 폭발할 준비가 되어 있는 화약고와도 같다. 상대가 누구든 간에 주저하지 않고 욕질과 주먹질, 발길질을 먼저 한다. 그 특성을 잘 살려 악랄하게 사채 이자를 받아내는 용역업체 직원으로 일하면서, 돈을 갚지 못하는 딱한 처지의 채무자들을 찾아가 무자비하게 때리고 협박하여 돈을 받아내고야 만다. 눈곱만큼의 이해와 배려 없이, 밑도 끝도 없이 이 사람 저 사람을 무조건 때리고 또 때린다.

심지어 마음에 안 들면 같이 일하는 동료에게도 주먹다짐을 할 정도다. 도대체 어떤 환경에서 성장했기에 상훈은 저토록 폭력적인 인격을 갖게 되었을까?

이를 짐작케 하는 것은 15년 동안의 옥살이를 마치고 출소한 그의 아버지다. 상훈은 이미 나이가 들어 무기력하게 용서를 비는 아버지조차 인정사정없이 때리고 발로 차고 욕한다. 도저히 용납될 수 없고 용서받을 수 없는 패륜아의 행동이라고 할 수 있겠으나 상훈의 무자비한 폭력의 근원에는 15년 전 아버지로 인해 일어난 끔찍한 트라우마 사건이 자리 잡고 있다. 상훈의 뇌에서는 자신의 어린 시절을 지옥으로 만든 그날의 사건이 현재에서도 플래시백으로 생생하게 재현되고 있었다.

늘 있던 일이었겠지만, 15년 전 그날 상훈의 아버지는 술에 취해 집에 들어와 엄마를 폭행하고 있었다. 잔뜩 겁에 질린 어린 상훈은 방구석에 쭈그리고 앉아 꼼짝도 못 하고 있었는데, 초점을 잃은 그의 눈동자를 보면 완전히 공포에 얼어붙어 있는 상태라고 할 수 있다. 영화 속에서 겁에 질린 어린 상훈의 모습은 매우 인상적이다. 공포에 얼어붙는 것이 무엇인지 확실히 보여주고 있다. 다급해진 여동생이 아버지를 말리겠다고 나서다가, 술에 취한 아버지가 휘두른 칼에 찔리게 된다. 상훈은 피를 흘리며 쓰러진 여동생을 등에 업고 필사적으로 병원으로 달려가지만 이미 동생은 숨을 거둔 뒤였다. 엎친 데 덮친 격으로 병원으로 정신없이 뒤따라오던 상훈의 엄마도 교통사고로 한순간에 목숨을 잃는다.

엄마와 여동생은 갑작스럽게 죽고, 아버지는 감옥에 간 상황에서 홀로 자란 상훈의 내면에서는 도대체 무슨 일이 벌어졌을까? 아마도 오랜 시간 동안 엄마와 여동생을 지켜내지 못한 자기 자신을 한심한 겁쟁이라고 반복해서 자책하며, 아버지의 폭력 앞에서 두려움에 떨었던 무기력한 자신을 용서할 수가 없었을 것이다. 어린 자신을 지키기 위해, 그리고 약한 자신에게 벌을 주기 위해, 상훈의 내면에서는 분노하는 자아가 생겨나 성장한 것으로 보인다. 이는 어떤 면에서는 약한 자신을 보호하기 위한 어쩔 수 없는 정상적인 방어책이기도 하다. 조금이라도 망설이거나 약한 모습을 보였다가는 더 큰 위험에 처할 수 있으니, 두려움에 떠는 어린 자아는 무의식의 저 아래쪽으로 밀어내버리고, 난폭하게 분노하는 자아만이 상훈의 의식에서 성장하게 되었을 것이다. 살아남기 위해서라도 상훈의 분노하는 자아는 더 난폭하게 날뛰었다. 원초적으로 분노하는 자아의 힘을 빌려 그는 시간이 지날수록 점점 더 싸움에 능숙해지고, 주먹질과 발길질은 점점 더 익숙해졌을 것이다. 예민할 대로 예민해진 그의 신경인지 시스템은 주변 사람을 모두 위험한 적으로 판단하고, 뇌의 분노조절장치는 이미 고장 난 상태이니, 그의 잦은 폭력 행위는 결국 통제 불가 상태에 다다랐다.

※ 긍정 기억은 회복의 토대가 된다

일관된 분노와 폭력만 보여주던 상훈에게 정말 이해하기 힘든 정반대의 행동 패턴이 나타날 때가 있었는데, 그것은 배다른 누이의 아들, 즉 조카 형인을 대할 때의 모습이다. 비록 어린 조카에게 험한 말을 하기는 하지만 삼촌으로서의 따스한 애정과 관심이 도무지 숨겨지지 않는다. 상훈은 조카와 함께 있을 때만은 신경인지 시스템의 신호가 초록색으로 변해 안전감을 느낄 수가 있었다. 다른 사람에게 절대로 보이지 않던 따뜻한 인간의 정을 조카에게 보인다. 그래서 상훈은 거친 삼촌 앞에서 쭈뼛거리며 위축되어 있는 조카를 즐겁게 해주려고 실로 안간힘을 다 쓴다. 이는 악독한 상훈의 마음속 한구석에도 아주 작지만 따스한 온기가 살짝 남아 있다는 것을 보여주는 매우 중요한 신호이다. 만약 조카에게마저도 상훈이 무자비한 욕설과 폭력을 보였다면, 생각만 해도 끔찍하다. 그런데 상훈을 자세히 보면 겉으로 대놓고 욕설을 퍼붓고 화를 내도, 그 이면에 따스한 온기가 남아 있는 인간관계가 더 있다는 것을 알 수 있다. 배다른 누이 현서와 오랜 친구 만식과의 관계에서다. 그들과 함께할 때도 상훈의 신경인지 시스템에 초록색 불이 슬그머니 켜지는 것을 알 수 있다. 개인적으로 영화에서 은근히 마음이 끌리는 부분은 용역업체 사장이자 오랜 친구인 만식이와 상훈 사이의 우정이다. 서로 험악한 쌍욕을 하고 다투면서도 둘 사이에는 선한 우정이 존재하는 것이 분명히 느껴진다. 그러고 보면 상훈의 내면에는 몇 개의 초록색 신호가 있었던 셈이다.

그런 상훈의 삶에 어느 날 여고생 연희가 나타난다. 연희도 상훈에게 지지 않을 만큼 불행한 가정환경 속에서 자랐다. 아버지는 베트남전 참전 후유증으로 정신병(아마도 외상 후 스트레스 장애)을 앓고 있었고, 포장마차를 하며 어렵게 가정을 꾸려나가던 어머니는 용역 깡패의 쇠파이프에 맞아 숨지고, 비뚤어진 남동생은 연희에게 끊임없이 돈을 요구하며 욕지거리와 폭력을 휘두른다. 연희 역시 끔찍한 전쟁터 같은 가정환경에서 겨우겨우 버티며 살고 있었다. 그런데 다행히도 연희는 분노와 폭력의 화신은 아니었다. 아직 세상살이를 모르는 고등학생임에도 불구하고 비뚤어지지 않고 어려운 가정을 꾸려나가려고 어떻게든 애를 쓴다. 그런 연희에게 상훈은 점점 묘한 동질감과 연민의 감정을 느낀다. 구질구질한 가정사와 고달픈 속내를 끝내 서로에게 털어놓지는 않지만, 이상하게도 둘은 욕을 하면서도 점점 가까워진다. 상훈은 연희와 함께 있을 때 웃을 수 있었고, 연희의 무릎을 베었을 때 처음으로 소리 내어 울 수 있었다(아마 이 영화를 처음부터 긴장해서 보던 사람들도 상훈이 우는 장면에서는 갑자기 눈시울이 뜨거워질 것이다). 연희와의 관계를 통해 상훈 내면의 따뜻한 어린아이가 두려움을 벗어던지고 솔직하게 자신을 표현할 수 있었기 때문이다. 그러면서 과도하게 분노하는 자신의 삶에 의구심과 회의감이 들기 시작한 상훈은 이제부터라도 폭력 없는 삶을 살아보겠다고 결심한다. 이는 상훈의 신경인지 시스템에서 자주 초록색 신호가 켜지기 시작한 것으로 볼 수 있다. 즉 주변에 있는 사람들에게 배려와 연민의 정을 가져도 괜찮다는 마음이 생기기 시작한 것이다.

그렇다면 패악질을 밥 먹듯이 일삼던 상훈은 영화 〈케빈에 대하여〉 속의 케빈과는 다르게, 어떻게 따스한 변화가 가능했을까

의문이 들 것이다(케빈이 은둔형 사이코패스라면, 상훈은 통제불능의 반사회적 인격장애라고 할 수 있을 것이다). 여러 추측이 가능하겠지만, 아마도 상훈의 기억회로에는 엄마와 행복했던 어린 시절의 기억이 파편처럼 남아 있어서 그런 것이 아닐까 하는 가설을 한번 세워본다. 혹시라도 술에 취한 아버지가 집에 들어오지 않던 날 저녁, 집에 돌아온 어머니는 늦게나마 상훈과 상훈의 여동생에게 따뜻한 밥과 국을 차려주지 않았을까? 비록 보잘것없는 반찬밖에 없었을지라도 엄마와 여동생과 상훈은 행복하게 웃으면서 저녁 식사를 했을 것이다. 저녁 식사 후에는 놀이터에 나가 셋이 함께 웃으며 뛰어놀았을 것이다. 그런 긍정적인 기억의 흔적이 남아 있다면, 우리는 그 어떤 잔혹한 트라우마라도 극복할 수 있는 희망의 씨앗을 갖고 있는 것이다. 그리 기분 나쁘지 않은 가설 아닌가?

PS — 양익준 감독은 "〈똥파리〉는 내 분노를 다룬 살풀이 영화"이며 "일기에 쓸 내용을 영화로 찍었으니 영화가 내 일기와도 같다"라고 말했다. 아마도 양익준 감독 본인의 실제 어린 시절의 아픔이 고스란히 담겨진 이야기인 것 같은데… 그렇다면 그에게는 어떤 긍정적인 기억회로가 남아 있었던 것일까? 그를 응원하고 싶어진다.

복합성 외상 후 스트레스 장애

복합성 외상 후 스트레스 장애는 반복적인 트라우마로 인해 여러 가지 복잡한 심리적인 문제를 가진 사람들이 공통적으로 겪는 증후군을 말하는데, 대개 어린 시절부터 반복적이고 지속적인 학대를 경험한 사람들에게 많이 나타난다. 여기서 학대라는 것은 즉각적인 위협이 되는 성폭행이나 신체적인 학대만 의미하는 것이 아니라, 정서적 학대, 방임, 유기, 거절, 배신, 무시, 강압적인 훈육 등도 포함된다. 어린 시절 안전감을 느끼지 못하는 상태에서 반복적인 트라우마를 경험하게 되면, 나중에 어른이 되고 난 뒤에 많은 문제와 증상을 갖게 될 수밖에 없다. 늘 불안과 긴장 속에서 지내고, 감정 변화가 심하고, 깊은 열등감과 수치심을 자주 느끼고, 분노가 자주 폭발한다. 또 사람을 잘 믿지 못하고, 이유 없이 삶이 무기력하고, 이유를 알 수 없는 통증을 자주 겪고, 별것 아닌 자극에도 쉽게 흥분한다. 이러한 다양한 증상들의 근본 원인에는 사실 어린 시절의 트라우마가 자리 잡고 있다(앞에서 언급한 아동기 부정적 경험과 같은 개념이다). 그런데 막상 당사자들은 증상이 언제부터 생겼으며, 왜 생겨났는지를 잘 이해하지 못한 채 지내는 경우가 많다. 때로는 정신건강 전문가들조차도 이러한 증상들이 어린 시절의 트라우마로 인해 생겨난 것인지 알아차리기가 쉽지 않다(특히 스몰 트라우마의 경우에는 더욱 알아차리기가 힘들다). 그래서 그저 표면으로 드러난 증상에 따라 우울증, 불안증, 조울증, 충동조절장애, 경계성 인격장애, 반사회적 인격장애, 히스테리성 인격장애, 양극성장애 등의 진단을 붙이게 되는 경우가 대부분이다. 한 연구 결과에 의하면 어린 시절 겪은 트라우마로 생긴 해리 증상을 제대로 진단을 받는 데만 해도 평균 6, 7년이 걸린다고 한다.

다행스럽게도 최근 복합성 외상 후 스트레스 장애에 대한 인식이 폭넓어지면서, 다른 명칭으로 '발달상의 트라우마 장애*developmental trauma disorder*'라는 진단명과 개념이 새롭게 만들어졌다. 이 진단명을 정신장애 진단분류체계인 DSM-5에 정식으로 등재할 것이냐 말 것이냐는 여전히 전문가들 사이에서 논란이 되고 있지만, 어쨌든 어린 시절의 복합 트라우마를 다루는 포괄적인 진단 기준과 새로운 개념의 필요성이 널리 인식되고 있는 것만으로도 다행스러운 일이라고 할 수 있다. 피해자들이 보이는 현재의 증상과 과거에 반복적으로 경험하였던 트라우마와의 연결고리를 폭넓게 이해하고, 이를 바탕으로 한 진단과 치료는 트라우마로 고통받는 사람들에게 진정한 치유의 발판이 될 것이다.

트라우마의
치유

3부

그랜 토리노

감독 클린트 이스트우드 ○ 미국 ○ 2008
주연 클린트 이스트우드

단지 살아남을 것인가, 더 잘 살아갈 것인가

"트라우마로부터의 진정한 치유는
단지 삶의 고통을 경감시키고 살아남는 것이 아니라,
삶에 의미를 부여하여 삶에서 조금이라도
성장하는 법을 배우는 것이다."

《외상 후 성장》, 로런스 캘훈*Lawrence G. Calhoun*·리처드 테데스키*Richard G. Tedeschi*

이 영화의 감독이자 주인공인 클린트 이스트우드는 대부분의 사람이 부러워하는 노년의 삶을 사는 사람일 것이다. 젊은 시절이었던 1970년대에는 〈황야의 무법자〉, 〈더티 해리〉 같은 액션 영화로 스타가 되어 세계적으로 유명해지더니, 나이가 들어서는 삶의 어두운 그늘과 복잡성에 대해 고민하는 영화들, 〈용서받지 못한 자〉, 〈미스틱 리버〉, 〈밀리언 달러 베이비〉와 같은 명작을 만들어 아카데미상을 밥 먹듯이 수상했다. 감독도 하면서 주인공도 하니, 참 혼자 북 치고 장구 치고 다 한다는 생각이 들 정도이다. 게다가 음악에도 조예가 깊어서 자신이 만든 영화에 직접 작곡한 음악도 사용한다. 80세를 넘어 이제 거의 90세가 되어 가는데도 웬만한 젊은이들보다 더 치열하게 작품을 만들고 있다는 점에서 그가 진심으로 존경스럽다. 특히 2009년 국내에 개봉한 작품인 〈그랜 토리노〉는 상처받은 한 영혼이 관계의 회복을 통해 어떻게 외상 후 성장*post traumatic growth*이라는 변화를 겪게 되는지를 감동적으로 보여주고 있다.

※ 영웅이라 포장된 전쟁 트라우마 피해자의 삶

주인공 월트는 주변 사람들과의 관계가 완전히 단절된 노인이다. 머리부터 발끝까지 고집으로 똘똘 뭉친, 어느 누구도 가까이 지내기 힘든, 무척이나 고약한 성격의 노인네이다. 이미 결혼하여 집을 떠나간 두 아들과는 물론이고 오랜만에 찾아온 손주와도 아주 데면데면한 관계이다. 그나마 유일하게 그를 이해해주며 항상 곁에 있어주던 아내는 먼저 하늘나라로 떠나버렸다. 아내의 장례식 후, 월트는 빈집을 혼자 지키며, 잔디를 깎고, 육포와 맥주로 끼니를 때우며 쓸쓸하게 살아간다. 그가 하는 일이라곤 아내의 부탁을 받고 찾아온 신부를 너무 어려 보인다며 쫓아내는 일(월트의 아내는 죽기 전, 고립된 남편을 돌봐달라고 신부에게 미리 부탁해놓았다), 일상의 평화와 풍요를 즐기는 이웃들을 째려보며 저주하는 일, 그리고 하느님에게 왜 빨리 자신을 하늘나라로 데려가지 않느냐며 불평을 털어놓는 일뿐이다.

그가 이토록 단절된 삶을 살게 된 원인은 젊은 시절 한국전쟁에 참전해 겪어야만 했던 악몽 때문이다. 포탄과 총알이 비처럼 쏟아지는 전쟁터에서 죽느냐 사느냐 하는 생생한 공포도 끔찍한 경험이었겠지만, 그는 평생 동안 씻어버릴 수 없는 죄책감을 갖게 되는 잔혹한 사건을 경험한다. 목숨만은 살려달라고 울부짖는 중공군 소년병의 얼굴을 직접 총으로 쏴 죽인 것이다. 명령에 따라 어쩔 수 없이 방아쇠를 당겨야 했지만, 자신의 손에 의해 자행된 참혹한 학살은 견딜 수 없는 충격과 함께 그의 뇌리에 깊이 새겨졌다. 전쟁이 끝나고 수십 년의 세월이 흘렀지만, 그 사건은 여전히 그에게 죄책감은 물론이고 반복되는 악몽과 불안발작, 까닭 모를 의심과 원망, 간헐적인 분노폭발을 일으키고 있었을 것이다.

게다가 스스로는 건강해지고 행복해질 자격이 없다고 믿는지, 그는 전혀 자기돌봄을 하지 않았다. 아니, 아예 자기돌봄의 의미조차 모르고 사는 사람 같아 보인다. 그래서 그는 자신의 삶에서 즐거움과 행복이 찾아오는 순간을 원천 차단하기 위해 모든 인간 관계를 단절하고 살아간다. 그 결과 그의 삶은 날이 갈수록 황폐해져 간다. 비록 주변으로부터는 전쟁 영웅 취급을 받았지만, 명백히 그는 외상 후 스트레스 장애에 시달리는 전쟁의 희생자였다.

그런 월트에게 어느 날 뜻밖의 사건이 일어난다. 그것은 월트가 이웃집에 이사 온 아시아계 가족의 아들, 타오를 위험에서 구하게 된 사건이다. 물론 마음이 꼬일 대로 꼬인 월트가 처음부터 남을 위한 선행을 하려고 의도했던 것은 아니다. 사실 타오는 동네 갱단으로부터 협박을 당해 어쩔 수 없이 월트가 가장 아끼는 자동차인 '그랜 토리노'(이 차의 이름이 영화 제목이다)를 훔치려고 월트의 집에 침입한 것이었는데, 월트는 자신의 차를 지키기 위해 무시무시한 총을 들고 나와 타오를 붙잡았을 뿐만 아니라, 타오를 찾아온 갱단마저도 총으로 위협해 몰아냈던 것이다. 월트의 단순한 자기방어 행위는 본의 아니게 한 소년의 삶을 수렁에서 건져낸 영웅적인 행위가 되어버린다. 타오의 가족 입장에서는 월트가 비행 청소년이 될 뻔했던 타오의 인생을 구해준 셈이 되었기 때문이다.

※ 트라우마로부터 치유된 진정한 영웅

월트는 졸지에 타오의 가족과 일가친척들로부터 영웅 대접을 받는다. 타오의 가족은 감사의 표현으로 월트에게 화분과 음식을 선물하고, 일가친척이 모두 모이는 집안 잔치에 그를 초대한다. 하지만 혼자 고독하게 죽어가려는 월트에게 이들의 과도한 친절은 그저 귀찮을 따름이었다. 그런데 한술 더 떠서, 타오라는 녀석은 차를 훔치려 했던 자신의 잘못을 용서받기 위해 월트의 심부름을 해야 한다며, 날마다 월트의 집 문을 노크해댄다. 처음에는 그런 타오를 귀찮아하며 화를 내던 월트였지만, 어찌된 영문인지 월트는 시간이 지날수록 타오에게 오랫동안 닫혀 있던 마음의 문을 열기 시작한다. 미국 땅에서 적응하지 못하고 방황하는 청소년 타오의 이야기를 들으면서 연민의 감정을 느끼게 되었던 것이다.

그래서 그는 타오에게 남자로서 당당하게 삶을 개척하는 방법을 가르쳐 주겠다며 학비를 벌 수 있도록 일자리를 알아봐주고, 여자친구 사귀는 방법도 코치해준다. 무미건조하게 죽어가던 월트는 마치 자신의 남은 생의 마지막 사명이라고 작심이라도 한 듯, 타오를 돌보는 후견인 역할을 한다. 뜻밖에도 그런 월트의 얼굴에 오래전에 사라졌던 옅은 미소가 돌아온다. 관계회복을 통해 트라우마로 산산조각 나 있던 월트의 영혼에 생기가 되살아나기 시작한 것이다. (타오를 바라보는 월트의 얼굴 표정을 반드시 확인하기 바란다! 당신의 영혼에도 생기가 되살아날 것이다.)

훈훈하게 이야기가 이쯤에서 마무리 되어도 좋을 듯했는데, 우리의 클린트 이스트우드 감독은 여기서 만족하지 않고 이야기를 한 차원 더 높은 곳으로 이끌어간다. 동네 갱단들은 타오가 잘되어가는 꼴을 배가 아파 그냥 내버려둘 수 없었는지, 갈등과 분노를 일으키는 사건을 저지른다. 자신들의 말을 따르지 않는 타오에게 앙심을 품은 갱단은 어느 날 타오와 타오 누나에게 잔인한 폭력을 휘두른 것이다. 분노에 찬 타오와 월트는 함께 갱단을 찾아가 복수를 하기로 약속하는데, 결정적인 순간 월트는 타오를 자신의 집 지하실에서 나오지 못하도록 지하실 문을 잠가버린다. 왜 자기를 두고 혼자 가냐며 흥분하는 타오에게 월트는 뜻밖에도 그 오랜 시간 동안 누구에게도 솔직하게 털어놓지 못했던 자신의 오래된 트라우마를 털어놓는다. 그리고 문이 부서져라 두드리는 타오에게 "너는 절대 나처럼 살면 안 돼. 이제 너는 너의 삶을 살아라!"라며 당부의 말을 남기고 홀로 갱단이 있는 곳으로 향한다. 그는 자신의 삶을 버림으로써 타오의 삶을 구원하려 한다.

50년이란 긴 세월 동안, 월트는 죄책감으로부터 자유로울 수 없었다. 비록 전쟁 상황이었고, 상관의 명령에 의해 이루어진 학살이었지만, 어찌 되었건 열입곱 명의 어린 군인을 직접 죽인 것은 자신이었으니 월트는 그런 자신을 용서할 수 없었던 것이다. 대체로 트라우마를 겪은 사람들은 사건 당시 책임의 소재가 내부에(자신에게) 있었는지, 외부에(타인 혹은 주변 상황에) 있었는지를 잘 구별하지 못한다. 인간이기에 어쩔 수 없는 상황이었음에도 불구하고, '내가 그때 그곳에 가지 않았다면, 그런 일이 일어나지 않았을 텐데', '그때 내가 조금 더 관심을 가졌다면, 그들을 구할 수 있었을 텐데', '그때 내가 좀 더 용감했다면, 그 일이 일어나는 것을 막을 수 있었을 텐데' 하며 자기 자신을 끝없이 자책하는 경향이 있다.

게다가 실제로 자신이 어느 정도라도 잘못하여 일어난 돌이킬 수 없는 결과라면 더욱더 그 죄책감의 수렁에서 벗어나기 어렵다. 월트 역시 그런 헤어날 수 없는 죄책감의 수렁에 빠져 오랫동안 허우적대며 살아온 셈이다. 아내마저 세상을 떠나고 혼자 남겨진 상황에서도 '이미 다 지나간 일이야, 모든 것이 다 내 잘못은 아니잖아. 이제 과거를 털어내고 새 출발해야지'라는 긍정적인 생각을 하지 못하고 무기력하게 죽음을 기다리고 있었던 것이다.

그런데 마지막 순간에 영화는 월트의 절망적이었던 삶이 위대한 영성, 아니 가장 인간적인 생명력과 희망을 되찾는 기적을 보여준다. 절제되지 않는 분노와 복수의 감정에 휩쓸리는 대신, 월트는 아무도 흉내 낼 수 없는, 한 차원 높은 숭고한 선택을 한다. 돌이킬 수 없는 잘못을 저질렀다고 죄책감에 빠져 절망하는 것보다 더 큰 선한 행동을 하겠다고 선택한 것이다. 용기 있는 마음과 지혜가 담긴 관점이 합쳐졌을 때야 비로소 가능한 선택을 하며, 월트는 50여 년 전 전쟁 속에서 잃어버린 진정한 삶의 의미를 비로소 되찾는다. (감동적인 그 선택이 어떤 것이었는지 궁금하다면 꼭 영화를 한번 보시길 바란다.)

노장 클린트 이스트우드 감독은 트라우마에서 벗어나는 것에서 한 걸음 더 나아가, 트라우마를 극복하여 더 크게 성장하는 것이 생존자에게 남겨진 의무이며, 무의미한 죄책감에서 벗어나 삶의 진정한 의미를 되찾을 수 있는 유일한 희망이라는 메시지를 가슴 뜨겁게 전하고 있다. 마지막 엔딩 크레디트와 함께 감독이 직접 만들고 부른 주제곡이 흐르는데 왠지 가슴이 뭉클해진다.

PS — 새삼스럽지만 그래도 한마디만 더 보태자면, '반드시'라고 해도 좋을 만큼, 외상 후 성장은 중요한 사람과의 관계회복을 통해 일어난다.

외상 후 성장

1990년 이후 몇몇 심리학자들은 인간이 매우 힘들고 고통스러운 경험을 겪게 되면서, 오히려 내면에서 긍정적인 심리적 변화가 일어나는 것을 발견하고는, 이를 외상 후 성장이라는 개념으로 설명하고 있다. 고통스러운 트라우마 사건 이후에 일반적으로 겪게 되는 외상 후 스트레스 장애와는 정반대되는, 꽤나 신선한 개념이라고 할 수 있다. 충격적인 사건으로부터 발생하는 어쩔 수 없는 고통과 두려움을 극복해내고, 그 사건이 일어나기 전보다 오히려 더 긍정적으로 성장할 수 있는 능력이 애초부터 우리 뇌에 내재되어 있다니 얼마나 희망적인 가설인가?

그런데 만약 그 가설이 맞는다면, 어떤 심리적 기전으로 인생의 역경을 이겨내고 더 인간적인 성장이 일어나게 되는 걸까? 아마도 고통스러운 상황을 받아들이고 버텨내기 위해, 우리의 마음이 스스로 알아서 구조조정을 하는 것으로 추정된다. 즉 행복의 가치 기준을 이전보다 훨씬 간소화하여, 일상의 삶에서 소소한 행복을 조금이라도 더 자주 경험하도록 하기 위해 외상 후 성장이 일어나는 것으로 보인다.

사실 외상 후 성장은 그리 특별하거나 거창한 개념이 아니다.

맹목적으로 성취와 성공을 추구하는 생활 태도를 내려놓고, 그 대신 감사한 마음을 자주 갖고, 작은 가능성에 즐거워하고, 가까이 있는 사람들과 친근한 정을 나눌 줄 알게 되는 것이 바로 외상 후 성장이다. 스스로 자신의 한계를 깨닫게 되면 자연스럽게 일어나는 변화이기도 하다. 개인에 따라 외상 후 성장이 일어나는 기간이 수개월이 되기도 하고 수년이 될 수도 있겠지만, 결국 우리는 트라우마를 통해 오히려 이전보다 심리적으로 더 긍정적이고 성숙해지는 과정을 통과하게 되어 외상 후 성장에 다다르게 된다. 이 얼마나 다행스러운 일인가?

외상 후 성장의 진행 과정

나 자신에 대한 믿음, 세상에 대한 믿음

삶의 목표, 인생에 대한 긍정적인 계획

↓ 트라우마(암, 재난, 사고, 이별 등)

기본적인 믿음이 산산조각 난다

삶의 목표, 인생의 이야기가 모두 무효가 된다

↓

고통스러운 생각과 감정의 반복(외상 후 스트레스 장애)

↓

적응적인 정보처리 기전의 활성화:

현실에 적응하기 위해 버릴 정보는 버리고,

새로운 정보는 재취합한다(인지적 재구조화)

↓

외상 후 성장

1) 일상의 작은 일에 감사함을 느끼게 된다

2) 삶에서 새로운 가능성을 찾게 된다

3) 인간관계에서 유대감과 친밀감이 깊어진다

4) 영적인 믿음이 깊어진나

5) 자기 자신에 대한 긍정적인 믿음이 강해진다

물론 이러한 외상 후 성장이 일어난다고 해서 트라우마로 인한 고통과 후유증이 완전히 사라지는 것은 아니다. 하지만 트라우마로 인한 고통이 계속 남아 있음에도 불구하고, 외상 후 성장은 우리의 삶을 의미 있는, 긍정적인 방향으로 나아가도록 한다.

쓰리 빌보드

감독 마틴 맥도나 ○ 영국, 미국 ○ 2017
주연 프랜시스 맥도먼드, 우디 해럴슨

치유는 관계 속에서 일어난다

"연대감이란 단순히 정신적인 것이 아니다.
그것은 연결되어 있다고 느껴지는
몸의 감각이다."

스티븐 포지스*Stephen W. Porges*, 미국의 신경과학자 사랑하는 가족이 누군가에게 참혹하게 살해되었다면, 이는 중요한 사람과의 연결고리가 갑자기 끊어진 트라우마적 애도상황이다. 대개 이러한 상황에서는 애도반응보다는 트라우마 반응이 훨씬 더 크다. 쉽게 말해 슬픔보다는 끔찍함이 더 크다는 이야기이다. 이렇게 되면 우리 몸에서는 자동적으로 교감신경계 *sympathetic nervous system*의 경계경보가 온몸으로 울려 퍼지면서 심장이 두근거리고, 호흡이 가빠지고, 진땀이 나기 시작한다. 옆에 있는 누군가와 눈을 마주치기도 싫어지고, 그가 하는 말소리도 들리지 않고, 말을 섞기조차도 귀찮아진다. 이런 상태에서는 스스로 죽을힘을 다해 싸우든지, 아니면 죽을힘을 다해 줄행랑을 칠지, 둘 중 하나의 선택이 남는다. 하나의 선택을 통해 위기가 사라진 후에야 교감신경계의 경계경보는 꺼지고 흥분했던 몸과 마음이 가라앉으면서 본격적인 애도반응이 시작될 것이다.

그런데 사랑하는 가족이 참혹하게 살해당했다면, 그리고 범인을 여전히 찾지 못하는 상황이 계속된다면, 우리 몸에서는 과연 어떤 반응이 일어날까? 교감신경계의 오랜 흥분으로 인해 지칠 대로 지친 우리 뇌에서는 아마도 그다음 단계의 신경계, 등 쪽 미주신경계*dorsal vagal nerve system*를 활성화시킬 것이다. 이는 전속력으로 달리다가 갑자기 급브레이크를 밟는 현상에 비유할 수 있다. 심박동과 호흡이 급격히 느려지고, 위장 운동이 거의 멈추게 된다. 정신상태 또한 멍해져 자신이나 주변에서 일어나는 일을 그리 중요하게 여기지도 않게 된다. 이처럼 정신줄을 놓은 상태에서는 제대로 현실을 인식하고 상황을 판단하기가 어렵다. 물론 이 상태에서도 여전히 교감신경계의 흥분은 그대로 유지되고 있기 때문에, 조금만 위협적인 자극이 와도 언제든지 극도로 흥분하는 경향이 그대로 남아 있다.

※ 고립된 두 사람

영화 〈쓰리 빌보드〉는 주인공인 밀드레드가 도시 외곽에 위치한 세 개의 옥외 광고판에 도발적인 광고 메시지를 올리면서 시작된다. "내 딸은 죽어가면서 강간당했다", "그런데 아직도 범인을 못 잡았다고?", "윌러비, 도대체 어떻게 된 거지?"라는 자극적인 문구를 광고판에 차례로 올린 것이다. 윌러비는 그 지역의 경찰서장 이름이다. 강간범에게 딸을 잃은 밀드레드는 수사가 흐지부지되어가자 경찰의 자존심을 건드리는 자극적인 광고를 내어 여론을 환기시키려고 도발적인 행동을 한 것이다. 그런데 정작 그녀가 타깃으로 삼은 윌러비는 마을 사람들이 존경하는 인망 두터운 사람이었다. 그래서 마을 사람들 대부분은, 심지어 아들과 아들 친구들까지도 밀드레드의 돌발적인 행동을 대단히 못마땅해한다. 분노하며 도발해봐야 문제가 해결되지 않는다는 이성적인 충고를 하는 그들을 전혀 받아들일 수 없는 밀드레드는 이제 마을에서, 아니 세상에서 완전히 고립되어간다.

참혹하게 딸이 살해당하고 난 뒤, 7개월이 지난 시점에서 밀드레드의 상태를 보자면 교감신경계의 흥분은 물론 등 쪽 미주신경계까지 활성화되어 있는 단계라는 것을 쉽게 이해할 수 있다. 죽은 딸에 대한 상실감과 죄책감은 깊어져만 가는데, 범인에 대한 단서는 전혀 잡히지 않고, 같은 편이라고 믿었던 주변 사람들로부터의 소외감과 단절감은 점점 커져만 가는 상황이다. 안전, 평온, 위로, 연결, 친절 같은 긍정적인 기분을 조금도 느낄 수 없는 절망의 늪에 빠진 상태라고 해도 과언이 아닐 것이다. 그녀는 물론 웃지도 않지만, 쉽게 울지도, 화를 내지도 않는다. 고통스러운 감정을 최대한 차단하고, 오로지 행동으로 자신의 심정을 표현하는 상태다. 광고판에 도발적인 글을 올린 것은 이성적인 행동이라고 할 수는 없지만, 실은 무심한 세상에게 "나 아직 고통받고 있어. 너희들이 좀 더 도와주어야 하지 않니?"라는 연결의 메시지를 던지고 있는 것이다.

연결을 청하는 메시지의 숨은 의미를 이해하기는커녕, 특히나 못마땅해하고 불쾌해하는 대표적인 인물이 바로 경찰관 딕슨이다. 딕슨은 힘없고 약한 사람들에게 자신의 힘을 과시하고 폭력을 일삼는 부류의 인간인데, 내면에는 꽤나 뿌리 깊은 열등감과 증오감이 가득 차 있다. 광고판을 올린 밀드레드를 위협하는 것은 물론이고, 광고판을 빌려준 광고 대행업자 웰비까지도 못 잡아먹어 안달이다. 급기야 윌러비 서장이 갑작스럽게 죽자, 그 충격에 기절까지 했던 딕슨은 끓어오르는 분노를 엉뚱한 곳에 푼다. 웰비를 찾아가 무차별적인 폭행을 가하고 2층 창문 밖으로 던져버리는 대형사고를 친 것이다. 때마침 장면을 목격한 후임 서장에게 딕슨은 그 자리에서 경찰관 배지를 빼앗기고 직장에서 쫓겨나는 신세가 된다. 내면에 자리 잡은 열등감과 증오감으로 인해 하루아침에 직장을 잃고 사회에서 완전히 고립된다.

※ 연결을 시도하는 두 사람

정작 밀드레드의 마음을 이해하고 그녀에게 다가가는 사람은 단 한 사람, 밀드레드로부터 대놓고 공격을 받은 윌러비 서장이었다. 그는 췌장암 말기로 삶이 얼마 남지 않은 상태였다. 그래서 윌러비 서장 자신도 사랑하는 아내와 아이들과 헤어져야 하는 고통스러운 시간을 겪고 있었다. 그 때문인지 자식을 잃은 밀드레드의 분노와 절망, 소외감을 어느 정도 공감하고 있었다. 그녀에게 화를 내는 대신, 오히려 자신을 조롱하는 광고판의 밀린 광고비까지 비밀리에 내주며 그녀를 응원한다. 그리고 편협한 사고방식에 사로잡혀 폭력을 일삼는 부하, 딕슨 경관에게도 증오로는 아무것도 해결되지 않는다는 진심 어린 유언을 남기고 생을 마감한다. 윌러비 서장은 죽어가면서도 곤경에 빠진 두 사람에게 연결을 시도한 것이다.

또 다른 중요한 인물인 광고업자 웰비는 금전적 이익을 위해서는 별다른 망설임 없이 누구에게든 광고판을 내주는, 일견 세속적이고 가벼운 인물로 보이지만, 사실 편견이 없어 유연하게 생각할 줄 알고, 권위와 폭력에 저항하면서, 궁지에 몰린 사람을 도울 줄도 아는 따뜻한 심성의 소유자다. 딕슨에게 무차별 폭력을 당하고 병원에 입원하게 되는데, 얼마 뒤 심한 화상을 입은 딕슨이 같은 병실에 실려 오게 된다. 웰비는 순간 끓어오르는 분노의 감정을 주체하지 못해 몸을 떨며 흐느낀다. 그러나 그것도 잠시, 놀랍게도 그는 목말라하는 딕슨에게 오렌지주스에 빨대를 꽂아 건넨다. 자신에게 그토록 비인간적인 폭력을 쓴 딕슨에게 분풀이하는 대신, 웰비는 가장 인간적인, 아니 보통 사람으로는 가장 실천하기 힘든 진정한 용서와 화해의 제스처를 보여준다. 원수에게 사랑의 행위를 실천한 것이다. 이 장면을 보고 있으면 눈시울이 붉어지고 가슴이 뜨거워진다.

※ 트라우마의 특효약, 배 쪽 미주신경계의 기능

영화를 보면서 더 큰 감동을 느낀 까닭은 차디찬 얼음장 같아 도저히 소생이 불가능해 보이던 밀드레드와 딕슨의 몸과 마음에 슬며시 열은 온기가 되살아나는 장면을 목격했기 때문이다. 윌러비 서장과 웰비, 두 사람이 보여준 고귀한 배려와 용서의 행위가 분노로 질식되어가던 밀드레드와 딕슨, 두 사람의 마음을 기적적으로 심폐 소생시킨다. 즉 진정한 연결 행위를 통해 트라우마로부터 회복할 수 있는 주 에너지원인 배 쪽 미주신경계*ventral vagal nerve system*를 활성화시킨 것이다.

배 쪽 미주신경계는 주변으로부터 지지, 위안, 연결감을 느끼게 될 때야 비로소 활성화되는 신경계이다. 이 신경계가 활성화되면 몸이 이완되고, 심박동과 호흡이 차분해지고, 평온한 감정을 갖게 된다. 얼굴 표정에 미소가 생겨나고, 귀가 열려 다른 사람의 말이 들리기 시작한다. 그리고 가장 합리적이고 적응적인 생각과 판단을 할 수 있게 된다. 거의 대부분의 트라우마 치료 전략들은 바로 배 쪽 미주신경계를 회생시키려는 시도라고 해도 과언이 아니다.

마침내 앙숙이었던 두 사람, 밀드레드와 딕슨은 같은 편이 되어 범인을 찾기 위해 길을 떠난다. 나쁜 놈을 처단하겠다며 무작정 떠나는 길이지만, 그놈을 죽일지 말지 아직 두 사람은 정하지 않았다. 아마도 두 사람이 함께하는 시간이 길어질수록 그들의 결정은 계속 변화할 것이다. 가장 합리적이고도 가장 인간적으로. 왜냐하면 두 사람 사이의 연결감으로 배 쪽 미주신경계가 계속 활성화될 테니까. 아마도 그들의 여정은 복수의 여행이 아니라 치유의 여행이 될 것이다.

PS — 앞으로 이 세상에서 아무리 좋은 치료약이 발명되고, 아무리 기발한 치료기법이 개발되어도, 트라우마의 치유는 사람과 사람 사이의 관계 속에서 더 많이, 더 자주 일어날 것이다.

트라우마 치유를 이해하기 위한 다미주신경이론

신경과학자인 스티븐 포지스 박사의 다미주신경이론*Polyvagal Theory*에 따르면, 우리 인간은 주변 상황에서 일어나는 위험 신호를 어떻게 해석하느냐에 따라 자율신경계를 어떻게 활성화할 것인지를 결정한다고 한다. 쉽게 설명하자면, 위험에 처했을 때 우리는 먼저 어떻게든 주변에서 도움을 찾으려는 시도를 하게 되고, 그것이 안 통하면 싸움 또는 도피 반응을 보이게 되며, 그래도 위험이 해결되지 않으면 최후의 수단으로 붕괴 반응을 보인다.

이 세 단계의 반응에 관여하는 자율신경계는 계통발생학적으로 다른 세 개의 신경회로로 구성되어 있는데, 그중 첫 번째 단계인 사회적 개입을 유도하는 신경회로는 배 쪽 미주신경계이다. 이 신경회로가 적절히 활성화되면 위기 상황에서도 주변의 다른 사람과 상호작용을 할 수 있다. 목소리 톤이 차분해지고 얼굴에는 살짝 미소가 생겨나며, 다른 사람의 말도 잘 들리고 이해할 수 있게 된다. 심박동이 느려지고 호흡은 깊어지면서, 몸 전체적으로 이완이 일어나고 마음도 차분해진다.

그러나 점차 위기 상황이 고조되는데 아무도 도와줄 사람이 없는 상태에서는, 두 번째 신경회로인 교감신경계가 활성화된다. 이

신경계가 활성화되면 우리의 몸에서는 원시적인 싸움, 도피 반응이 일어난다. 온 힘을 다해 싸우든지, 아니면 젖 먹던 힘을 다해 도망가든지 하기 위해 심박동은 빨라지고 호흡은 얕아지며 온몸의 근육에 힘이 들어간다. 얼굴 표정은 굳어지고 목소리 톤도 거칠어지며 별것도 아닌 일에 흥분한다.

위협이 최고 수준으로 올라갔는데, 싸우지도 도망가지도 못하는 상황이 계속 유지되면? 결국 등 쪽 미주신경계가 활성화되면서 붕괴 반응이 일어난다. 등 쪽 미주신경계가 활성화되면 우리의 몸은 한마디로 얼어붙는 반응을 보이게 된다. 심박동과 호흡은 멈출 듯이 느려지고, 위장 운동도 거의 정지 상태가 된다. 출혈이 심한 부상을 당할 경우에 대비하여 말초로 가는 혈류도 줄어든다. 몸은 마비가 된 듯 움직여지지 않고, 정신 상태도 흐릿해지고 멍해져, 급기야는 정신줄을 놓고 기절한다.

비유해서 설명하자면, 배 쪽 미주신경이 '난 지금 더 넓은 세상과 연결되어야 해!'라고 하는 것이라면, 교감신경은 '큰일 났다! 위기에 빠졌다! 도망갈까, 싸울까?'라고 소리치는 것이고, 등 쪽 미주신경은 '난 더 이상 대처할 기운이 없어. 그냥 이대로 죽은 척 할래!'라고 표현하는 것이다.

트라우마로 고통받는 사람들은 대개 교감신경계와 등 쪽 미주신경계가 과도하게 활성화되어 있다. 그들은 누군가와의 연결감이 다시 회복되고 안전감을 느끼게 될 때야 비로소 배 쪽 미주신경계의 활성화가 일어난다. 연결감은 단순히 격려와 조언으로 만들어지지 않는다. 상대의 눈을 마주 보고, 입가에 미소를 짓고, 손을 잡아주고, 등을 쓰다듬어주는 행동이 단순한 격려와 조언보다 우리의 자율신경계에 훨씬 더 큰 영향을 끼친다.

룸

감독 레니 에이브러햄슨 ○ 아일랜드 ○ 2015
주연 브리 라슨, 제이컵 트람블레이

엄마와 함께라면
무엇이든
극복해낼 수 있어!

"인간은 사회적 동물이기 때문에
서로 깊게 연결된 상호의존적인 관계가 없으면
살아남을 수 없는 존재이다."

존 볼비, 애착이론의 창시자

나이가 예순이 넘어가는 그분은 아내를 갑작스러운 사고로 잃고 난 뒤부터, 부쩍 더 외로움과 우울감이 커졌다고 한다. 밤에 자려고 누우면 혼자 남겨졌다는 느낌을 도대체가 견디기 어려워 잠을 이루지 못했다. 처음에는 정상적인 애도반응이라고 생각이 되었으나, 외로움과 우울감은 1년, 2년 세월이 흐를수록 더 심각해진 것이다. 외로움, 혼자 남겨졌다는 느낌의 근원을 찾아가보니, 그분은 다섯 살부터 일곱 살 때까지의 기억을 떠올렸다. 부모님이 다섯 살이었던 자신을 어느 날 갑자기 시골 외할머니 집에 맡겼던 기억이었다. 당시 셋째 동생이 미숙아로 태어나 건강이 좋지 않자, 부모님은 셋째 동생을 잘 돌보기 위해 어쩔 수 없이 큰아들이었던 그분을 외할머니 집에 맡겼던 것이다. 외할머니는 분명 좋은 분이었다. 외손자를 잘 양육하기 위해 최선을 다해주셨다고 한다. 그러나 당시 다섯 살이었던 자신은 늘 엄마를 보고 싶어 했다고 한다. 내가 뭘 잘못해서 이런 곳으로 보냈나? 하는 생각도 많이 들었다고 한다. 나중에 일곱 살이 되어 집에 돌아와서도, 잘못하면 또 다른 곳으로 보내질지 모른다는 생각에 착한 아들 역할을 하려고 떼 한 번 안 썼다고 한다. 대학 졸업 후 자취 생활을 처음 했을 때, 외로움을 많이 탄 그는 결혼을 서둘러 했고, 이후에는 별다른 문제없이 지내왔다. 그런데 아내를 잃고 혼자가 되고 나니, 어린 시절의 외로움이 생생히 되살아난 것이다. 밤이면 서러움에 엉엉 울기도 한다.

정신과 외래에서 보면 이런 환자들이 생각보다 꽤 많다. 형제가 많아 양육할 사람이 없어서, 부모님이 아파서, 심지어는 할머니가 아파서, 혹은 부모님이 헤어지게 되어서, 경제적으로 어려워서 등 대개는 피치 못할 사정이 있어서 어쩔 수 없이 부모와 떨어져 살게 된 경우이다. 아마도 당시에는 그것이 주변의 어른들이 내린 최선의 선택이었을 것이다. 그러나 어른들이 결정한 최선의 선택을 아이의 뇌가 받아들이지 못할 수 있다는 가능성을 완전히 배제해서는 안 된다. 아이의 뇌는 그래도 가족과 함께 있고 싶다고 소리치고 있을 테니까.

※ 안정적인 애착관계는 상황이 아닌 관계의 문제다

영화 〈룸〉은 열일곱 살에 납치되어 3평도 안 되는 작은 방에서 7년간 감금 생활을 하게 된 조이와 그녀의 다섯 살 된 아들 잭의 이야기이다. 놀랍게도 이 이야기는 2008년에 오스트리아에서 실제로 있었던 사건을 바탕으로 하고 있다. 영화는 납치, 감금, 강간, 탈출, 자유, 편견, 적응 등과 같은 드라마틱한 요소들을 많이 보여주고 있다. 하지만 그중에서도 가장 인상 깊은 부분은 서로에게 삶의 희망이자 힘의 원천이 되는 엄마와 아들의 애착관계이다.

겨우 열일곱 살이었던 조이는 어느 날 갑자기 길을 가다 납치되어 외부와 완전히 차단된 좁은 방에서 무려 7년 동안이나 지옥과도 같은 감금 생활을 하게 된다. 가족, 친구들과의 관계가 완전히 단절되고, 스스로의 힘으로 자유롭게 할 수 있는 것이 아무것도 없는 속박된 작은 공간 안에서 조이는 여러 번 납치범에게 성폭행 당한다. 그러다가 원치 않는 임신을 하게 되고, 어쩔 수 없이 열악한 환경에서 아기를 낳는다. 조이는 갓 태어난 남자아이에게 잭이라는 이름을 붙여주고 돌보기 시작하는데, 잭으로 인해 조이의 삶은 완전히 달라진다. 납치범과 함께 지내는 밤 시간에 조이는 필사적으로 납치범의 눈치를 살피며 그가 화내지 않도록 그의 기분을 달래주려고 노력한다. 그리고 납치범이 잭의 존재를 거의 의식하지 못하도록 하기 위해, 잭을 장롱 안에 숨기고 절대로 나오지 못하게 한다. 이런 조이의 노력으로 아이는 자라면서 납치범의 얼굴을 제대로 본 적이 없을 정도로 위험으로부터 차단된 채 성장한다. 낮 시간에 조이는 이 세상에서 가장 행복한 엄마가 되어 아들 잭을 진심으로 최선을 다해 양육한다. 웃으면서 함께 밥을 먹고, 따뜻하게 안아주며, 세상 이야기를 들려주고, 말을 가르쳐주고, 함께 눈을 감고 상상의 나래를 펼친다. 조이는 아이의 내면 세상을 읽고 이해하고 정확하게 반응해주는 엄마로서 할 수 있는 최선의 거울반응을 아이에게 보여준다. 밤에는 납치범의 폭행과 위험으로부터 잭을 지키고, 낮에는 잭을 온전히 키우는 엄마의 역할을 다하는 것이야말로 조이가 지옥 같은 공간에서 살아남아야 하는 유일한 의미였을 것이다. 덕분에 잭은 좁은 '룸'을 답답해하기는 할지언정 위협감이나 두려움은 거의 느끼지 않고 성장한다. 아이로니컬하게도 차단된 공간 안에 오로지 엄마와 아이 단 둘만 놓이게 된 상황이 조이와 잭 사이의 애착관계를 보통의 관계보다 더 안정될 수 있게 했던 것 같다.

많은 스트레스를 받은 새끼 쥐를 어미 쥐와 다시 만나게 했을 때, 어미 쥐가 얼마나 많이 핥아주느냐에 따라 새끼 쥐의 스트레스 호르몬이 정비례하여 낮아진다는 것을 발견한 연구가 있다. 어미 쥐가 많이 핥아줄수록 새끼 쥐의 스트레스 조절 장치가 더 효과적으로 작용하여 스트레스 호르몬인 코르티솔과 아드레날린을 감소시켰던 것이다. 어미 쥐의 핥아주는 행위는 인간에게는 쓰다듬어주고, 포옹하고, 입맞추어주는 행위에 해당된다. 결국 아이가 스트레스 상황에 노출되었다는 사실보다 아이가 그래도 여전히 양육자로부터 보호받는다는 느낌, 안전하다는 느낌을 받느냐 아니냐가 더 중요하다는 것을 의미한다.

그런데 감금 생활이 7년이 지난 어느 날, 6개월간 실직 상태가 계속되면서 돈이 궁핍해진 납치범은 조이와 잭 모자의 식사와 난방을 통제하기 시작한다. 조이와 잭이 배고픔과 추위에 시달리던 어느 날 납치범은 오랜만에 마주치게 된 잭이 생각보다 크게 성장한 것을 보고는 신경이 날카로워진다. 조이에게 자기 말을 듣지 않으면 잭을 죽여버리겠다고 위협하자 위기감을 느낀 조이는 잭의 목숨을 지키기 위해 일생일대의 모험을 해야겠다고 마음먹는다.

조이는 자신과 아들의 목숨을 건 매우 위험한 탈출을 시도하려고 계획을 짠다. 우선 잭에게 극심한 감기에 걸려 죽은 척하게 하고, 납치범에게 잭의 시체를 치워달라고 부탁한다. 납치범이 잭을 담요에 둘둘 말아 트럭에 싣고 나가면, 잭에게는 트럭이 멈췄을 때 몰래 담요에서 빠져나와 처음 만나는 사람에게 가서 구조를 요청하라고 당부한다. 필사의 탈출 작전이라고 하기엔 영 어설프다. 조이의 거짓 부탁을 들은 납치범이 과연 멍청하게 속아 넘어가 줄까? 게다가 그 작은 방이 이 세상의 전부라고 믿고 있는, 정말 세상 물정을 하나도 모르는 어린 아들 잭이 과연 엄마가 시킨 대로 제대로 해낼 수 있을까? 혹시 들통이라도 나면 조이와 잭, 모두 다 목숨을 유지하기가 쉽지 않은, 실로 위험천만한 탈출극이다. 하지만 조이는 반드시 탈출해야만 잭의 목숨을 구할 수 있다고 믿었기 때문에 망설임 없이 계획대로 탈출 작전을 감행한다. 그러나 조이는 죽은 척하는 잭을 납치범이 들고 밖으로 나간 뒤, 혹시라도 잭에게 안 좋은 일이 일어나는 것은 아닐까 두려움과 긴장감 때문에 제대로 숨도 쉬지 못한다. 자신의 유일한 삶의 의미였던 아들 잭을 걸고 세상에서 가장 위험한 도박을 한 셈이었기 때문이다.

분명 운명의 신이 도왔다. 잭은 기적적으로 탈출에 성공하게 되고, 잭의 탈출을 도운 경찰이 납치범의 집에 들이닥쳐 조이를 구해낸다. 감금되어 있던 방에서 달려 나와 미친 듯이 잭을 찾는 엄마 조이의 모습은 매우 인상적인 장면이다.

※ 피해자를 향한 타인의 차가운 시선

기적과도 같은 탈출로 트라우마 상황이 완전히 종결된 줄 알았지만, 이야기 전개는 해피 엔딩과는 전혀 딴판으로 흘러간다. 납치범의 좁은 방에서 탈출한 조이와 잭, 두 사람이 낯선 바깥 세상에 새롭게 적응해가는 과정이 예상보다 훨씬 더 위태로웠기 때문이다. 어린 잭은 엄마에게 이야기로만 들었고 머릿속에서 상상으로만 그렸던 실제 세상에 적응하기가 쉽지 않았다. 처음 걸음마를 배운 아이마냥 아슬아슬하다. 조이 역시 7년이란 공백기 동안 너무나 많은 것이 변화된 세상에 재적응하기가 만만치 않았다. 특히 주변 사람들의 은근한 질책과 따가운 시선은 조이를 힘들게 했다. 그들의 표정은 '도대체 왜 납치를 당했고, 어쩌다가 납치범의 아이를 낳고 키울 수가 있었지?'라며 오히려 조이의 행동과 선택을 의심하고 질책하는 무언의 메시지를 던지고 있었다. 고립감과 자책감에 힘들어하던 조이는 어쩔 수 없이 출연하게 된 TV 인터뷰에서 "잭에게 납치범이 아빠라는 것을 말해준 적이 있나요?", "잭이 나이가 들면 아버지에 대해 뭐라고 이야기해줄 건가요?", "무엇이 진정으로 잭을 위하는 일이었을까요?"라는 질문을 받고는 결국 무너져 내린다. 구속된 좁은 방에서는 잭을 살리기 위해 최선을 다해 내린 결론이라고 믿었는데, 수많은 세상 사람들은 조이가 내린 결정이 엄마로서 최선을 다한 것이었느냐며 조이를 추궁하고 몰아세운다. 조이는 구속되어 있던 방에서 내린 자신의 결정들이 잭에게 뭔가 큰 잘못을 저지른 것이 아닌가 하는 의구심에 빠지게 된다. 결국 그 의구심에서부터 꼬리를 잇고 발생하는 자책감과 혼란을 견디지 못하고, 조이는 충동적으로 목숨을 끊으려는 시도를 하게 된다.

※ 의지와 사랑의 관계

잭은 자신을 버리고 세상을 떠나려 한 엄마에게 실망도 하고 화도 났을 테다. 게다가 엄마가 입원을 하게 되니 난생처음 엄마와 떨어져 지내게 된 셈이다. 이는 잭에게 상당한 충격으로 다가왔을 것이다. 천만다행으로 7년 동안 엄마와 서로 의지하며 지낸 경험이 잭에게는 큰 자원으로 남아 있었다. 늘 그래왔듯이 잭은 엄마 조이에게 힘이 되어주려 한다. 병원에 입원한 엄마에게 태어나 한 번도 자르지 않았던 자신의 머리카락을 잘라 보내면서 할머니에게 이렇게 묻는다.

"할머니, 내가 엄마에게 힘이 되어줄 수 있을까요?"

할머니는 살며시 미소 지으며 잭에게 세상에서 가장 중요한 진리를 알려준다.

"당연하지. 우리 모두는 다른 사람을 강하게 해준단다. 어느 누구도 혼자 강해질 수는 없어."

할머니의 말대로 잭과 조이는 서로에게 힘이 되어주면서 서로를 강하게 해주는 관계였다. 두 사람이 서로를 믿고 의지하여 그 작은 방에서 기적적으로 탈출할 수 있었듯이, 이 험한 세상 속에서도 두 사람은 서로에게 힘이 되어주면서 살아갈 것이다.

험난한 세상을 살아가는 데 우리에게는 무엇이 가장 필요할까? 마실 물, 먹을 음식, 숨 쉴 공기, 안전한 집, 그리고 충분한 돈과 부끄럽지 않은 학력과 직업이 있으면 충분할까? 영화 〈룸〉은 우리가 험난한 세상을 살아가는 데 가장 필요한 것은 서로 의지하고 사랑을 주고받을 수 있는 사람과 함께하는 것이라고 말하고 있다. 영화 속 잭의 말처럼 말이다.

“엄마와 나는 결정했다. 그동안 몰랐던 모든 것들을 전부 다 해보기로 말이다. 이 세상에서는 정말 많은 일들을 할 수 있다. 때론 무섭지만 금방 괜찮아질 것이다. 왜냐하면 여전히 엄마와 내가 함께하기 때문이다.”

PS — 잭이 이런 용기와 믿음을 가질 수 있게 된 것만으로도 조이는 악몽 같았던 작은 방에서 부끄럽지 않은 엄마 역할, 그리고 최선의 선택을 했음이 틀림없다.

단 한 명의 소중한 사람

제2차 세계대전 당시 독일 전투기의 폭격이 가장 극심해졌을 때, 부모와 함께 지낸 아이들과 부모와 떨어져 지낸 아이들 중, 어느 쪽에 속해 있던 아이들이 나중에 더 정서적으로 안정되는지를 관찰한 연구가 있다. 그러니까 방공호에서 지옥 같은 두려운 상황을 부모와 함께 겪은 아이들과 폭격으로부터 안전한 시골의 집단 보육원으로 보내져 부모와 떨어져 지낸 아이들의 정신건강 상태를 비교한 것이다.

뜻밖에도 결과는 부모와 떨어져 비교적 안전하게 지낸 아이들이 나중에 성인이 된 뒤에도 부정적인 영향을 오랜 기간 받은 것으로 나타났다. 파괴된 건물과 고막을 찢는 포탄소리, 그리고 처참하게 죽은 시체를 목격하게 되더라도, 바로 곁에서 "괜찮아, 엄마가 같이 있잖아"라고 말 한마디 해주는 것, 그리고 꼭 안아주며 안심시켜주는 것이 아이들의 정신건강을 더 강력하게 보호해주었던 것이다. 이는 아이들에게는 외부 세상의 객관적인 현실보다 바로 옆에 있는 부모의 영향력이 더 크다는 것을 알려준다. 전쟁이라는 객관적인 현실 때문에 아이를 안전한 시골로 보냈지만, 아이의 내면은 아무도 자신에게 관심을 갖지 않는 낯설고 두려운 세상에 내동댕이쳐졌다는 느낌에 압도되었을 것이다. 커다란 포탄 소리에 스트레스를 받기는 하지만, 조금 있다가 들려오는 "괜찮아 아가야! 시간이 지나면 다 괜찮아져! 엄마가 안아줄게"라는 어머니의 반응은 아이의 스트레스 반응을 한 방에 가라앉히는 강력한 효과가 있었던 것이다. 바로 이것이야말로 배 쪽 미주신경계의 연결이 가져다주는 기적적인 효과가 아니겠는가? 어머니와의 연결을 통해 감정조절을 배우게 된 아이는 나중에 스스로의 힘으로도 감정을 잘 조절할 수 있게 된다. 트라우마가 극단적인 단절과 소외를 초래하는 것이라면, 반대로 가장 소중한 사람과의 안정적인 애착관계는 강력한 치료제가 될 수밖에 없다.

원더

감독 스티븐 크보스키 ○ 미국 ○ 2017
주연 제이컵 트램블레이, 줄리아 로버츠

가족이라는 안전과 지지의 울타리

"처음에 아기는 자신의 모습을 볼 수 없습니다.
부모님의 눈을 통해 자신의 모습을 보게 되는 거죠.
부모님의 반응을 자신의 모습이라고 생각합니다.
부모의 따뜻한 반응을 보면 아기는
자신이 사랑스럽다고 생각하게 됩니다.
부모의 차가운 반응을 보면 아기는
자신이 사랑스럽지 않다고 생각하게 됩니다.

당신은 아기에게 주로 어떤 반응을 보이게 됩니까?
당신은 아기의 행동을 어떻게 평가하고 계십니까?"

아나 고메즈*Ana Gomez*, 미국의 소아 EMDR 치료자

우리의 삶에서 안 좋은 일은 늘 일어나기 마련이다. 사실 이 세상을 살아간다는 것은 누구에게나 만만치 않은 일일 것이다. 만약 누군가 당신에게 "참, 세상 속 편하게 사는 것 같아. 어쩜 그리도 근심 걱정과는 완전 담 쌓은 얼굴이냐"라고 말한다면, 아마도 당신은 금방 발끈하여 "야, 나도 나름 힘든 삶을 살아왔거든! 지금도 겨우겨우 버티는 중이야!"라고 소리치고 싶을 것이다. 옛말에도 현세에 태어난다는 것 자체가 곧 고행의 시작이라고 하지 않았던가? 정도의 차이가 있을지언정, 누구에게도 삶은 마냥 편안한 산책길일 수 없다.

※ 든든한 안전지대로서의 부모

"당신 주변의 모든 이들은 저마다 당신이 전혀 모르는 전쟁을 치르고 있습니다. 그러니 당신 옆에 있는 모든 사람들에게 친절히 대해주세요."

영화 〈원더〉에 나오는 초등학교 5학년인 주인공 어기 풀먼이 하는 말이다. 꼬맹이가 뭘 안다고 저런 건방진 소릴 하나 싶겠지만, 이 어기라는 어린 친구의 짧은 인생은 보통 사람들은 쉽게 상상하기 힘든 치열한 전쟁의 연속이었다. 선천성 안면기형이라는 희귀 질환을 갖고 태어나, 겨우 열 살이 될 때까지 무려 스물일곱 번의 성형 수술을 받아야만 했다. 주사 맞고, 마취하고, 칼로 째고, 핀을 박고, 바늘로 꿰매고, 그것도 주로 얼굴에만 집중적으로 하는 수술을 스물일곱 번이나 했으니 유아기에 겪었을 신체적 고통, 마음의 아픔은 어떤 말로도 쉽게 표현할 수 없을 것이다. 그런데 더 큰 문제는 어기의 전쟁이 여기서 끝나지 않는다는 것이다. 얼굴에 그토록 많이 손을 댔으니 그의 얼굴이 남들과 비슷할 수 없는 노릇. 어기의 얼굴은 주변의 또래들로부터 기피 대상, 혐오 대상이 될 수밖에 없었다. '괴물', '변종', '구토유발자', '골룸', '오크족' 정도의 별명을 늘 이름표처럼 달고 살아야만 했다. 결국 다른 사람들의 따가운 시선을 피하기 위해 어기는 혼자 집에서 지내거나, 밖을 다닐 때에는 우주 비행사 헬멧을 쓰고 다닌다. 영화는 부모님의 보호 아래 홈스쿨링을 하던 어기가 5학년이 되어 처음으로 학교에 가게 되면서 겪게 되는, 결코 쉽지 않은 적응기를 보여주고 있다.

어기가 처음 학교에 가는 날, 그러니까 잔뜩 긴장하여 전쟁터로 나서던 날, 연약한 아들을 험난한 전쟁터로 보내는 어기의 엄마 아빠가 보여주는 따스하면서도 든든한 부모의 태도가 내게는 영화 속에서 가장 감동적인 장면이었다. 5학년이 되어 처음 가는 학교에 적응하기 어렵다는 것을 엄마 아빠는 이미 잘 알고 있었다. 다른 아이들이 어기를 보고 놀라고 무서워하고 놀릴 것이라는 것도 어른인 엄마 아빠는 이미 잘 알고 있었다. 하지만 세상에서 고립되지 않고 사람들과 어울려 살기 위해서 이 전쟁을 피해선 안 된다는 것도 잘 알고 있었기에 엄마 아빠는 간절한 심정으로 기도하며 어기를 학교로 보낸다. 교문 앞에서 두려움에 떠는 아들에게 엄마 아빠는 따뜻하게 안심시켜준다.

"사랑해. 이따가 보자!"

"혼자라고 느껴져도 넌 혼자가 아니야!"

이는 걱정하며 망설이는 어린 아들의 마음을 안심시켜주며 다독여주는 일반적인 표현이다. 그런데 평범하게 들리는 이 격려의 말에 가슴이 찌릿해진다. 왜? 아마도 그 진심 어린 표현 속에 우리 모두가 듣고 싶어 하는 공감과 사랑의 표현이 담겨져 있기 때문이 아닐까?

사실 이것이 가능하려면 엄마 아빠가 먼저 자신들의 불안을 스스로 통제하고 조절할 수 있어야만 한다. '우리 아이가 친구들에게 괴롭힘을 당하면 어떻게 하지?', '우리 아이가 너무 충격을 받는 것은 아닐까?' 하는 걱정과 불안이 부모이기 때문에 자연스럽게 일어나는 것은 당연하다. 그런데 중요한 것은 부모가 먼저 이 걱정과 불안을 스스로 소화해내야 한다는 것이다.

'아이가 처음에는 힘들어할 수도 있어. 그건 당연히 일어날 수 있는 상황이고 어쩔 수 없는 일이기도 해. 그래도 아이를 믿고 보내야지. 아이가 힘들어하면 내가 언제든지 도와줄 수 있잖아?'

이런 식으로 부모가 먼저 마음을 정리하고 침착한 반응을 보여야 한다. 그래야 아이를 안심시켜주는 공감과 연결의 표현을 할 수 있다. 그러나 만약 아이에 대한 걱정과 불안을 부모가 먼저 소화하지 못하면, 아무리 좋은 말을 해도 결국은 부모의 불안과 걱정이 전달되기 때문에 아이를 안심시키는 데 실패할 수밖에 없다.

※ 불안 반응을 일으키는 변연계

대개 걱정과 불안이 많은 부모는 스스로를 통제하지 못하는 상태에서 조언과 격려의 말을 해주려는 경향이 있다.

“별거 아니야. 두려워할 필요 없어. 정신 차리면 돼. 넌 잘할 수 있어.”

우리가 흔히 할 수 있는 격려의 표현이다. 분명 힘내라고 응원하기 위한 긍정의 말이고 아이의 전전두엽(인간의 뇌)을 일깨우는 좋은 말이기도 하지만, 불안 반응이 폭발하듯이 일어나고 있는 아이의 변연계*limbic system*(포유류의 뇌)와 뇌간(파충류의 뇌)을 토닥여주는 효과는 전혀 없다고 봐야 한다. 어찌 보면 조언과 격려의 말은 오히려 아이의 불안을 살짝 외면하는 꼴이다. 아이의 입장에서는 별것이 아니지 않은 것 같은 느낌이 자꾸 드는데 별거 아니라는 말을 계속 들어야 하고, 몸은 자꾸 떨리는데 두려워하지 말라는 말을 반복해서 들어야 하니 말이다.

“이런 것 하나 못하면 도대체 뭐가 되려고 그래. 차라리 다 때려쳐. 그럴 거면 아예 하지 마!”

이런 명백한 비난의 말만 아이들에게 상처를 주는 것이 아니다. 분명 두렵고 힘든 상황에 처했는데, 무조건 괜찮다고 하는 것, 즉 외면당하는 것도 아이에게는 상처가 된다. 피할 곳이 없는 느낌, 혼자만 내쳐진 느낌을 더 강하게 받게 되니 말이다. 이렇게 되면 아이는 대개 자책을 하게 된다. 불안해하는 몸과 마음을 스스로 통제하지 못하는 자신이 한심스럽게 느껴지는 것이다.

부모, 어른, 선생님은 불안해하는 아이, 두려움에 위축된 아이에게 실질적인 편안함과 안전감을 제공할 수 있는 안전지대 역할을 해야 한다. 안전지대 역할을 잘하려면 말로만 괜찮다고 할 것이 아니라, 실제로 곁에 함께 있어주어야 한다. 함께하면서 아이의 말을 잘 들어주고, 안전하게 보호해주어야 한다. 그리고 가능한 한 많이 손으로, 표정으로, 눈빛으로, 목소리 톤으로 부드럽게 아이를 만져주고, 안아주어야 한다. 그러면서 아이가 보이는 모든 반응에 대해, 즉 불안해하고 두려워하고 골을 내고 짜증을 내고 슬퍼해도 '괜찮아 그럴 수 있어'라고 타당화시켜주는 반응을 보여야 한다. 만약 이러한 안전지대를 충분히 경험하게 된다면, 불안반응으로 흥분되어 있는 아이의 뇌간과 변연계는 자연스럽게 안정을 찾게 될 것이다.

※ 트라우마 치료에 있어 긍정 자원의 중요성

영화 속 어기는 자신의 뇌간과 변연계에 안정감을 제공해주는 든든한 안전지대와 지지자가 꽤나 많은 것을 알 수 있다. 집, 가족, 얼굴을 가려주는 헬멧, 어기가 자주 상상 속으로 떠나는 우주여행, 반려견, 학교 친구들, 학교 선생님들, 누나 친구들 등등. 영화니까 그렇지 각박한 현실에서 그럴 수 있겠나 하는 씁쓸한 생각이 들 수도 있겠지만, 적어도 영화는 세상과 가장 힘든 전쟁을 치르고 있는 어린아이에게 좋은 에너지를 전달하는 안전지대와 자원이 무엇인지, 그리고 그것을 주변의 가족과 선생님들이 어떻게 어린아이에게 전달해야 하는지를 모범적으로 보여주고 있다.

트라우마로 고통받는 내담자가 상담실을 찾아왔을 때, 초반에 물어보는 중요한 질문 하나가 있다. 잠시 마음의 고통을 내려놓고 마음속에 편안하게 느껴지는 안전지대(혹은 평온지대)를 떠올릴 수 있는지를 물어본다. 혹은 무슨 일이 있어도 내 편이 되어줄 수 있는 지지자가 있는지를 물어볼 수도 있다. 만약 안전지대나 지지자를 상상으로라도 잘 떠올릴 수 있다면, 그 내담자의 뇌 신경회로에는 강력한 긍정회로가 자리 잡고 있다는 것을 의미한다. 이런 경우는 심한 트라우마를 겪었다고 하더라도 그로부터 회복할 수 있는 긍정의 에너지원을 내담자가 이미 갖고 있기 때문에 이후의 치유 과정이 비교적 순조로울 것을 예측할 수 있다. 만약 안전지대나 지지자가 처음에 잘 떠오르지 않는다면, 먼저 긍정자원의 씨앗을 찾아내고 키워나가는 것이 치유의 시작이 된다. 사실 잘 눈에 띄지 않아서 그렇지, 우리는 누구나 긍정자원의 씨앗을 갖고 있다.

PS — 이 영화의 또 다른 매력은 어기 주변에 있는 다른 사람들의 상처도 객관적으로 잘 보여주고 있다는 점이다. 특히 모범생으로 조용히 학교생활을 잘하는 누나 비아의 숨겨진 상처는 집안에 큰 병치레하는 사람이 있을 때 그로 인해 당연히 받아야 할 관심과 사랑을 양보해야 하는 아이의 상처를 잘 대변하고 있다.

"어기는 태양. 엄마와 아빠 그리고 나는 태양 주변을 도는 행성이다. 난 엄마에게 숙제 한 번 도와달라고 한 적이 없었고, 아버지 잔소리 한마디 듣지 않고 혼자서 늘 모든 문제를 해결해야만 했다. 엄마가 날 한 번이라도 봐주면 얼마나 좋았을까?"

비아의 절절한 속마음을 들어보면, 아무런 표현을 하지 않는다고 엄마 아빠의 사랑과 관심을 필요로 하지 않는 아이는 절대로! 절대로! 존재하지 않는다는 것을 새삼 깨닫는다.

너무도 중요한, 타당화

아이의 중요한 요구를 무시하거나 혹은 인정해주지 않으면, 이는 아이에게 상당한 충격을 준다. 잘못했다고 야단치고 비난하는 것보다 중요한 요구를 알아봐주지 않는 것이 더 큰 충격을 줄 수 있다. 아이가 "물이 필요해요", "산소가 필요해요", "음식이 필요해요"라고 소리치는데 부모가 고개를 다른 곳으로 돌린다고 한번 상상해보자. 아이의 절박한 요구를 외면하는 것은 좀 심하게 말하면, "넌 전혀 중요한 존재가 아니야"라는 메시지를 전달하는 것만큼의 심각한 쇼크를 줄 수 있다.

그렇다면 아이들의 요구를 인정해주는 것*validation*(정확한 번역은 '타당화'이다)은 왜 힘든 걸까?

첫 번째 이유는 부모들이 아이의 요구를 인정해주면 아이가 버릇없어진다는 믿음을 갖고 있기 때문이다. 마치 "호의가 계속되면 그게 권리인 줄 알아요"라는 어느 영화 속 대사처럼 우리 사회에는 오냐오냐하고 다 받아주면 아이가 버릇이 없어져 끝없이 요구하게 될 것이라는 믿음이 퍼져 있다. 이런 믿음을 갖고 있는 부모들은 아이의 요구를 가능하면 좌절시키려 한다. 그러나 사실 필요한 요구를 정확히 이해받고 인정받는다면, 아이의 버릇이 나빠질 이유가 전혀 없다. 물과 산소를 과도하게 찾지 않는 것과 마찬가지로 말이다. 만약 아이가 계속해서 과도하게 요구한다면 그때 가서 제대로 한계를 알려주면 된다. 한계가 있다는 것을 가르치는 것과 요구를 무시하는 것은 전혀 다르다.

두 번째 이유는 부모들이 구체적으로 어떻게 인정을 해주어야 하는지 방법을 잘 모르고 있기 때문이다. 사실 이러한 부모 자신도 살아오면서 주변으로부터 충분히 인정을 못 받았을 것이다. 인정받기 위해 악착같이 참고 끝없이 분투하면서 살아왔지만, 충분히 인정을 받았다는 느낌을 가져본 적이 없다. 그러니 어떻게 인정을 해주어야 하는지 방법을 잘 모를 수밖에 없다. 그래서 아이들과 대화를 하면 할수록 혼란스러워지고 짜증만 내게 된다. 인정해주는 방법을 모르니, 아이가 징징거리는 이유를 이해하지 못할 수밖에. "도대체 앤 왜 이러는 거야?"가 되는 것이다.

변증법적 행동치료의 창시자인 마샤 리네한*Marsha M. Linehan* 박사는 인정해주는 구체적인 방법을 다음의 6단계로 나누어서 잘 설명해주고 있다.

타당화의 6단계

1단계 주의 집중하기 *stay awake*

주의를 집중하여 아이의 모든 표현에 언어적 혹은 비언어적 관심을 보인다. 주의할 점! 아이의 표현을 절대 판단하려 하지 않는다.

2단계 반영적 경청 *reflective listening*

아이가 이야기하거나 행동하여 표현하려는 것을 당신이 이해하고 있다는 사실을 언어적 혹은 비언어적으로 전달한다.

3단계 표현하지 못하는 것도 말해주기 *stating unarticulate*

아이가 표현하지 못하고 있는 느낌이나 생각 혹은 바람이 무엇인지 아이의 입장이 되어 상상해본다. 그리고 그것을 아이에게 말해주어 본인이 상상하고 이해한 것이 맞는지 확인한다.

4단계 개별적인 과거력 혹은 생물학적 이유 *personal history or biology*

아이가 그렇게 행동할 수밖에 없는 원인을 이해하려 해본다. 아이가 겪은 과거의 어떤 사건일 수도 있고, 기질적인 원인 때문일 수도 있다.

5단계 정상화 *normalizing*

아이의 행동이 이해가 되고, 나름의 의미가 있으며, 과거에는 그 행동이 효과가 있었다는 것을 인정해준다. 이는 '네가 이상한 것이 아니라, 네가 그럴 수밖에 없는 이유가 있었구나'라는 메시지를 전달하게 된다.

6단계 진심 어린 마음 *radical genuineness*

부모가 더 많이 알고 있고 더 옳다는 권위적인 태도를 버리고 아이를 한 사람의 인간으로 대해야 한다. 아이의 고통을 진심 어린 눈길로 바라본다. 그리고 아이의 힘을 진심으로 믿어야 한다. 아이나 부모나 모두 나름의 강점과 약점을 갖고 있는 하나의 사람이라는 것을 인정한다.

물론 위의 6단계가 결코 쉽지 않을 것이다. 어쩌면 이 모든 단계는 좋은 상담치료자가 되는 과정인지도 모른다. 한 가지 분명한 사실은, 치료자의 타당화보다 부모의 타당화가 훨씬 더 큰 효과가 있다는 것이다. 그러니 포기하지 마시길, 타당화는 치유의 핵심 에너지이기에.

자전거 탄 소년

감독 장피에르 다르덴, 뤼크 다르덴

벨기에, 프랑스 ○ 2011

주연 세실 드 프랑스, 토마 도레

애착관계는 혈연을 전제하지 않는다

"회복력의 바탕은 자신을 사랑해주고
자신에게 조율해주는 든든한 사람으로부터
이해받고 있다는 느낌을 받을 수 있어야 하며,
그 사람의 생각과 가슴속에 자신이 존재한다는
사실을 깨달을 때 얻을 수 있다."

다이애나 포샤*Diana Fosha*, 미국의 심리학자

1950대 초반 미국 하와이 제도의 섬들 중 하나인 카우아이섬에서는 불행한 환경이 아이들에게 미치는 영향을 알아보기 위한 대규모 연구가 진행되었다. 지금은 대자연이 그대로 보존되어 있어 많은 관광객이 찾는 아름다운 섬이지만, 1950년대의 카우아이섬은 미국 본토에서 가장 멀리 떨어진 열악한 환경의 땅이었다. 그런 척박한 외딴섬에서, 그것도 가장 불행한 환경에서 자란 아이들, 즉 부모가 이혼했거나 혹은 알코올중독이거나 마약중독이거나, 혹은 경제적으로 너무 가난해 부모의 따뜻한 양육을 제대로 받지 못했던 아이들이 10년 뒤, 20년 뒤, 30년 뒤에 어떻게 성장해가는지를 알아본 종적 연구다.

※ 카우아이섬의 비밀

연구 결과, 전체 아이의 3분의 2는 결국 불행한 환경을 극복하지 못하고 정신병원과 청소년 교화소를 들락날락거리는 문제 청소년으로 자랐다. 그런데 뜻밖에도 나머지 3분의 1은 좋은 환경에서 자란 보통의 청소년들과 비슷하거나 아니면 오히려 더 안정적으로 성장하고 있었다. 이는 3분의 2의 아이들은 회복탄력성이 부족했던 반면, 나머지 3분의 1의 아이들은 불행한 환경 속에서도 강한 회복탄력성을 갖고 있었다는 이야기이다. 도대체 무엇 때문에 이런 극적인 차이가 생겨난 것일까? 불행한 환경 속에서도 강한 회복탄력성을 발판으로 하여 제대로 성장한 아이들의 공통된 특징은 도대체 무엇이었을까? 많은 연구자들은 그 답을 쉽게 찾지 못했다. 유전적 요인, 기질적 요인, 개인의 성격적인 요인 등 모두 그 답이 될 수 없었다. 나중에야 비로소 연구자들은 제대로 성장한 아이들의 공통된 특징을 밝혀냈는데, 그것은 바로 믿고 의지할 수 있는 사람이 한 명 이상 존재했다는 사실이었다. 즉, 아무리 불행하고 절망적인 환경에서 자란다 해도 신뢰할 수 있고 의지할 수 있는 하나의 관계(친구, 선생님, 연인, 배우자, 이웃, 상담자, 치료자, 목사님 등)만이라도 있다면, 아이들은 고난을 극복하고 제대로 성장할 수 있었다는 이야기이다. (연구 결과 중 흥미로운 사실 또 하나. 공식적인 전문가와의 관계보다 친구, 연인, 이웃과 같은 비공식적인 관계가 더 중요한 역할을 했다.)

⁂ 믿고 의지할 수 있는 한 명의 사람

벨기에 출신의 다르덴 형제의 〈자전거 탄 소년〉은 애착관계가 반드시 혈연관계를 전제하지는 않는다는 것을 보여주는 영화이다. 다르덴 형제는 칸 영화제가 특별히 사랑하는 영화감독으로, 〈로제타〉(1999년), 〈아들〉(2002년), 〈더 차일드〉(2005년), 〈로나의 침묵〉(2008년) 등의 영화로 칸 영화제에서 두 차례 황금종려상과 각본상을 수상했을 뿐만 아니라, 2011년에는 영화 〈자전거 탄 소년〉으로 심사위원 대상을 받았다. 많은 영화 애호가들이 다르덴 형제가 만든 영화의 매력에 오랫동안 빠져 있는 이유는 무엇일까? 아마도 그것은 가족관계나 혈연관계가 아닌, 보통의 사람과 사람 사이에서 일어나는 조건 없는 사랑, 배려, 용서, 연결감이라는 휴머니즘을 보여주고 있기 때문이 아닐까?

보육원에서 혼자 외롭게 지내는 소년 시릴은 기회만 생기면 보육원을 탈출하려 발버둥 친다. 주변의 어른들이 아무리 달래고 말리고 야단쳐봐도, 아버지를 만나려는 아이의 격렬한 발버둥은 결코 수그러들 기미가 보이지 않는다. 하긴 잃어버린 부모를 만나려는 아이의 본능에서 나오는 날카로운 비명이 그저 그런 사탕발림 하나로 달래지겠는가? 진짜 부모가 나타나 꼭 안아주면서 "다시는 네 곁을 떠나지 않겠다"고 안심시켜주지 않는 한, 시릴의 비명소리는 절대로 잦아들지 않을 것이다. 이상하게도 영화 처음부터 끝까지 시릴의 엄마는 보이지 않는다. 그래서 소년은 무조건 아버지에게만 맹목적으로 집착한다. 위험한 탈출 시도 끝에 가까스로 아버지를 만나게 되지만, 소년은 아버지가 이미 오래전에 자신을 버렸다는 현실을 깨닫게 된다. 버림받은 소년은 아버지의 얼굴을 쥐어뜯는 대신, 자신의 얼굴을 고통스럽게 쥐어뜯는다. 아버지가 나쁜 사람이어서 날 버린 것이 아니라, 내가 사랑스럽지 않기 때문에 버림받았다고 믿기 때문이다.

그런 불쌍한 시릴에게 새로운 인연이 나타난다. 보육원 선생님들로부터 도망쳐 달아나던 시릴은 얼떨결에 들어간 병원의 대기실에 앉아 있던 사만다와 부딪쳐 넘어지게 된다. 그런데 사만다라는 지극히 평범해 보이는 여성은 예사롭지 않은 행동을 보인다. 난생처음 보는 아이가 무작정 붙잡고 늘어지니 짜증나고 귀찮기도 할 터인데, 어찌된 영문인지 사만다는 오히려 먼저 시릴에게 다가간다. 사만다는 시릴이 그토록 애타게 찾던 자전거를 어디에선가 발견해서는 보육원에 직접 전해주러 온다. 또 시릴이 주말마다 보육원을 나가고 싶다고 하니 기꺼이 주말 위탁모가 되어 그를 자신의 집으로 데려온다. 그냥 오지랖이 넓은 성격이라고 해야 하나? 생면부지인 시릴의 삶에 사만다는 그야말로 뜬금없이 관여하기 시작한다. 아마도 사만다는 시릴의 비명소리에 담긴 깊은 외로움과 간절한 소망을 본능적으로 감지할 수 있었기에 그런 따뜻한 반응을 보인 것 같다.

이해할 수 없고 예측할 수 없는, 충동적이고 때로는 파괴적이기까지 한 행동을 하는 시릴에게 사만다는 비난하지 않고 오로지 일관되게 차분히 다가간다. 심지어 사만다는 시릴의 무례한 행동을 참지 못하는 남자친구와 헤어지게 되는데도 시릴의 편이 되어준다. 사만다는 친아버지를 찾아가는 시릴의 여행길에도 함께 동행한다. 그리고 시릴이 아버지에게 버림받고 고통스러워 자해할 때는, 마치 '슬퍼하지 마. 이제부터 내가 네 곁에 있어줄게'라고 말하듯이 조용히 그리고 든든하게 시릴을 안아준다. 이런 사만다의 모습에 시릴의 꽁꽁 닫힌 마음이 조금씩 열리기 시작한다.

✳ 누구나 충분히 좋은 엄마가 될 수 있다

안타깝게도 겨우 안정을 찾아가는 시릴에게 세상의 또 다른 검은 그림자가 유혹하듯이 다가온다. 오랫동안 시릴을 괴롭히던 동네 문제아 웨스가 돌연 친절한 척 다가와서는 시릴을 살살 꼬드긴다. 시릴에게 무모한 강도짓을 시키려는 속내가 있었기 때문이다. 이를 눈치챈 사만다는 시릴이 밖으로 나가지 못하게 온몸으로 막아보지만, 시릴은 자신에게 거짓 친절을 베푼 웨스와의 약속을 지키기 위해 거칠게 반항한다.

외로움에 지치고 애정에 목마를 때, 작은 친절을 보여준 상대방에게 맹목적으로 집착하는 모습은 외래에서 상담하는 내담자들에게 흔히 일어나는 현상이다. 결국 시릴은 충동적으로 사만다의 팔을 가위로 찌르고 자신에게 강도짓을 시키려는 웨스에게로 뛰쳐나간다. 그러나 시릴이 어설픈 강도짓을 하다가 경찰에게 잡힐 위기가 오자, 웨스는 뒤도 돌아보지 않고 냉정하게 시릴을 버린다. 오갈 데가 없어진 시릴은 훔친 돈을 갖고 어디로 갈까 잠시 고민하다가 다시 아버지를 찾아간다. 시릴은 "경찰에게 절대로 말하지 않을 테니 걱정하지 말라"면서 훔친 돈을 아버지에게 건네려 하지만, 기겁을 한 아버지는 다시는 자기를 찾아오지 말라고 화를 내며 시릴을 내쫓는다. (개인적으로 이 장면에서 시릴이 가장 불쌍하게 느껴진다. 훔친 돈으로라도 아버지에게 관심을 받으려는 시릴의 간절한 바람이 또다시 냉정하게 거절당했기 때문이다.)

결국 다시 세상에서 완전히 혼자가 된 시릴이 갈 수 있는 곳은 유일하게 사만다의 집이었다. 잔뜩 주눅이 들어 돌아온 시릴은 사만다에게 이렇게 말한다. "팔을 다치게 해서 미안해요, 아줌마랑 같이 살고 싶어요. 항상." 시릴의 어설픈 사과에도 불구하고 사만다는 한마디의 잔소리도 하지 않고 너무도 자연스럽게 시릴을 용서하고 받아들인다. 엄마가 아님에도 불구하고 그녀는 따뜻하고 든든한 엄마의 모습을 감동적으로 보여준다. 아이의 욕구를 알아채고 정확하게 거울반응을 해주는 엄마, 아이의 공격성을 든든하게 안아주고 토닥여주는 엄마, 아이에게 최적의 편안함과 안정감을 제공해주는 엄마, 사만다가 보여준 모습은 도널드 위니콧이 말하는 충분히 좋은 엄마의 본보기라고 할 수 있다.

사만다가 강도 피해자에게 합의금을 물어주고 사건이 일단락된 어느 화창한 봄날, 두 사람은 강가에서 자전거를 탄다. 이전의 시릴이 위태롭게 질주하던 모습과는 달리, 두 사람은 함께 앞서거니 뒤서거니 여유롭게 자전거를 타며 즐거운 시간을 보낸다. 그리고 두 사람은 잔디에 앉아 샌드위치를 먹으며 서로 마주 보고 웃는다. 이 세상에서 가장 친하고 편안한 엄마와 아들 사이처럼 말이다. 이제 시릴에게 사만다의 존재는 세상에서 가장 든든한 안전지대이자 자원이다. 시릴은 사만다의 관계를 통해, 더 이상 배신당하고 버림받지 않는다고 믿게 되었을 것이다. 이러한 믿음은 더는 남 탓하지 말고, 또 남에게 휘둘리지도 말고 스스로 조절할 수 있다는 자기통제감의 새싹을 돋아나게 한다. 자기통제감은 회복의 시작점이다.

그러나 우리가 사는 세상은 언제든지 쉽게 험악해질 수 있고, 행복하다고 믿는 우리의 삶 또한 아주 쉽게 위험에 빠질 수 있다. 사만다와 잠깐 헤어져 혼자 마트에 간 시릴은 자신이 야구 방망이로 때리고 돈을 훔친 피해자 부자父子를 우연히 만나게 된다. 합의금과 사과를 받았음에도 불구하고 아직 시릴에게 분이 풀리지 않았던 피해자 아들이 시릴을 쫓아와 밀고 때리며 분풀이를 한다. 시릴은 필사적으로 도망치다가 나무 위로 올라간다. 하지만 그 아들이 던진 돌에 맞고 시릴은 나무에서 떨어져 정신을 잃게 된다. 시릴이 죽었을 것이라고 생각한 피해자 부자가 당황해하며 병원에 가야 하나, 경찰에 신고해야 하나 하며 우왕좌왕하는 사이, 갑자기 시릴의 휴대폰이 울린다. 사만다가 시릴을 찾는 전화였다. 그러자 그 휴대폰 소리에 죽은 듯이 움직이지 않던 시릴이 기적적으로 깨어난다. 마치 새 생명이 태어나듯이. 그제야 다정한 척 병원에 가자고 하는 피해자 부자의 권유를 뿌리치고 시릴은 옷에 묻은 먼지를 털며 말한다. 집에 가야 한다고. 상처투성이가 된 시릴은 자전거를 타고 사만다에게로 향한다. 아슬아슬 위태롭게 페달을 밟지만, 시릴에게는 이제 돌아갈 수 있는 집, 가족, 엄마가 있는 셈이다. 시릴이 언덕길을 올라 골목을 돌아서는 순간, 화면에는 엔딩 크레디트가 올라가고, 베토벤의 피아노 협주곡 〈황제〉의 제2악장이 부드럽게 흘러나온다. 마치 시릴의 영혼을 따뜻하게 감싸 안으며 다독이듯이. (피아노의 아름다운 선율이 마치 '괜찮아, 괜찮아'라고 속삭이는 듯하다. 아마도 눈물을 참기가 쉽지 않을 것이다.)

PS — 시릴이 미래에도 더 많은 '충분히 좋은 사람들'과의 관계를 경험하며 성장했으면 좋겠다. 충분히 좋은 새아빠*good enough* *stepfather*, 충분히 좋은 친구*good enough friend*, 충분히 좋은 선생님 *good enough teacher*, 충분히 좋은 할아버지*good enough grandfather*, 충분히 좋은 어른들*good enough adults*! 이들과의 관계를 통해 시릴의 회복탄력성은 더욱더 강화될 것이기에!

트라우마 회복의 신호

엔딩 크레디트 이후 시릴의 삶은 어떻게 변화될까? 아마도 사만다와의 안정적인 관계를 통해 시릴은 부모에게서 버림받은 트라우마를 서서히 회복해갈 것 같다. 회복의 신호들은 대개 서서히 나타난다. 보편적으로 나타나는 회복의 신호들은 다음과 같다.

- 트라우마 사건과 연관된 강렬한 감정을 견딜 수 있게 된다.
- 플래시백, 공황발작, 두통, 불안 등과 같은 증상들을 점점 더 익숙하게 통제할 수 있게 되어, 더 이상 이러한 증상들을 과도하게 두려워하지 않게 된다.
- 자유롭고 편안하게 느낄 수 있는 사람과 공간과 장소가 조금씩 늘어난다.
- 자신에게 이득이 되지 않는 행동과 습관을 포기할 줄 아는 자기통제력이 생긴다.
- 도움이 되지 않는 피곤한 인간관계를 정리해나간다.
- 과거에 일어난 트라우마가 마침내 끝났다는 것을 깨닫고 실감하게 된다.
- 현재의 선택, 미래의 방향이 자기 자신에게 달려 있다는 것을 깨닫게 된다.

- 자신이 사건의 희생자(혹은 범죄의 피해자)라는 생각을 버리고, 당당하게 살아남은 생존자로 받아들이게 된다.
- 손상되었던 자존감이 회복된다.
- 변화된 자유로운 삶을 살고 있다는 것을 스스로 느끼게 된다.
- 부정적인 믿음에 집착하지 않고, 좀 더 유연하게 자신과 세상을 바라볼 수 있는 지혜가 생겨난다.
- 자신과 세상을 향한 새로운 긍정적인 의미 체계를 갖게 된다.
- 세상이 생각했던 것보다 우호적이고 선량한 곳이라는 것을 경험하게 된다.

물론 이러한 회복의 과정은 서서히 일어난다. 그래서 막상 회복이 일어날 때는 변화를 알아차리기가 쉽지 않다. 그러나 사만다와 함께 행복하게 웃으면서 자전거를 타는 횟수가 늘어날수록 시릴의 삶에는 회복의 신호들이 하나씩 하나씩 나타날 것이다. 그리고 어느 햇빛 좋은 날, 건강한 청년으로 성장한 시릴은 사만다와 함께 자전거를 타고 있지 않을까?

엔딩 노트

감독 스나다 마미 ○ 일본 ○ 2011
주연 스나다 마미(내레이션)

고통스러운 순간을 받아들이는 방법

"질병은 누군가에 맞선 싸움이 아니라
길고 고된 노력이다.
어떤 사람은 살아서 승리하고,
어떤 사람은 죽어서 승리한다."

《아픈 몸을 살다》, 아서 프랭크 *Arthur W. Frank*

어느 날 갑자기 의사로부터 “암에 걸리셨습니다. 아무래도 악성 종양인 것 같습니다”라는 선고를 들으면 어떤 기분일까? 다른 사람은 몰라도 난 아주 분명히 알고 있다. 8년 전 암 진단을 받은 순간을 지금도 생생히 기억한다. 하늘은 노래지고, 눈앞이 캄캄해지고, 온몸에서 기운이 쭉 빠져나가 제대로 서 있기조차 힘들었던 기억이 생생하다. 괜히 가슴이 절로 울컥거리고 이유도 없이 수시로 눈물이 흘러내렸다. 슬펐다가 화가 났다가 어이가 없다가 분통이 터졌다. ‘내가 죽는다고? 뭘 잘못했지? 하느님은 왜 하필 날 부르시지?’ 이런 답 없는 질문들에 답을 찾으려 머릿속에는 끊임없이 잡념이 일어난다. 풀 죽은 나에게 나름 힘내라고 “이제 암은 병도 아니래. 잘 치료하면 거의 완치가 된대”라고 격려해주는 친구의 귀를 붙잡고 이렇게 소리치고 싶었다.

“니 한번 걸려볼래? 자식아, 이건 사형선고야!”

물론 진단기술, 치료기술이 발달한 덕분에 지금은 많은 암의 완치율이 높아진 것은 사실이다. 그러나 일단 암이라고 진단을 받으면 그때부터 꽤나 두렵고 고통스러운 시간이 한동안 지속된다. 수술, 방사선치료, 항암제 등의 치료 과정은 두려움과 고통을 감소시켜주기는커녕 오히려 증가시킨다. 부작용이 만만치 않기 때문이다. 머리카락이 한순간에 다 빠진, 정말 믿기지 않는 자신의 모습을 거울로 바라봐야 할 때도 있다. 아무리 좋아했던 음식이어도 입에 넣는 순간 토하고 싶어지기도 한다. 체온이 40도가 넘어가면 온몸이 펄펄 끓는 것 같은데 땀은 나지 않는 신기한 경험도 하게 된다. 게다가 이런 고통스러운 과정을 다 거쳐도 100% 산다는 보장이 있는 것도 아니다. 희망과 절망 사이를 수시로 오락가락하다가 드디어 치료 결과를 들으러 담당 의사를 만나러 가는 날은 염라대왕을 만나러 가는 것만큼 무섭다. 치료가 잘 끝났다는 이야기를 들으면 기뻐서 날아갈 것같이 좋지만 혹시라도 그 반대의 경우라면…. 꽤나 강심장인 사람이라고 해도 언제 재발할지 모른다는 두려움을 긴 시간 동안 떨쳐내지 못한다. 일상생활과는 동떨어진 이런 고통스러운 과정을 겪어보지 않은 사람은 정말 절절하게 느끼지 못할 것이다.

※ 죽음이 선물한 것들

영화 〈엔딩 노트〉는 정신없이 바쁜 샐러리맨 생활을 마치고 정년퇴임을 한 뒤, 가족과 함께 한가로운 시간을 보낸 지 얼마 되지 않아 위암 말기 판정을 받은 스나다 씨와 그 가족이 겪는 과정을 담은 영화이다. 마침 영화 쪽 일을 하던 막내딸이 아버지의 진단, 치료, 죽음의 과정을 카메라로 찍었다. 죽음이 장난도 아니고, 곧 일어날 실제 상황인데, 모두 다 연기를 한다고? 딸도 아버지도 나머지 가족들도 도대체 왜 이런 호들갑을 떨었을까? 아마도 두려움과 슬픔의 과정에 빠져 허우적거리기보다 조금 거리를 두고 자신과 주변 상황을 객관적으로 바라보고 싶었을 것이다. 그래야 차분히 죽음을 맞이할 준비를 할 수 있고, 헤어지는 연습을 할 수 있을 테니 말이다. 물론 결코 침착하게 받아들일 수 있는 과정은 아니지만 말이다.

먼저 스나다 씨는 죽기 전에 반드시 한 번은 해보고 싶은 버킷리스트를 만들고 순서에 따라 하나씩 하나씩 실천해나간다. '한 번도 찍어보지 않은 야당에 투표하기'(뭘 이런 걸 굳이!), '일만 하느라 소홀했던 가족들과 여행 떠나기'(이건 조금 빨리 서둘러야 한다), '평생 믿지 않았던 신을 믿어보기'(의외로 도움이 된다!), '아내에게 처음으로 사랑한다 말하기'(힘이 없어 입이 열리지 않을 때까지 가급적 많이 할 것) 등등 영화는 스나다 씨가 자신의 소소한 버킷리스트를 죽을 때까지 하나씩 실천해가는 모습을 잔잔하게 보여준다. 죽음은 우리에게 삶의 우선순위를 정하고, 가장 하고 싶은 것부터 해야 한다는 깨달음을 준다.

일반적으로 죽음을 심각하게 생각할 필요가 없는 젊은 사람들은 이 깨달음을 가슴속 깊이 받아들이기가 쉽지 않다. 하고 싶은 것보다는 먼저 시급하게 처리해야 하는 일들이 너무 많아서 그럴 것이다. 미래를 위한 준비와 걱정을 내려놓을 수 없는 그들에게는 하고 싶은 것을 먼저 한다는 것은 왠지 금수저들이나 할 수 있는 팔자 좋은 소리같이 느껴지기도 할 것 같다. 하지만 아무리 젊어도 갑자기 죽게 되면, 해야 하는 일만 하다가 어이없이 죽는 꼴이 된다. 인생은 유한하고, 죽음은 사람과 나이를 가리지 않는다고 하지 않던가? 허망하겠지만 누굴 탓할 수도 없다. 나도 쉽게 인정하고 싶지 않지만, 암이라는 질병의 유일한 좋은 점을 발견했다는 것을 어쩔 수 없이 인정해야겠다. 암은 '인생은 무한한 것이 아니니, 후회하지 않으려면 먼저 하고 싶은 것부터 하세요'라는 메시지를 전달하는 아주 중요한 역할을 한다.

※ 사랑만 하기에도 모자란 시간

다시 영화 이야기로 돌아가보자. 어차피 영화니까 보기 좋은 장면만 편집했다고 생각할 수도 있겠지만, 스나다 씨의 엔딩 노트에는 가족 간의 따스한 배려와 사랑이 유독 자주 나타난다. 병세가 악화되어 응급실에 실려 온 와중에도 스나다 씨는 장례식에 참석할 사람들의 명단을 확인하려 한다. 그런 모습에 불만과 걱정을 내비치는 아내에게 스나다 씨는 "장례식 회의 중이야"라며 농담을 던진다. 나름의 썰렁한 농담으로 아내를 안심시키고 싶었기 때문이다. 멀리 미국에 사는 아들 가족이 아버지와 마지막 시간을 함께하기 위해 귀국하는데, 스나다 씨가 멀리서 와준 손녀의 두 손을 마주 잡고 하는 말이 인상적이다.

"고맙다, 고마워…. 미안해. 할아버지가 너희에게 갔어야 하는데…. 이렇게 너희가 와줘서 고맙다. 잘 왔다, 잘 왔어."

우리는 이런 감사의 표현을 평소에는 좀처럼 하지 않는다. 미래를 걱정하고 준비하느라 지금 현재 일어나고 있는 소소한 일에 감사함을 느낄 여유가 없기 때문이다. 이런! 의도치 않게 암이라는 질병의 두 번째 좋은 점을 발견하고야 말았다. 인정하고 싶지 않지만, 암은 우리에게 일상의 작은 일에도 감사한 마음을 가질 수 있게 도와준다. 겸허한 마음은 우리가 가장 낮은 곳에 있을 때 찾아오기 때문이다.

영화에서 감동이 정점에 달하는 장면은 스나다 씨가 아내와 마지막 대화를 나눌 때이다.

"당신에게 하고 싶은 말이 있어. 사랑해."

아내도 눈물 흘리며 "내가 하고 싶은 말이야. 당신과 같이 가고 싶어요. 당신이 이렇게 좋은 사람이란 걸 너무 늦게 알았어요. 더 많이 사랑했어야 하는데, 미안해요"라고 말한다. "사랑한다, 함께 있고 싶다"는 말도 우리는 평소에 좀처럼 하지 않는다. 이 말이 상대방을 얼마나 기쁘게 하는지 모르기 때문이다. 이쯤 되면 자존심 상하는 일이지만, 어쩔 수 없이 암이라는 질병의 세 번째 좋은 점을 또 발견하고야 말았다. 암은 우리 주변에 있는 사람 중에서 누가 가장 소중한 사람인지를 알게 해준다.

'병들어 죽어가는 내 옆에 마지막까지 있어줄 사람은 누구인가? 내 죽음을 슬퍼할 사람은 누구인가?'

암에 걸리면 이 진실을 저절로 깨달을 수 있다. 불행하게도 암에 걸리기 이전의 우리는 곁에 있는 사람이 얼마나 소중한지 모른 채 살아가기 십상이다.

말기암을 진단받고 이런저런 완화치료를 받으면서 죽어가는 과정은 암을 가진 당사자에게나 그 가족에게 모두 견디기 힘든 고통스러운 과정이다. 그래서 대부분의 사람은 이 과정에서 누구나 겪을 수밖에 없는 슬프고 고통스러운 경험들을 모두 가슴속에 묻어두려고 한다. 누구에게나 생겨나는 지극히 자연스러운 감정인데도 주위의 눈치를 보며 가슴속에서 삭히려 한다. 어쩌면 밖으로 표현했을 때 제일 먼저 자기 자신이 무너질까 두려워서일 수도 있다. 하지만 죽음에 대한 두려움을 표현한다고 상황이 더 나빠지는 것은 아니다. 오히려 표현되지 않은 감정들이 죽음의 과정을 더 고통스럽게 만들고, 오랫동안 가슴속에 앙금으로 남아 있을 수 있다.

다행히도 영화 〈엔딩 노트〉를 끝까지 다 보고 난 뒤에 두렵고 고통스러운 감정에 압도되는 사람은 별로 없을 것이다. 오히려 슬프면서도 가슴이 따듯해지는 오묘한 경험을 하게 된다. '그래, 그래도 살아야지' 하는 희망이 절로 든다. 왜일까? 영화는 분명 고통스러운 경험을 기록하였는데, 막상 시간이 지나고 보니 영화에는 고통만 기록되어 있는 것이 아니었다. 생각지도 않았던 소소한 행복, 유머, 배려, 미소, 위로, 관계, 가족이라는 엑스트라들이 우리의 삶 곳곳에 놀랍도록 영롱하게 빛나고 있었기 때문이다.

PS — 이 영화의 엔딩 크레디트가 올라가면서 마지막 주제곡이 흐를 때, 아마도 당신은 소중한 사람을 향한 그리움과 사랑을 동시에 느끼게 될 것이다.

치유를 위한 일기 쓰기

낮 동안 잊고 있었던 불안감, 외로움, 자책감, 억울함, 원망감 같은 감정들이 당신이 혼자 있는 시간에 스멀스멀 기어올라와 당신의 생각을 어지럽히고 몸을 불편하게 한다면, 당신은 어떻게 대처하는가? 인터넷, 게임, 술, 음식, 운동? 그도 안 되면 누군가에게 화풀이?

이럴 때 산책을 하거나 목욕을 하거나 매니큐어를 바르거나 요가를 하는 것도 나름 도움이 되지만, 차분히 앉아서 일기를 써보는 것도 나름의 치유수단이 될 수 있다. 다른 사람에게 쉽게 내보일 수 없는 진심을 글로 적어봄으로써 자신의 내면세계를 구체적으로 탐색해가는 시간을 가질 수 있기 때문이다. 가능하면 최대한 이성이 검열하지 못하도록, 솔직하게 떠오르는 감정과 생각을 일기장에 적어보자. 아무런 형식에 얽매일 필요도 없고, 꼭 해답을 찾아야 한다는 강박관념에 사로잡힐 필요도 없다. 그냥 그때 그 순간, 당신에게 스쳐지나가는 생각이나 느낌을 자유롭게 표현한다는 기분으로 적어가면 된다.

일기 쓰기는 마치 마취된 것처럼 감정이 잘 느껴지지 않는다는 사람들에게도 도움이 될 수 있다. 일기를 써가다 보면 마취에서

서서히 깨어나듯이 감정을 서서히 느끼게 될 수도 있기 때문이다. 불명확하고 모호한 생각이나 감정을 낙서 같은 그림으로 혹은 짧은 단어로 표현하는 것도 좋은 방법이다. 내면에서 꿈틀거리고 있는 감정을 일기장 위에 펼쳐내는 것이 목표이다. 그러다 보면 당신은 분명 당신 내면의 감정이 무엇인지 깨닫게 될 것이다. 왜 그런 감정이 떠오르는지 이유도 알 수 있을 것이다. 이러한 깨달음은 당신에게 안정감을 줄 수 있다. (그러나 반드시 일기는 철저히 보안을 유지해야 할 필요가 있음을 명심할 것! 왜냐하면 일기는 누구에게 보이기 위한 것이 아니라, 무엇보다도 당신 스스로 자신의 생각과 감정의 흐름을 객관적으로 보기 위해 적는 것이기 때문이다.)

그런데 잠깐, 여기부터가 중요하다. 간혹 일기를 적다가 오히려 안 좋은 감정과 생각이 더 많이 떠오르고 더 혼란스러워지는 경험을 하게 될 때가 있을 것이다. 그렇다면 우선 잠깐 일기 쓰기를 멈추는 것이 좋다. 일단 브레이크를 걸어 부정적인 감정의 흐름을 멈추게 하자. 그리고 천천히 복식호흡을 하면서 마음을 가라앉혀 보자. 잠시 자리에서 일어나 체조를 하거나 기지개를 켜도 좋다. 따뜻한 카모마일 차라도 한잔 마셔보자. 그래서 조금 환기가 되었다면 다시 자리에 앉아 일기를 적는데 이번에는 당신의 삶에서 행복, 즐거움, 혹은 성취감을 느낄 수 있었던 긍정적인 기억을 일기에 써보도록 하자. 혹은 당신이 감사하다고 생각되어지는 경험을 적어가는 것도 좋다(어려울 수도 있지만 당신에게 큰 도움이 될 수 있다). 긍정적인 감정을 경험했던 좋은 기억을 생각해보고 써 내려가다 보면 당신은 어느새 편안하고 즐겁고 심지어 자신감을 느끼게 될 수도 있다.

자, 여기서 멈추지 말고 또 다음 단계에 도전해보자. 만약 당신이 좋은 기억을 떠올려 마음의 안정을 찾았다면, 이번에는 다시 부정적인 감정과 생각을 일으키는 경험을 쓰는 시도를 해보자. 아까의 혼란을 다시 겪지 않기 위해 점진적으로 서서히 적어가는 것이 포인트다. 그러니 부정적인 경험을 한꺼번에 다 일기에 쓰려고 욕심내지 말고 조금씩 잘게 나누어서 적어보자. 5분의 1, 혹은 10분의 1 정도만 적어도 충분하다. 당신이 견디어낼 수 있는 만큼만 적으면 그것으로도 충분하다.

마무리는 다시 긍정적인 경험을 일기장에 적은 뒤에 일기 쓰기를 마무리하면 된다. 그리고 깊게 심호흡하고 일기 쓰기 과정을 잘 마친 자신에게 격려와 칭찬의 말을 한마디 해주자. "잘했어!", "수고했어!", "해보니 별거 아니네", "이제 더 잘할 거야" 같은 과정을 반복하다 보면 당신은 점점 더 고통스러운 감정을 견뎌내는 힘이 강해질 것이다. (이를 전문용어로 진자운동*pendulation* 혹은

*oscillation*이라고 하는데, 양쪽 극단의 상태를 왔다 갔다 왕복하는 것을 말한다. 즉 부정적 경험과 긍정적 경험 사이를 왔다 갔다 하면서 부정적인 생각이나 감정에 맞선 저항력을 키우는 방법이다. 꼭 한번 시도해보시길.)

와일드

감독 장마르크 발레 ○ 미국 ○ 2014
주연 리스 위더스푼, 로라 던

몸을
격렬히 움직일수록
마음은 평온해진다

"몸을 움직이는 것만큼
당신의 신체와 정신에 커다란 긍정적인 변화를
일으키는 특효약은 없다."

《Healing from Trauma》, 재스민 리 코리

항암치료가 끝나고 난 뒤, 내 몸은 한참 동안이나 탈진상태였다. 기를 써도 도무지 몸에 힘이 들어가지를 않았다. 주먹을 꽉 쥐는 것조차 힘들었다. 그런 무기력한 시간이 길어질수록 생각은 복잡해지고 기분도 울적해졌다. 그러다가 용케 산이라도 올라야겠다고 마음먹었다. 그러나 막상 산으로 들어서는 초입에서부터 후회가 물밀 듯이 밀려왔다. 그냥 침대에 누워 잠이나 잘걸. 5분도 안 걸었는데 다리가 무겁다. 그냥 돌아갈까 하는 마음이 슬그머니 든다. 그래도 일단 이곳까지 왔으니 머릿속 잡념을 지우고 오로지 한 걸음 한 걸음 내딛는 발걸음에만 의식을 집중해보았다. 다시 한 5분쯤 더 걸었을까? 조금씩 숨이 가빠지면서 이상한 현상이 내 몸에서 일어났다. 신기하게도 걸으면 걸을수록, 납덩이같았던 발걸음이 점점 더 가벼워지는 것이 아닌가? 그러다 보니 어느덧 정상! 주변을 둘러보니 마침 아무도 없었다. 이때다 싶어 "아악!" 하고 온 힘을 다해 괴성을 질러보았다. 어느새 기분이 완전히 180도 바뀌어져 있음을 깨달았다. 우중충하고 울적했던 감정이 바람과 같이 사라지고 이유를 설명할 수 없는 그저 기분 좋은 고양감이 온몸에 가득했다. 그 순간 나는 이곳에 살아 있음에 스스로 감동받았다.

"감사합니다, 하느님. 저 아직 살아 있네요."

이게 벌써 8년 전 기억이다. 겨우 한 시간 정도의 산책 같은 등산으로도 이런 감사한 경험을 할 수가 있는데, 평범한 의지와 체력으로는 시도하기조차 힘든 훨씬 고강도의 운동이나 험난한 산행을 며칠이고 하는 사람들은 도대체 어떤 특별한 체험을 하게 될까? 어떤 환자는 아무리 많은 항우울제를 복용해도 죽고 싶은 생각이 조금도 줄어들지 않는 심한 우울증으로 고통스러워했는데, 서울에서 부산까지 2번 왕복하는 도보 행군을 하고 난 뒤에는 항우울제 복용을 중단하고도 죽고 싶다는 생각과 우울감이 감쪽같이 사라졌다고 한다. 멀리 스페인의 산티아고 순렛길을 걷고 난 뒤에 수년간 끊지 못했던 수면제 없이도 숙면을 취하게 된 사람도 있었고, 하루 세 시간 정도의 강도 높은 헬스 운동을 하고 난 뒤에 수년간 괴롭혔던 트라우마의 플래시백이 사라진 사람도 있었다.

몸을 움직인다는 것, 그래서 몸을 꽤 고통스러운 상태까지 몰아가는 행위는 마음의 상처를 치유하고 우리의 정신을 고양시키는 효과가 분명 있는 것 같다. 이상하다. 몸을 움직인다고 어떻게 마음이 치유되지? 영화 〈와일드〉는 몸을 움직여 마음을 치유하는 과정에서 어떤 일이 일어나는지를 감동적으로 보여주고 있다.

※ 자기파괴적인 애도방법

영화 〈와일드〉는 실존 인물인 셰릴 스트레이드라는 여성의 자서전을 바탕으로 만들어진 영화다. 셰릴은 어려서부터 아버지의 폭력에 시달리는 가정에서 엄마, 동생과 함께 성장한다. 엄마의 피곤하고 비참한 삶을 옆에서 지켜보며 자랐던 셰릴은 언젠가 아빠를 떠나 엄마와 함께 행복하게 사는 것을 항상 꿈꾸었다. 마침내 엄마가 이혼을 선택했을 때, 셰릴은 오랫동안 꿈꿔왔던 행복한 삶을 이제 시작할 수 있다는 희망에 부풀어 올랐다. 그러나 운명의 신은 셰릴이 가장 행복해하는 그 순간, 잔인하게도 셰릴로부터 행복의 근원을 송두리째 빼앗아간다. 암세포가 척추까지 전이된 어머니가 한순간에 하늘나라로 떠나버린 것이다.

셰릴은 갑작스럽게 엄마를 잃어버린 상실감을 견뎌내지 못한다. 아버지의 폭력으로부터 잠시라도 도피할 수 있었던 유일한 곳이 엄마의 품이었기에, 엄마의 존재는 셰릴에게 그만큼 더 소중했을 것이다. 엄마의 사랑에 의지하며 살아온 셰릴의 어린 자아는 상실감과 트라우마적 애도에 압도되었다. 험난한 세상에 혼자 남겨졌다는 두려움, 믿고 의지할 수 있는 사람이 곁에 아무도 없다는 외로움, 갑자기 떠나버린 엄마에 대한 원망, 내가 뭔가 잘못해서 엄마가 죽었을지도 모른다는 자책, 그리고 혼자서는 아무것도 할 수 없다는 무기력감에 압도된 셰릴은 고통스러운 감정들로부터 벗어나기 위해 방황하기 시작한다.

압도적인 감정으로부터 회피하려는 방어 행동은 언제나 그렇듯 부작용을 심하게 유발한다. 셰릴은 4년 동안이나 술과 약물에 중독되었고, 남자들과의 즉흥적인 성관계에 의존하며 방탕한 시간을 보낸다. 무던하게 참고 견뎌주던 남편마저 곁을 떠나고 나서야 비로소 셰릴은 술과 약물과 섹스가 자신의 문제를 해결해주기는커녕 파멸로 이끈다는 사실을 깨닫는다. 그리고 불현듯, 삶과 죽음을 넘나드는 극한의 공간으로 알려진 PCT*Pacific Crest Trail*라는 하이킹 코스에 도전하기로 결심한다.

※ 극강의 신체적 한계에 도전하기

PCT는 멕시코 국경에서 캐나다 국경을 잇는 4,285킬로미터의 트레킹 코스인데, 이는 대략 서울에서 부산까지 다섯 번 정도 왕복하는 거리다. 전문 산악인들에게도 악마의 코스라고 불리는 이 코스는 인적이 드문 등산로와 눈 덮인 고산지대, 9개의 산맥과 사막, 광활한 평원과 화산지대 같은 모든 험난한 자연 환경을 품고 있다. 건장한 젊은이라도 한번 들어가면 다시 나오기가 쉽지 않은 코스일 뿐만 아니라, 폭설이나 화재 같은 뜻하지 않은 재해로 도중에 트레킹을 포기하고 돌아가는 경우가 많다고 한다. 또한 사람의 흔적을 좀처럼 찾아보기 힘든 이 트레킹 코스는 절대 고독의 공간으로, 도보 여행자들은 육체적인 피로는 물론 수시로 찾아오는 외로움과도 맞서 싸워야만 한다. 그래서 많은 사람들이 PCT에 도전하지만 실제로는 1년에 약 125명만이 완주에 겨우 성공할 수 있을 정도로 변화무쌍한 극한의 여정이다.

제대로 운동을 해본 적도 없고, 배낭을 싸는 법, 배낭을 등에 지는 법, 텐트를 치는 방법도 모르고, 심지어 버너를 켜서 음식을 데워 먹을 줄도 모르는 셰릴에게 낯설고 험난한 여행길은 처음부터 말도 안 되는 고행길일 뿐이었다. 반나절도 지나지 않아 어깨는 커다란 배낭의 무게에 짓눌렸고, 발바닥은 짓무르고 발톱은 사정없이 벗겨졌다. 고통에 못 이겨 날카로운 비명을 질러보지만, 삭막한 사막에서 셰릴에게 다가와 다정히 위로해주고 상처를 치료해줄 사람은 아무도 없다. 게다가 걷는 것만이 고통의 전부가 아니었다. 험난한 환경이 주는 두려움, 그리고 밤이 되면 찾아오는 절대적인 외로움, 눈만 감으면 떠오르는 엄마를 향한 그리움과 수치스러웠던 과거의 사건들, 그리고 낯선 남자들을 만날 때마다 가져야 하는 긴장감과 경계심은 셰릴을 점점 지치게 만들었다. 그러나 뒤로 물러설 수조차 없이 절박했던 셰릴은 포기하지 않고 한 걸음 한 걸음 앞으로 걸어나간다. 표면적으로는 몸과 마음이 지치기만 하는 아무 의미 없는 고행길 같아 보이지만 내면에서는 말로 설명하기 어려운 미묘한 현상이 일어난다. 구체적으로 어떤 현상일까?

※ 신체감각에 오롯이 집중하는 경험

추측해보자면, 걷는 시간이 하루 이틀 늘어날수록 셰릴은 거의 탈진상태에 다다랐겠지만, 그의 의식은 오로지 자신의 신체감각에 집중하게 되었을 것이다. 당장 발바닥이 따끔거리고, 종아리 근육이 뭉치고, 허리가 결리고, 목구멍이 타들어가고, 숨쉬기도 벅찬데, 어떻게 잡념과 자기연민에 주의를 빼앗길 수 있겠는가? 어쩔 수 없이 셰릴은 온몸에 전달되어오는 생생한 신체감각에 민감해지고 그 감각에 따라 신속히 행동하게 된다. 발바닥에 있는 물집을 터트리고, 종아리 근육을 풀어주고, 허리를 똑바로 세우고, 물을 마시고, 허기를 달래고, 휴식을 취할 곳을 찾는 데 모든 의식을 집중했을 것이다. 이 과정이 반복되면서 셰릴에게는 명료한 변화가 일어나기 시작한다.

자신의 몸이 원하는 것을 점점 더 잘 인식할 수 있게 되었기에, 셰릴에게는 무엇보다도 먼저 자신의 몸을 돌보는 것이 최우선 과제가 되었다. 이제 셰릴의 의식은 오로지 지금 현재 몸에서 일어나는 신체감각에만 집중할 수 있게 된다. 선명하게 느껴졌다 사라지는 신체감각을 그저 알아차리고 바라보는 것, 이는 바로 마음을 평온하게 하는 치료로 최근 각광받고 있는 마음챙김 명상 *mindfulness meditation*의 기본이기도 하다. 걷고 또 걸으면서 자신의 신체감각에 의식을 집중하게 될수록, 그토록 자신을 괴롭혀왔던 과거의 잡념과 자기연민은 셰릴의 머릿속에서 서서히 옅어져갔을 것이다. 점차 비어진 마음의 공간에 지금 이 순간 살아 숨 쉬고 있다는 현존의 감각이 충만하게 들어차게 된다.

몸의 움직임을 통해 지금 이 순간 살아 있다는 감각에 충만해지는 단계가 되면 대개 우리의 의식은 자연스럽게 외부 세상으로 향한다. 그래서 이때부터 셰릴의 시야에는 주변 대자연의 아름다움이 새삼 제대로 들어오기 시작하고, 길에서 만난 사람들이 들려주는 이야기가 가슴에 전해지기 시작한다. 우연히 숲속에서 만난 어린아이는 자신도 엄마를 잃었다고 하면서 가수였던 엄마가 가르쳐준 노래를 들려준다. 애잔한 사랑이 담긴 노랫소리를 들으며 셰릴은 그 자리에 주저앉아 울고 만다. 아이의 노래가 가슴으로 전해지면서 셰릴은 자신의 엄마가 전해준 무한한 사랑을 그저 온몸으로 느낄 수 있게 된 것이다.

"이 세상에는 내가 알거나 혹은 알지 못하는 수많은 일들이 있지만, 그런 것들을 다 합쳐봐야 우리 엄마가 나를 사랑해준 것에 비하면 결국 아무것도 아니었다."

마침내 94일간의 긴 여정의 종착점인 '천사들의 다리'라는 지점에 도달했을 때, 셰릴은 삶에 대한 깊은 깨달음을 얻는 경지에 도달한다. 그 깨달음은 단순하면서도 심오하다.

"이젠 더 이상 공허하게 손을 뻗을 필요가 없다는 것을 알았다. 물속을 헤엄치는 물고기들을 보는 것만으로 충분하다. 그것으로도 충분했다. 다른 모든 사람들의 인생처럼 나의 삶도 신비로우면서도 다시 돌이킬 수 없는 고귀한 것이었다. 지금 이 순간, 바로 내 곁에 있는 바로 그것. 인생이란 얼마나 예측불허의 것인가? 그러니 흘러가는 대로, 그대로 내버려둘 수밖에."

이런 깨달음에 도달했다면 이제 셰릴에게 진정한 평온이 찾아왔다고 할 수 있지 않을까?

PS — 영화의 마지막에 사이먼과 가펑클의 '엘 콘도르 파사'가 흘러나온다. '콘도르'는 잉카인들이 신성시하는 맹금류로 '무엇에도 얽매이지 않는 자유'라는 의미가 있다고 한다. 셰릴의 삶도 과거의 속박에서 벗어나 콘도르처럼 자유롭게 비상하게 되리라.

자신에게 맞는 운동은 트라우마 치유의 특효약이다

운동이 정신건강에 좋은 영향을 미친다는 수많은 연구 결과가 나와 있음에도 불구하고 트라우마 치유에서 운동의 중요성은 여전히 과소평가되어 있는 것 같다. 사실 몸을 움직이는 것은 트라우마 당시 얼어붙은 우리의 몸을 일깨우는 매우 중요한 자극이다. 몸을 움직임으로써 우리는 잃었던 통제감과 자유로움, 그리고 즐거움을 되찾을 수 있다.

실제로 규칙적인 운동은 우리 뇌 내의 호르몬에 큰 변화를 일으킨다. 기분이 좋아지는 엔도르핀을 증가시키고, 기분이 나빠지는 스트레스 호르몬들은 대개 감소시킨다. 또한 유산소 운동은 뇌로 가는 혈류량을 증가시켜 기억을 관장하는 해마의 신경세포를 새롭게 증식시키고 집중력, 문제해결 능력, 충동조절 능력을 향상시킨다. 결국 운동은 스트레스에 대처하는 우리 뇌의 기능을 발달시키는 셈이다.

어떻게든 마음 가볍게 부담 없이 운동을 시작해보자. 그냥 많이 걸어보자. 동네 산책도 좋다. 반려동물이 있다면 더할 나위 없다. 가까운 동네 언덕, 공터, 산에 가보자. 기분을 환기해보자. 간혹 어떤 경우에는 자신도 모르는 사이에 운동이 부담이 되어 심박동이 빨라지고 호흡이 거칠어질 수도 있는데, 걱정하지 말자. 쉬었다가 천천히 하면 된다. 때로는 신체흥분 상태가 과거의 기억을 자극한다든지 혹은 공황발작을 일으킬지도 모른다는 두려움 때문에 운동하기를 꺼려하고 불안해하는 경우도 있다. 물론 그럴 수 있다. 그럼에도 불구하고 이런 위기 상황에 페이스 조절을 하여 이 악물고 넘기면 운동은 치유 과정에서 매우 중요한 역할을 하게 된다. 그러니 일단 시작해야 한다. 하나만 기억하면 된다. 처음에는 낮은 강도의 운동, 스트레칭과 같은 몸을 이완시키는 운동, 천천히 움직이는 운동부터 편안하게 시작하자.

차츰 가벼운 운동이 익숙해지면 그다음에는 이제까지 전혀 해보지 못했던 새로운 행동, 움직임, 운동을 해보는 것에 도전한다. 자유롭게 몸을 움직이면서 당신의 신체를 통해 이완, 자유, 즐거움, 자신감, 통제감을 경험하는 시간을 많이 가져보자. 어떤 사람에게는 태권도나 권투 같은 격렬한 운동이, 어떤 사람에게는 부드럽고 편안한 움직임을 많이 하는 요가가, 혹은 춤, 수영 같은 운동이 즐거움과 자신감을 느끼게 해줄 것이다. 자신에게 맞는 운동, 편안하고 즐거운 운동을 찾아내는 것이 무엇보다도 중요하다. 그러한 운동을 찾아냈다면 일상생활 속에서 규칙적으로 실행해보자. 두려울 수도 있고 귀찮을 수도 있지만 우선 일단 해보자는 마음으로 도전하자.

만약 운동을 하면 할수록 고통스럽고 부담스러워진다면 그 운동은 일단 멈추어야 한다. 운동 강박증일 수도 있기 때문이다. 하지만 몸의 움직임을 통해 즐거움과 자신감을 느낄 수 있게 된다면, 당신은 자신의 몸을 미워하기보다는 점점 더 자신의 몸을 좋아하고 사랑하게 되고 감사한 마음을 갖게 될 것이다. 이는 트라우마 치유의 매우 중요한 열쇠가 될 수 있다.

무기력해서 운동을 못 한다 하지 말고, 무기력하기 때문에 반드시 운동을 해야 한다는 사실을 잊지 말자.

세이빙 MR. 뱅크스

감독 존 리 행콕

미국, 영국, 오스트레일리아 ○ 2013

주연 에마 톰슨, 톰 행크스

트라우마를 치유하는 예술의 힘

"트라우마는 자신이 얼마나 두려워했고 얼마나 분노했고, 또 얼마나 무기력했는지를 잊게 만들지만, 연극은 얼마나 두렵고 분노했고 무기력했는지에 대해 진실을 이야기하고 전달하는 행위이다."

《몸은 기억한다》, 베셀 반 데어 콜크

영화 〈메리 포핀스〉는 1964년에 디즈니에서 만든 영화로, 당시로서는 기발한 아이디어가 넘치는 참신한 형식의 뮤지컬 영화이다. 1964년도 아카데미 13개 부문에 후보로 올라 5개의 상을 받았고, 지금까지도 전 세계의 많은 사람들에게 사랑받는 주옥같은 노래들이 나오는 뮤지컬 명작이다. 내가 이 영화를 처음 본 것은 1970년대 중반, 중학교 1학년 까까머리 시절이었다. 그때 한 반에 70명의 남학생 중 대부분은 당시 최고 히트작인 〈스팅〉이라는 영화를 보러 갔는데, 어찌된 영문인지 모르지만 나만 혼자 영화 〈메리 포핀스〉를 보러 갔던 것으로 기억이 난다. 영화를 보고 와서 감동과 흥분을 친구들에게 수다 떨고 싶었지만, 당시 반 친구들은 누구도 내 이야기에 귀를 기울이는 분위기가 아니었다. 영화 〈스팅〉에 나오는 멋진 두 남자, 폴 뉴먼과 로버트 레드퍼드야말로 그 당시 남학생들의 진정한 우상이었으니까 말이다. 할 수 없이 나 혼자 〈메리 포핀스〉 영화를 세 번이나 연달아 더 보았다. 그리고 이후 영화의 주인공, 가정교사인 메리 포핀스 역의 줄리 앤드루스는 내 인생의 선생님이 되어버렸다. 이후 개봉된 줄리 앤드루스가 또 다른 가정교사로 나오는 영화 〈사운드 오브 뮤직〉에 나는 지금까지도 중독되어 있다.

※ 불행한 가족에게 나타난 구원자

중학생 때도 그랬지만 40년이 지난 지금도 나는 영화 〈메리 포핀스〉를 감싸고 있는 분위기와 정서가 살짝 미묘하고 난해하다.

엄마 아빠가 놀아주지 않아 심심해하고 따분해하던 뱅크스 집안의 아이들은 무엇이든 가능하게 하는 마법사 메리 포핀스와 함께 지내게 되면서 이제까지 알지 못했던 신비롭고 신나는 세상을 경험한다. 그림 속 세상으로 들어가 그곳에 있는 동물, 사람 들과 춤을 추고, 높은 굴뚝 위에서 숯검정을 묻히며 청소부들과 난장판 춤을 추고, 낄낄 웃으며 천장으로 날아올라가 춤을 추는 것과 같은 상상도 하지 못했던 재미난 일이 쉴 틈 없이 일어난다. 어렵고 복잡했던 문제들이 모두 마법과도 같이 해결되는 즐겁고 따뜻한 내용의 영화인데, 이상하게도 영화를 다 보고 나면 왠지 모르게 마음이 짠하고 슬퍼진다. 아이들은 물론이고 온 가족이 다 행복해지니까 갑자기 메리 포핀스가 떠나야 할 때가 되었다며 혼자 짐을 싼다. 아이들은 그녀와의 작별을 슬퍼하며 계속 함께 지내자며 매달려보기도 하지만, 곧 부모님과 함께 연을 날리러 가면서 작별의 슬픔을 잠시 잊는다. 연을 날리는 가족들의 단란한 모습을 뒤로 한 채, 메리 포핀스는 작별의 인사 한마디 안 남기고, 아련한 표정을 지으며 하늘로 날아간다.

뱅크스 집안에 메리 포핀스가 찾아온 덕분에 아이들은 이제까지는 상상할 수도 없었던 짜릿한 시간을 만끽하지만, 정작 큰 변화는 아이들의 아버지인 뱅크스에게 일어난다. 그동안 오로지 사회적 성공과 부를 위해 살면서 아이들과 함께하는 소중한 시간을 잊고 지내던 아버지가 무언가를 깨닫고 아이들의 곁으로 가깝게 다가간다. 근엄하고 엄숙하기만 했던 아버지의 얼굴에 웃음이 나타나자 가족 전체에도 웃음이 넘쳐난다. 구름 위에 있던 메리 포핀스는 왜 뱅크스 집안에 내려왔을까? 아이들을 돌보기 위해? 아이들과 놀아주기 위해? 아니면 아버지를 변화시키기 위해?

마침내 궁금증이 풀린 것은 2013년에 만들어진 〈세이빙 MR. 뱅크스〉라는 영화를 보고 나서다. 이 영화는 〈메리 포핀스〉의 제작 비하인드 스토리를 담았다. 소설 《메리 포핀스》를 좋아하는 어린 딸에게 월트 디즈니 컴퍼니 사장인 월트 디즈니는 그 소설을 꼭 영화로 만들어주겠다고 약속하지만, 소설의 원작자인 트래버스 부인은 판권을 팔라고 하는 월트 디즈니의 제안을 20년 동안이나 계속해서 거절한다. 고집 센 성격에 친구 하나 없이 외롭게 지내고 있지만 자부심 하나만은 대단했던 트래버스는 만화 영화 사업으로 엄청난 돈을 벌어들인 월트 디즈니를 천박하다며 처음부터 싫어했기 때문이다. 트래버스는 자신의 원작 소설에 담긴 다양한 사회 문제를 다룬 메시지들이 영화로 만들어지는 과정에서 단순히 재미와 흥미 위주로 변질되는 것을 극도로 경계했다. 그러나 말년에 재정적으로 어려워지는 처지에 이르자, 트래버스의 변호사는 파산하지 않으려면 소설의 판권을 월트 디즈니에게 팔 것을 강력히 권고한다. 마지못해 판권을 넘기기로 하지만, 도무지 마음이 편하지 않았던 트래버스는 직접 LA로 날아가 월트 디즈니를 만난다. 자신의 요구 조건을 분명히 전하고, 만약 조건이 지켜지지 않으면 언제든지 계약을 파기할 수도 있다고 엄포를 놓는다. 그리고 영화의 제작 과정에도 일일이 간섭하며 잔소리를 하기 시작한다. 판권을 가진 트래버스가 갑의 입장이다 보니, 월트 디즈니는 물론이고 시나리오를 만들고 음악을 만드는 사람들 모두 트래버스의 눈치를 살피며 쩔쩔맨다. 트래버스는 자신의 허락 없이 대사 한 마디, 노래 가사 한 소절 바뀌는 것조차도 몸서리치게 싫어한다. 시나리오를 만들어가는 과정에서 계속해서 짜증과 신경질을 내면서 무조건 마음에 안 들어 하던 그녀는 결국 영화 메리 포핀스에 애니메이션이 부분적으로 삽입된다는 사실을 알고는 분기탱천하여 계약을 파기하고 영국으로 돌아가버린다.

※ 어린 시절의 상처를 담아낸 작품

트래버스는 왜 그토록 예민하고 까다롭게 굴었을까? 그 이유는 《메리 포핀스》라는 원작 소설이 사실은 자신의 고통스러운 어린 시절의 기억을 담고 있었기 때문이다. 트래버스는 1899년 오스트레일리아에서 아일랜드 출신의 아버지와 스코틀랜드 출신의 어머니 사이에서 장녀로 태어났다. 아래로 어린 동생이 둘이나 있다 보니 엄마는 동생들을 돌보느라 늘 정신이 없었고, 자신 또한 동생들을 돌보며 엄마 일을 도와야 하는 장녀 역할을 너무 어려서부터 받아들여야만 했다. 사정이 그렇다 보니 혼자 있는 시간이 생기면 공상에 빠져 지내는 것이 습관이 되었다. 외로운 트래버스에게 아버지는 그나마 시간이 날 때마다 같이 놀아주고 웃어주던 다정다감한 존재였다. 또한 절대로 자신처럼 살아서는 안 된다고 하면서 꿈과 희망을 놓지 말라고 응원해주기도 하는 든든한 존재이기도 했다. 하지만 동시에 경제적인 어려움으로 좌절하며 알코올중독 상태에 빠져 늘 집안을 불안하게 만드는 존재이기도 했다.

사랑하는 아버지를 위해 무엇이든 해보려 하지만 사실 어린 트래버스가 할 수 있는 것은 아무것도 없었다. 아버지가 애타게 술을 찾자, 엄마가 숨긴 술을 찾아다 아버지 손에 쥐여주는 것이 그녀가 할 수 있는 전부였다. 결국 남편에게 질린 그녀의 엄마는 자포자기한 상태에서 자살 시도까지 하는 지경에 이르고, 급기야 위태롭게 흔들리는 가족을 구원하기 위해 멀리 시드니에서 이모가 찾아온다. 이 이모가 바로 훗날 메리 포핀스의 모티브가 되는 사람이다. 하지만 당차고 힘이 있는 이모가 찾아와 집안일을 도와도, 아버지의 알코올중독 증상은 점점 악화되어 갔다. 그러던 어느 날 트래버스가 아버지가 먹고 싶다고 한 배를 사러 시장에 간 사이, 아버지는 피를 토하며 숨을 거두고 만다.

❊ 예술 활동을 통한 트라우마 치료

사랑하는 아버지를 잃고 난 뒤 어린 트래버스는 어떤 힘든 시간을 보냈을까? 우울증에 빠진 엄마도, 당당하고 엄격한 이모도 어린 그녀가 겪었던 상실의 아픔을 섬세하게 어루만지지는 못했던 것 같다. 이런 상황에 놓인 어린아이들은 대개 강한 죄책감과 책임감을 가지고 성장한다. 아마도 아버지를 잃어버린 상실의 고통을 잊기 위해 죄책감과 책임감을 스스로 떠안았을 것이다. 일종의 방어막인 셈이다. 그러나 아무리 방어를 한다 해도 아버지가 보고 싶고 그리운 마음, 아버지가 곁에 없다는 슬픔을 어린아이가 무슨 수로 다 억누를 수 있겠는가? 트래버스는 결국 고향을 떠나 혼자 멀리 영국으로 건너간다. 그곳에서 과거를 잊기 위해서라도 할 수 있는 모든 일을 닥치는 대로 한다. 연극도 하고 발레도 하고 저널리스트로도 활동했다. 그렇게 버는 돈의 거의 대부분을 오스트레일리아에 있는 엄마에게 부쳤다고 한다. 아마도 엄마 곁에 남아 위로해주지 못한 것에 대한 부채를 갚기 위해 필사적으로 돈을 보냈던 것 같다. 그러다가 결국 어려서부터 습관처럼 해왔던 상상하기와 글쓰기 솜씨를 살려 아동 문학가로서의 글을 쓰기 시작하고, 마침내 하늘나라에서 홀연히 날아와 불행해지는 한 가족을 구하는 메리 포핀스라는 가공의 인물을 창조해낸다. 아니, 좀 더 정확히 말하자면 메리 포핀스는 아무것도 할 수 없었던 어린 트래버스 대신에 아버지 뱅크스를 구하기 위해 온 상상의 구원자였던 셈이다. 그래서 영화 제목이 '뱅크스 씨 구하기*Saving Mr. Banks*'인 모양이다. 트래버스는 소설 속에서 신비로운 능력을 가진 마법사 메리 포핀스를 통해 자신이 어린 시절에 경험한 상실과 결핍을 치유하는 동시에, 아버지와 어머니를 괴롭혔던 빈부격차, 남녀차별 같은 사회 문제에도 폭넓게 접근했다고 한다. 의식적으로든 무의식적으로든 자신의 아픈 기억을 예술로 승화시킨 셈이다. 트래버스뿐 아니라 많은 예술가들에게 작품을 창조하는 과정은 일종의 치유 과정이라고 할 수 있을 것 같다.

갖은 우여곡절 끝에 월트 디즈니와 트래버스 두 사람은 어렵게 화해하게 되고, 마침내 영화 〈메리 포핀스〉가 극적으로 완성된다. 멀리서부터 비행기를 타고 영화 시사회를 찾아온 트래버스는 영화를 보면서 하염없이 눈물을 흘린다. 모든 관객이 다 즐겁게 웃고 있는데, 혼자 울고 있었던 것이다. 뒤에서 이 모습을 보고 걱정이 되어 "괜찮냐"고 물어보는 월트 디즈니에게 트래버스는 "당신이 영화 속에 애니메이션을 넣은 것이 분해서 우는 거야"라고 대답한다. 하지만 사실 그녀의 눈물은 아버지를 향한 그리움과 슬픔을 받아들이고 자신의 죄책감과 책임감을 내려놓는 눈물이었을 것이다.

PS — 이제 막 사춘기가 시작되었던 중학교 1학년의 어린 나는 도대체 왜 대부분의 남학생들이 열광하던 〈스팅〉의 남자 주인공들이 아니라 유난히도 메리 포핀스에 끌렸을까? 매사에 자신이 없고 찌질했던 중학생 때의 나는 애초부터 터프한 남성성을 모델링하는 데는 자신이 없었던 모양이다. 그보다는 메리 포핀스처럼 따뜻하고 상냥한 가정교사가 내 마음을 이해해주고 함께 놀아주길 바랐던 것은 아닐까?

연극치료와 사이코드라마

우리의 뇌는 분명 생존에 유리한 방향으로 나아가도록 세팅되어 있다. 만약 만성적인 트라우마로 발생한 불안과 긴장감이 높다면, 우리의 뇌는 고통의 수준을 낮추기 위해 신체감각과 감정을 차단하는 방법을 사용할 수밖에 없다. 쉽게 말해 고통을 느끼지 못하도록 견고한 방어막을 치는 것이다. 그런데 이 방어기전의 문제점은 부정적인 감정만 느끼지 못하게 하는 것이 아니라, 즐거움이나 기쁨 같은 긍정적인 감정도 느끼지 못하게 하는 데 있다. 오랜 시간 트라우마로 고통받아온 사람들은 자신의 내면에서 일어나는 감정 상태를 말로 잘 설명하지 못한다. 이런 사람들에게 연극치료나 사이코드라마와 같은 표현치료는 여러 가지 측면에서 치유의 힘을 발휘할 수 있다. 직접적인 언어로 표현하기 어려운 생각이나 감정들을 연극치료나 사이코드라마에 참가하여 얼굴 표정, 목소리 톤, 몸짓, 행동, 춤 등을 통해 표현하기 때문이다.

물론 효과적인 치유의 경험을 하려면 주의해야 할 사항이 있다. 연극치료의 경우, 등장인물들의 내면에 내재되어 있는 강렬한 감정에 의해, 그 역할을 하는 참가자의 억눌린 감정이 자극을 받아 혼란스러워질 수 있다. 극에서 등장하는 인물들의 감정이 워낙에

격정적이다 보니, 사랑과 미움, 신뢰와 배신, 욕망과 절망, 분노와 굴복의 감정이 수시로 교차하기 때문이다. 그러므로 반드시 연극치료는 안정적인 분위기에서 진행되어야 한다. 리더는 연극 연습을 하는 동안 모든 참여자들이 안전하다는 것을 실감할 수 있도록 강약조절을 해야 한다. 참가자가 힘들다고 표현하면 바로 멈추고, 안정을 찾을 때까지 충분히 기다려야 한다. 필요하면 복식호흡, 안전지대 같은 방법을 써서 안정감을 찾도록 적극 개입을 해야 한다. 중요한 것은 훌륭한 연기를 하는 것이 아니라, 등장인물의 감정을 몸으로 조금이라도 경험해보는 과정이다. 즉, 어떤 대사를 말할 때 느껴지는 감정이나 신체감각에 집중해보고 경험해보는 것, 혹은 상대방이 어떤 대사를 말할 때 느껴지는 감정이나 신체감각에 집중해보고 경험해보는 것이 더 중요하다. 천천히 진행하면 된다. 연극치료의 장점은 자신의 감정을 직접 표현하는 것이 아니라, 등장인물의 감정을 느끼고 표현하는 것이니, 비교적 심리적인 거리감이 있다는 것이다.

즉흥성에 입각하여 주인공의 내면세계를 탐색하는 사이코드라마는 연극치료보다는 조금 더 직접적이다. 주인공이 가상의 무대위에 자신의 내면세계를 보조자아들과 함께 구체적으로 만들어보고, 역할을 바꾸기도 하면서 억눌린 감정 혹은 상처받은 과거의 기억을 탐색해나간다. 그래서 자칫 억눌린 감정을 지나치게 자극할 수도 있다. 그러나 사이코드라마의 강점은 유머와 놀이를 필요에 따라 자유자재로 유연하게 사용할 수 있다는 것, 그리고 디렉터, 보조자아, 관객이 모두 주인공을 지지하고 격려하고 공감할 수 있다는 것이다. 게다가 대개 사이코드라마의 디렉터는 정신건강 전문가이다. 안정적인 환경에서 강약을 조절하면서 주인공이 견뎌낼 수 있을 만큼의 감정을 언어적, 비언어적으로 조금씩 표현하도록 돕는다면 사이코드라마 역시 매우 큰 치유의 효과가 있을 것이다.

한공주

감독 이수진 ○ 한국 ○ 2013

주연 천우희, 정인선

상처에
상처를 더하는
사람들

"트라우마를 겪은 아이들에게
가장 필요한 것은 트라우마의 고통과 괴로움,
상실감을 완화해줄 건강한 사회공동체이다.
인내심이 강하고 포용적이며,
일관된 인간관계의 숫자가 늘어날수록
아이는 빠르게 회복할 수 있다."

《개로 길러진 아이》, 브루스 페리*Bruce D. Perry*, 미국의 소아정신과 의사 트라우마 사건 자체의 충격이 외상 후 스트레스 장애에 가장 큰 영향을 미치겠지만, 사건 이후 주변 상황이 어떻게 피해자를 돕고 지지하는지는 외상 후 스트레스 장애의 예후에 매우 큰 영향을 준다. 특히 청소년의 경우 가족의 지지, 친구들의 관심, 주변 어른들의 배려는 아이가 트라우마의 영향에 함몰되느냐, 아니면 트라우마의 영향을 극복하고 성장하느냐 하는 방향을 결정한다고 해도 과언이 아니다.

영화 〈한공주〉는 밀양에서 실제로 일어났던 집단 성폭행 사건을 떠올리게 한다. 한공주는 여자 주인공의 이름인데, 세상의 모든 여성이 어릴 적 가정에서 '공주'라는 소리를 들으며 자란 소중한 존재였다는 점을 모두에게 상기시키기 위한 의도가 담겨져 있다고 한다. 그런데 정작 이 영화에서 주인공 한공주는 이 세상 그 누구에게도 전혀 공주 취급을 받지 못한다. 그토록 끔직한 사건을 당하고 연약하게 떨고 있는 어린 소녀일 뿐인데, 주변의 어떤 어른도 한공주를 한 사람의 인격체로서 이해해주려고도 안아주려고도 하지 않는다. 답답한 마음에 영화를 정밀 검토해보았지만, 정말 단 한 사람도 한공주에게 진짜 어른다운 어른의 모습을 보여주지 못하고 있다. "이런 일은 그냥 아무것도 아니야, 시간이 지나면 금방 잊혀져"라는 흔해 빠진 충고를 무심하게 던지는 담임, "혹시 어린것이 임신한 것 아니냐?"며 피해자의 감정 상태를 전혀 고려하지 못하는 담임의 어머니, "네가 온 동네를 창피하게 만들었잖아"라며 험하게 구박하는 경찰관들, 학교에 대해 안 좋은 소문이 나는 것만을 걱정하며 한공주가 그저 조용히 입 다물고 지내기만을 종용하는 교장, 그리고 근엄한 교장 뒤에 마치 병풍처럼 서서 '좋게 말할 때, 어여 말 들어' 하는 무언의 압박을 가하는 다른 선생들, 아이가 전학 간 학교까지 쫓아와 미안하다는 사과 한 마디도 없이 오히려 "네가 먼저 꼬리 친 거 아니야? 어서 합의서에 도장이나 찍어"라며 겁박하는 가해자의 부모들, 3년 만에 찾아온 딸에게 "아버지가 찾아가라고 했냐? 지금은 장사가 안 되는 때이니 나중에 오라"고 차갑게 말하며 돌아서는 친어머니, 그리고 가급적 빨리 가해자들의 부모와 합의하여 돈을 받아내는 데만 혈안이 되어 있는 친아버지 등등. 영화 속에 나오는 어른들은 누구 하나 한공주의 상처받은 마음을 이해하려 하지도, 끌어안으려 하지도 않는다. 그들은 이제 겨우 열일곱 살밖에 되지 않은 한공주보다 적어도 2배, 3배, 4배 더 오래 인생을 살았을 텐데, 어느 누구도 끔찍한 트라우마 사건을 겪고 난 후에 떨고 있는 어린아이의 아픔을 토닥여주는 성숙하고 연륜 있는 어른의 모습을 보여주지 못한다.

※ 몰이해와 무관심이 행하는 2차 가해

그들은 단지 주어진 역할에만 충실하다. 전학해 갈 곳이 없는 한공주를 자신의 어머니 집에서 지내게 해주는 책임감 있는 담임, 한공주를 의심하고 박대하면서도 자신의 집에 잠자리를 내주는 담임의 어머니, 한공주가 신속히 전학 갈 수 있도록 조치를 취해주는 교장, 한시라도 빨리 사건 수사를 마무리하려는 경찰관들, 한공주에게 그나마 용돈 한 푼이라도 쥐어주려는 친어머니, 맛난 음식이라도 먹이려고 비싼 안주를 주문하는 친아버지. 모두 다 성인으로서 나름 일정 부분 자기 역할을 하기는 한다. 그러나 듣기에도 민망한 빤한 조언을 해주고, 차분히 섬세하게 다루어가야 할 문제를 성급하고 거칠게 해결하려 하고, 마음껏 울 수 있는 엄마의 품이 그리워 찾아온 아이에게 돈 몇 푼 쥐어주면서 외면하고, 합의서를 내밀고 이제 얼른 제자리로 돌아가야 한다면서 도장을 찍으라고 강요하는 그저 그런 루틴*routine*한, 계산 빠르고 얍삽한 가짜 어른의 역할 말고, 진짜 어른다운 어른으로서의 모습은 보이지 않는다. 무엇보다도 먼저 끔찍한 상처를 입은 어린아이를 진심으로 보듬어 안심시키고 보호해주어야 한다는 명약관화한 사실을 영화 속에서는 정말 단 한 사람의 어른도 모르고 있다.

정말로 가슴 답답한 것은 이러한 일이 비단 영화 속에서뿐만 아니라 현실에서도 놀라울 만큼 똑같이, 마치 판박이처럼 자주 일어나고 있다는 사실이다. 어린 여학생의 성폭력 사건에만 국한되어 일어나는 현상이 아니다. 학교에서의 왕따, 군대에서의 가혹 행위, 직장에서의 괴롭힘 등의 사고가 일어난 이후 취약해질 대로 취약해진 피해자의 주변 환경에서 아주 정형화된 방식으로 빈번하게 일어나는 폭력적인 현상이다. 자기 딸이나 아들이 똑같은 위기 상황에 빠졌을 때에도 이렇게 파렴치하고 뻔뻔하게 대응할 수 있을까? 비난과 멸시는 말할 것도 없고, 방관과 무관심조차도, 심지어는 평상시의 규칙만을 염불하듯 외우는 완고함조차도 트라우마를 겪은 아이에게는 2차, 3차의 트라우마를 줄 수 있다는 사실을 아마도 배우지 못했기 때문일까? 우리는 상처받은 사람에게 어떻게 대해야 할지, 어떻게 공감해야 하는지, 어떻게 위로해야 할지, 하다못해 어떻게 하면 절대로 안 되는지, 어디에서도 제대로 배워본 적이 없다.

대개 어린아이들이나 청소년들은 주변의 무신경한 어른보다 목소리가 작고 힘이 없다. 가끔 미숙하고 충동적인 행동을 할 수는 있지만, 아이들은 "난 억울하다", "지금 당신들이 잘못하고 있는 거다", "나에게 지금 절실히 필요한 것은 그런 것이 아니다"라고 정당하게 요구하지 못한다. 온몸으로 발악했다가는 오히려 상황이 더 악화되고, 자신에게 오는 비난과 거절의 눈빛이 더 강렬해진다는 사실을 아이들은 이미 오래전부터 체득해서 잘 알고 있기 때문이다. 심지어 까닥 잘못했다가는 버림받고 완전히 소외당해 생명을 잃을지도 모른다는 두려움과 공포를 본능적으로 알고 있는지도 모르겠다. 그래서 차선책으로 상처받은 아이들은 대체로 침묵하는 쪽을 선택한다. 그리고 피해자임에도 불구하고 자신의 잘못을 더 많이 반성하고 자책하고, 마치 큰 죄를 지은 사람처럼 도망 다니고 주변 사람들의 눈치를 살피게 된다. 그러나 정작 아이들이 침묵할수록, 우울해할수록, 현실에서 도망칠수록, 어른들의 몰이해와 무심함은 아이들을 더욱 막다른 궁지로 몰아넣는 경향이 있다. 아이가 위축되어 가만히 있으면, '이제 다 끝난 일이니 빨리 그 일을 털어내고 정상적인 착한 아이가 되어라'고 무언의 압력을 추가하기 때문이다. 이러한 압력은 휘청거리며 겨우 버티고 서 있는 아이에게 결정적인 충격을 주는 꼴이 된다.

※ 우리 사회에 필요한 진짜 어른

같은 트라우마 사건을 경험했어도 우리는 모두 각기 다른 양상의 반응을 보인다. 어떤 사람은 시간이 지나면서 서서히 회복하기도 하고, 어떤 사람은 시간이 지날수록 점점 더 불안정해지고, 또 어떤 사람은 괜찮아지는 듯하다가 다시 상태가 악화되는 양상을 반복한다. 트라우마로 인한 후유증의 경과에 차이가 나타나는 이유 중 하나는 피해자를 둘러싼 주변 환경이 모두 다르기 때문이다. 당연한 이야기로 들리겠지만 트라우마 사건을 겪은 피해자의 주변에 위로해주고 지지해주는 사람이 많으면 많을수록, 트라우마의 후유증은 줄어들고 트라우마를 극복할 수 있는 자원은 강화된다. 믿을 만한 친구나 연인, 의지할 수 있는 배우자나 부모, 형제, 학교 선생님의 존재는 트라우마 후유증을 감소시켜주는 효능이 매우 좋은 면역강화제와도 같다. 반면 갈등이 많은 주변 환경의 몰이해와 무관심은 트라우마에 대한 면역력을 급격히 악화시키는 악성 바이러스와도 같다. 특히 아직 자아가 충분히 성장하지 못한 청소년의 경우는 가족, 학교, 친구의 영향을 상상 이상으로 크게 받을 수밖에 없다. 그렇기 때문에 트라우마 사건을 겪은 청소년들에게는 주변의 어른들이 어떻게 말하고 행동하느냐가 매우 중요하다.

물론 이제 세상의 인식이 그리고 우리 사회의 시스템이 빠르게 변해가고 있다. 범죄 피해자 상담센터, 성폭력 상담센터, 학교폭력 상담센터, 가정폭력 상담센터처럼 피해자들의 마음을 보살펴주는 공공기관이 점점 늘어나고 있다. 그러나 여전히 우리 주변에는 한공주와 같은 경험을 하는 아이들이, 청소년들이, 사회적 약자들이 많다는 것 또한 사실이다. 이 세상에 상담센터보다 더 많은 진짜 어른들이 늘어나야 하는 이유이다.

PS — 비록 영화는 열린 결말로 끝을 맺지만, 난 말할 수 없이 슬프고 가슴 아팠다. 친구들이 보내는 응원의 박수소리를 들으며 공주가 다시 시작하려 할지도 모른다는 막연한 희망과 기대가 생겨나는 것이 오히려 더 허망하게 느껴져 가슴이 아팠다. 공주는 언젠가 자신이 스스로 강물에 뛰어들 날이 올 것을 예측하고 필사적으로 수영을 배웠다. 죽으려고 마음먹은 그 순간에도 사실은 "나 온전히 살고 싶어"라고 말하는 그녀의 간절한 외침에 우리 모두 더 귀 기울여야 했다, 더 가까이 손 내밀어야만 했다.

상처받은 자녀에게 위로의 마음을 전할 때

만약 당신의 자녀가 친구 간의 갈등, 학업 문제, 진로 등에 대한 소소한 고민으로 힘들어한다면, “그럴 때는 이런 식으로 해봐”라는 식의 조언을 해주어도 좋고, “널 믿는다. 힘을 내”라는 격려의 말을 해주어도 괜찮을 것이다. 필요하다면 “정신 차리지 않으면 너 나중에 후회할지도 몰라. 지금이 중요한 순간이야!”라는 따끔한 충고의 말을 해줄 수도 있을 것이다.

그러나 심각한 충격으로 상당히 낙담하거나 좌절해 있는 경우에는 이런 식의 조언, 격려, 충고는 대개 아이에게 전혀 도움이 되지 않는다. 부모가 생각하기에는 별것 아닌 일로 보일지라도, 취약한 아이의 내면은 매우 예민해져 있는 상태이기 때문이다(대개 아이들은 예민한 것이 당연하다!). 이때에는 아무리 따뜻한 조언, 격려, 충고라도 곧 비난의 소리로 들린다. 그러므로 아이가 겪은 일을 객관적으로 잘 평가하기도 해야겠지만, 무엇보다도 먼저 아이의 감수성과 예민함을 잘 고려해야만 한다. 중요한 것은 아이의 눈높이에 맞춰 위로하는 마음을 전달해야 한다는 것이다.

힘들어하는 자녀에게 위로의 마음을 잘 전달하려면 우선 위로해주려는 부모가 자신의 마음부터 잘 살펴보고 다스려야 한다.

'내가 지레 불안해하는 것은 아닌가?', '내가 너무 화가 나 있는 것은 아닌가?', '내가 크게 실망하고 있는 것은 아닌가?' 차분히 스스로에게 물어보아야 한다. 부모가 불안해하고 화가 나 있고 실망하고 있다면, 아이에게 위로하겠다고 성급히 다가가면 안 된다. 불안한 위로, 화가 난 위로, 실망한 위로는 전혀 위로가 되지 않기 때문이다.

만약 당신의 마음이 차분하고 평온하다면, 사실 그다음은 그리 어렵지 않다. "뭐가 그렇게 힘드냐? 어디 한번 말을 해봐라"고 직설적으로 다그치지 말고 조용히 다가가서 "네가 많이 힘들어 보이니 엄마가(아빠가) 걱정이 되는구나"라고 말을 걸어보자. 그리고 잠시 옆에서 기다려주면 된다. 혹시 아이가 말할 기분이 아니라고 하면, 나중에라도 말하고 싶으면 언제든지 말해달라고 조용히 물러나면 된다. 적어도 당신은 아이의 마음을 존중한다는 의사 표현을 간접적으로 하는 셈이다.

아이가 힘들어하는 것을 이야기하기 시작한다면, 우선 그냥 아이의 이야기를 충분히 들어주어라. 아이가 하는 이야기를 섣불리 판단하려 하지 말고 그냥 가만히 아이의 이야기를 끝까지 들어야 한다. 아마 그래도 집요하리만치 당신의 마음속에서는 판단하려는 마음이 올라올 것이다. 그렇다면 "이건 그냥 내 감정, 내 경험에서 나오는 일방적인 의견일 뿐이야"라고 스스로에게 이야기해주고 그냥 그 마음을 흘려보내려 노력하라. 당신의 판단을 최대한 유보하는 것이 중요하다. 판단하는 대신 아이의 힘든 감정을 인정해주는 것이 훨씬 중요하다. "많이 힘들었구나. 네 이야기를 들으니 내 마음도 아프네" 하는 식으로 공감을 표현해보자.

혹시 아이가 이야기하다가 감정이 격해져 울기 시작한다면 살며시 손을 잡아주어도 좋고, 어깨 위에 손을 올려놓을 수도 있을 것이다. 그러면서 "네가 왜 우는지 나도 알 것 같아. 그래 울어도 괜찮아"라고 조용히 말해주면 된다. 아이의 자연스러운 울음을 방해하지만 않으면 된다. 울음은 대개 건강한 감정 표현이기 때문이다. 충분히 울어 아이의 마음이 진정되는 것 같으면, 가능할 경우에는 아이를 안아주고 등을 다독여주어도 좋다. 어깨를 쓸어주거나 손을 잡아주어도 좋다(따뜻한 터치는 기적과 같은 위로의 힘을 갖고 있다). "그렇게 어려운 일을 겪고 있었는데 내가 몰라서 미안하구나. 앞으로는 널 잘 돕고 싶어. 필요한 것이 있으면 내게 언제든지 말해줬으면 좋겠어"라고 당신의 감정을 전하라.

물론, 결코 쉽지 않을 것이다. 그래도 공감 어린 위로의 결과는 상상 이상일 경우가 많다.

김복동

감독 송원근 ○ 한국 ○ 2019

주연 김복동, 한지민(내레이션)

트라우마의 흔적은
오랜 시간이
지나도 남는다

"트라우마는 되돌릴 수 없는 일이며,
보상이나 복수로 완전히 충족될 수는 없다.
그러나 가해자에게 범죄의 책임을 묻는 것은
개인적 안녕뿐만 아니라, 더 큰 사회의
건강을 위해서 중요한 일이다."

주디스 루이스 허먼, 미국의 정신과 의사

몇 해 전에 텔레비전을 보다가 나도 모르게 흠칫 놀랐던 적이 있다. 평온하게 일상생활을 하던 한 할머니가 하얀색의 여름 교복을 입고 등교하는 중학생 아이들을 보고는 갑자기 흥분하면서 그 학생들을 향해 험한 욕설을 퍼붓는 장면 때문이었다. 그 할머니는 어린 시절 일본군 '위안부'였다고 한다. 아마도 할머니의 뇌는 흰색 교복을 입은 중학생 소년들의 모습을 보고서는 70여 년 전 자신에게 잔혹하게 달려들던 일본군 군인에 대한 기억을 소환한 것으로 보인다. 무려 70여 년이라는 긴 세월이 흘렀어도 그 기억은 너무나도 생생하였기에, 할머니는 마치 방금 전 일어난 일처럼 강렬한 감정 반응을 보였던 것이다. 아무리 오랜 시간이 지나가도 트라우마의 흔적은 쉽게 사라지지 않고 계속 남아 있다는 사실이 새삼 충격적이었다.

그런데 자세히 살펴보면 주변에 오래된 기억의 영향을 지속해서 받고 있는 사람들이 의외로 많다. 어떤 할아버지는 일제 강점기 시대 때 배급받던 콩사료를 하도 먹어서 70여 년이 지난 지금도 콩 냄새 맡기를 싫어하고, 두부 비지찌개도 못 먹는다. 또 어떤 할머니는 6.25전쟁 이후 먹을 음식이 없어 굶주림에 시달릴 때 억지로 수없이 먹어야 했던 수제비와 누룽지를 이제는 쳐다도 보기 싫다고 한다. 그래서 수제비 맛집, 누룽지 맛집을 찾아다니는 요즘 젊은 세대를 도저히 이해할 수 없다고 한다. 나의 외할머니는 살아생전 큰 소리가 나는 것을 아주 몸서리치게 싫어하셨다. 6.25전쟁 때 어두운 방구석에서 포탄소리에 혼자 덜덜덜 떨었던 일을 자꾸 생각나게 한다면서 큰 소리 자체를 매우 싫어하셨다. 고등학생 때 여러 명의 일진들에게 심한 폭행을 당했던 어떤 40대 남자는 지금도 아들뻘 되는 젊은 10대 청소년들이 몰려다니는 모습을 보면 심장이 너무나 두근거려 가던 길을 일부러 돌아 피해간다. 중학교 때 비 오는 날 저녁, 길을 걸어가다 뒤에서 달려든 어떤 남자에게 성폭행을 당한 적이 있는 50대 여성은 지금도 비 오는 날 저녁이 되면, 그냥 막연히 짜증이 나면서 밖에 나가는 것이 무서워진다고 했다. 어쩌다 비 오는 날 저녁에 급한 일이 생겨 밖으로 나갔다가 우연찮게 다섯 살 된 꼬마 아이가 그녀의 뒤로 다가왔을 때, 너무나 놀란 나머지 그 자리에 주저앉아 그냥 악을 썼다고 한다. 겨우 다섯 살짜리 꼬마 아이였는데도 공포감을 느낀 것이었다. 아니 공포감이 되살아난 것이다. 나 역시 지금부터 50여 년 전, 5미터 정도 높이의 축대에서 떨어져 코가 삐뚤어지도록 다친 이후, 지금도 1미터 높이의 낮은 강둑 위에도 못 올라간다. 아내가 뭘 이 정도 가지고 난리냐며 놀리면서 강둑에 앉으려고 하면, 그 모습만 보고도 나는 몸서리를 치게 된다.

정신의학적으로는 이러한 현상들을 플래시백이라고 하는데, 과거의 트라우마 기억이 현재에서 그대로 생생하게 재현되는 현상을 말한다. 뭔가에 자극을 받아 일단 플래시백이 일어나면, 과거 트라우마 당시의 고통스러운 이미지와 감정, 신체감각의 기억 등이 뜬금없이 강렬하게 떠오르게 된다. 이러한 트라우마 기억의 회상이 시각적으로, 청각적으로, 혹은 촉각적으로 너무나 생생하게 일어나기 때문에, 플래시백을 겪는 당사자는 그 일이 그때 그곳에서*there and then* 일어난 과거 사건이 아니라, 마치 지금 이곳에서*here and now* 그대로 재현되는 사건으로 경험한다.

이러한 플래시백 현상이 우리의 삶에서 자주 일어나는 것은 아주 오래전 겪었던 트라우마 기억이라 할지라도 세월의 풍파에 쉽게 지워지지 않는다는 것을 의미한다. 트라우마 기억은 한참의 시간이 지나고 난 뒤에도 우리 뇌의 기억회로 어딘가에 고스란히 남아 여전히 우리의 삶에 깊은 영향을 계속해서 미치고 있는 경우가 많다. 우리의 많은 취향과 선택은 트라우마의 기억으로부터 큰 영향을 받고 있을 것이다. 우리가 그것을 의식하든 못 하든 말이다.

※ 피해자의 삶에서 투쟁가의 삶으로

영화 〈김복동〉은 1992년 이후로 약 30년 동안 여성인권운동가와 평화운동가의 삶을 살다 간 김복동 할머니를 다룬 다큐멘터리 영화이다. 할머니는 열네 살 때 군복 만드는 공장에 취직시켜준다고 한 일본군의 말에 속아 '위안부'로 끌려간 이후 약 8년 동안 중국, 홍콩, 말레이시아, 인도네시아, 싱가포르 등으로 끌려다니며 일본군 '위안부'로 고통받아야 했다. (할머니는 전쟁이 끝나고도 바로 고국으로 돌아오시지 못한 모양이다. 여기에 더 슬픈 사연이 숨어 있지 않을까?) 고국으로 돌아온 이후 할머니는 결혼을 하게 되지만 끝내 아이를 임신하지 못하고, 남편을 먼저 떠나보낸 뒤 외롭게 살아간다. 1991년 8월 김학순 할머니가 최초로 일본군 '위안부' 피해 사실을 증언하는 것을 목격한 김복동 할머니는 몇몇 가족들의 반대에도 불구하고, 1992년 3월에 '위안부' 피해 사실을 고발하게 된다. 이후 할머니는 '위안부'로서의 피해 사실을 증언하는 시위를 하면서 일본군 '위안부' 문제에 대한 국제적 관심을 촉구한다. 영화는 할머니가 자신이 '위안부'라는 사실을 증언하고 매주 수요일에 일본 대사관 앞에서 열리는 집회에 참여하면서, 일본의 진정한 사과와 배상을 요구하는 인권운동가로서의 살아온 발자취를 보여주고 있다.

영화 초반, 왜 '위안부' 피해 사실을 고발하려고 마음먹게 되었느냐는 질문에 할머니는 목멘 소리로 이렇게 대답한다. "나이를 아무리 많이 먹어도 과거에 당한 게 잊혀지지가 않아. 그게 머리에 생생히 박혀 있다고. 그래서 그걸 알려야 되겠다 싶어서 증언을 한 것이야." 이 말대로라면 할머니는 오랜 시간 동안 트라우마 기억으로 인한 외상 후 스트레스 장애의 증상으로 고통을 받아왔던 것이 분명하다. 게다가 트라우마 이후의 삶에서도 많은 것을 잃어버리고 포기해야만 했던 상실감까지 더해져, 할머니의 일상은 평온한 미소를 머금는 것조차 어려운 일이 되어버렸을 것이다. 그런데 자신의 피해 사실을 온 세상에 고발하고 난 뒤, 할머니의 삶에는 이제까지 볼 수 없었던 변화가 서서히 일어나기 시작한다. 집회에 참석하고 강의를 하러 다니는 것처럼 일상의 변화는 말할 것도 없고, 할머니의 내면에서도 무언가 커다란 변화가 일어나는 것 같다. 즉, 트라우마로 인한 고통과 상실감이 할머니의 삶에서 주변으로 점점 밀려나가고 그 빈자리에 정의를 위한 치열한 투쟁의 역사가 주요하게 자리를 차지한다. 김복동 할머니는 20여 년 동안 한결같이 일본 정부에게 '위안부'에 대한 범죄인정, 공식사죄, 법적배상, 역사교육을 요구하는 삶을 살았다. 자신의 아픈 기억을 반복해서 되새김질하면서 증언하는 노력은 혈기왕성한 젊은이에게도 쉽지 않은 일이다. 당연히 할머니의 노쇠한 몸과 마음은 그 몇 배로 지칠 법도 한데, 오히려 할머니의 얼굴 표정은 점점 더 의연해지고 강인해진다. 트라우마로 인해 생긴 무기력과 상실감이 투쟁의 에너지로 바뀌면서, 이를 당당하게 분출할 수 있었기 때문이리라. 할머니의 인생은 고통받으며 사는 피해자의 삶에서 강철같이 투쟁하는 인권운동가의 삶으로 변신한 것이다.

※ 피해자는 살아 있음으로 증언한다

물론 할머니의 투쟁 의지를 좌절시키는 사건들은 이후에도 끊임없이 일어난다. 침략전쟁을 일으킨 범죄국가 이미지를 희석시키는 데만 급급한 일본 정부, 그저 섣부르게 합의하고 화해를 해버린 우리나라 정부는 할머니의 피맺힌 증언을 일방적으로 무시하고 덮으려고만 한다. 국가가 의지를 갖고 여자를 납치했거나 인신매매했다는 사실을 뒷받침할 만한 증거가 없다며 큰소리를 치고, 적반하장식으로 오히려 거짓말쟁이, 매춘부라고 불러댄다. 분명 이는 할머니에게 2차, 3차의 트라우마를 주는 파렴치한 행위이다. 증거가 없다고? 아시아는 물론 전 세계에 퍼져 있는 강제 '위안부' 피해자 할머니들의 생생한 증언보다 더 확실한 증거가 있을 수 있을까?

사실 이러한 터무니없고 폭압적인 세상의 움직임은 이제 와서 새삼스러운 일도 아니다. 트라우마의 역사 속에서 피해자들은 늘 침묵과 망각을 강요받아 왔다. 성폭력 피해자, 가정폭력 피해자들은 대개 힘없는 여성이거나 어린아이들이거나 가난하고 소외된 계층이었다. 그들은 진실을 증언하고 정당한 요구를 하면 할수록 안전과 위로를 제공받기보다는 위협과 강요에 먼저 시달려야만 했다. 가해자를 포함한 다수의 사람들은 피해자의 오래된 기억 따위는 전혀 증거가 될 수 없다는 주장을 피해자들의 기억보다 더 오랫동안, 더 집요하게 해오고 있다. 돈과 권위를 통해 만들어진 역사적 사료와 과학적 증거를 들이밀며 말이다. 가해자들이 일관되게 원하는 것은 단 하나, 바로 자신들이 저지른 행동을 피해자의 기억에서 지우고 모두가 망각하도록 하는 것이다. 이러한 일방적인 억압의 움직임은 피해자의 외침이 나올 때마다 역사 속에서 어김없이 반복되어 왔다는 것을 잊지 말아야 한다.

폭압적인 세상의 움직임에도 불구하고 김복동 할머니는 투쟁을 멈추지 않았다. 오히려 투쟁의 삶에서 한 걸음 더 나아가 나눔의 삶으로 확장했다. 할머니는 전쟁 시 발생한 성폭력 피해자를 돕는 기금을 설립하였고, 분쟁지역의 어린이를 위한 장학금도 기부하였다. 2015년에는 정부 주도의 한일 일본군 '위안부' 문제 합의를 규탄하며 1인 시위를 하기도 했다. 그러나 갑자기 찾아온 암과 투

병하다가 김복동 할머니는 93세를 일기로 끝내 하늘나라로 가셨다. 그러나 눈을 감기 전까지 할머니는 정의를 위한 투쟁과 약하고 소외된 자들과의 연대를 멈추지 않았다. 김복동 할머니는 결코 트라우마의 피해자가 아니었다. 오히려 트라우마를 극복하여 한 걸음 더 멀리 나아간 삶을 살았다.

PS — 김복동 할머니는 암 수술을 받고 난 뒤 얼마 지나지 않아, 한일 정부 간의 일방적 합의가 잘못된 것이라며 1인 시위를 했다. 그때 할머니가 일본 기자에게 나지막한 목소리로 하신 말씀이 가슴을 저리게 한다. "이렇게 오랫동안 (싸우고) 있을 일이 따로 있지, 이래서는 서로 끝이 나지 않는다고… 우리가 뭐 크게 사죄하라고 하는 게 아니라, 그저 자기네들이 했다, 미안하다, 용서해 주시오… 기자들을 모아놓고 그렇게만 말해주면, 우리들도 어떻게 해? 용서할 수가 있다고! 하루라도 서로가 좋게 지내려면 아베가 나서서 해결을 지어달라고 전해줘요. 이 늙은 김복동이가 얘기한다고 신문에 좀 내주시오. 아베가 보도록, 아베 귀에 들어가도록…." 마음이 짠해진다.

정의를 위한 투쟁

오랜 시간이 지나 트라우마의 후유증, 즉 외상 후 스트레스 장애의 증상들이 조금씩 완화되어 간다고 해도, 피해자 내면의 상실감과 자책감의 무게는 대개 점점 더 무거워진다. 절대로 트라우마가 일어나기 전 상황으로 돌아갈 수 없다는 사실, 그리고 트라우마로 인해 많은 것들을 잃어버렸다는 사실은 결코 변하지 않기 때문이다. 이를 어떻게 극복할 것인가? 슬픔에서 벗어나기 위해 슬픔을 숨기고 부정하는 것은 분명 좋은 방법이 아니다. 슬픔은 우리 삶의 한 부분으로 인정되고 받아들여져야 한다. 그리고 현재와 미래에 더 전념하여 자신이 원하는 삶의 영역을 확장해나가야 한다. 새로운 관계를 만들어가야 하고, 새로운 관심 영역을 찾아가야 하고, 새로운 사회 활동을 해나가야 하고, 새로운 삶의 의미를 찾아가야 한다. 그래야만 슬픔이 차지하는 삶의 비중은 조금씩 줄어가고, 자신이 진정으로 원하는 삶의 비중은 커져가기 때문이다.

김복동 할머니의 삶의 끝자락에서 우리는 슬픔과 절망보다는 오히려 희망과 감동을 느끼게 된다. 김복동 할머니는 분노와 복수를 이야기하기보다는 이 세상에서 지켜야 할 가치와 정의 그리고 사랑에 대해 이야기한다. 마지막까지 새로운 연대를 만들어 나갔고, 다른 아픈 이들에게 희망의 손길을 내밀었다. 이것이야말로 진정한 외상 후 성장의 삶이 아닐까?

영화로 만나는
트라우마 심리학

1판 1쇄 발행 2021년 1월 21일
1판 2쇄 발행 2022년 6월 17일

지은이	김준기
발행처	(주)수오서재
발행인	황은희, 장건태
책임편집	박세연
편집	최민화, 마선영
마케팅	장건태, 이종문, 황혜란, 안혜인
디자인	권미리
제작	제이오
주소	경기도 파주시 돌곶이길 170-2 (10883)
등록	2018년 10월 4일(제406-2018-000114호)
전화	031)955-9790
팩스	031)946-9796
전자우편	info@suobooks.com
홈페이지	www.suobooks.com
ISBN	979-11-90382-33-5 (03180) 책값은 뒤표지에 있습니다.

도서출판 수오서재守吾書齋는 내 마음의 중심을 지키는 책을 펴냅니다.